DAXUESHENG
XINLING CHENGZHANG DAOHANG

大学生
心灵成长导航

主　编/徐　红　杨素华　李翠华
副主编/王　惠　王　磊　曹　娜　肖　虹　刘海霞

山东人民出版社·济南
国家一级出版社　全国百佳图书出版单位

图书在版编目(CIP)数据

大学生心灵成长导航／徐红，杨素华，李翠华主编
—济南：山东人民出版社，2019.1(2023.1 重印)
ISBN 978－7－209－10478－4

Ⅰ. ①大… Ⅱ. ①徐… ②杨… ③李… Ⅲ. ①大学生—心理健康—健康教育 Ⅳ. ①G444

中国版本图书馆 CIP 数据核字(2018)第 206169 号

大学生心灵成长导航
徐红　杨素华　李翠华　主编

主管部门　山东出版传媒股份有限公司
出版发行　山东人民出版社
社　　址　济南市市中区舜耕路517号
邮　　编　250003
电　　话　总编室(0531)82098914
　　　　　　市场部(0531)82098027
网　　址　http://www.sd-book.com.cn
印　　装　济南万方盛景印刷有限公司
经　　销　新华书店

规　　格　16 开　(169mm×239mm)
印　　张　20.25
字　　数　450 千字
版　　次　2019 年 1 月第 1 版
印　　次　2023 年 1 月第 5 次
ISBN 978－7－209－10478－4
定　　价　35.00 元

前　言

“正心为治国之道，积极乃发展之源。”2016年12月30日，国家卫生计生委与中宣部、中央综治办、国家发改委、教育部等共22个部委联合发文，出台《关于加强心理健康服务的指导意见》（国卫疾控发〔2016〕77号），这是对中国社会发展新阶段人民面临的新问题的创新式解决方案，也与积极心理学的科学研究结论和倡导的积极心态完全一致。2017年10月18日，习近平总书记在十九大报告中特别提出：“加强社会心理服务体系建设，培育自尊自信、理性平和、积极向上的社会心态。”

据卫生部2003年调查统计显示，我国大学生中，16%—25.4%存在不同程度的心理障碍。目前，大学生的心理健康问题日益引起教育部及全社会的高度关注。教育部在2011年就下发了《普通高等院校学生心理健康教育课程教学基本要求》（教思政厅〔2011〕5号），对高校开展大学生心理健康教育工作提出了明确的要求。据了解，高校开设大学生心理健康教育课程已经相当普遍，对于做好大学生的心理健康教育工作起到了积极的推动作用。

基于当前形势和学生的心理需求，我们编写了《大学生心灵成长导航》教材。本书以积极心理学理念为指导，力求融科学性、针对性、趣味性、实用性和可操作性为一体。在内容安排上，精选出与当代大学生学习、生活、成长、发展息息相关的十个主题，包括：第一章——大学生“心”世界，第二章——积极适应，第三章——提升学习能力，第四章——增强自我意识，第五章——管理情绪与压力，第六章——和谐交往，第七章——完善人格，第八章——谈情说爱，第九章——走近职场，第十章——乐活人生。

本书为校企合作开发教材。参加编写的作者，多为长期在高校从事心理健康教育教学、科研及应用的专家、教授及专业教师，另有长期从事心理素质拓展训练的企业实训教师，为编写工作的顺利完成奠定了良好的基础。本书由徐红教授、杨素华教授拟定编写大纲、设计全书的框架结构；具体参与编写人员有山东商业职业技术学院的徐红、杨素华、王惠、曹娜、张树凤，山东工艺美术学院的李翠华，济南幼儿师范高等专科学校的肖虹，山东商务职业学院的刘海霞，山东一道云信息科技发展有限公司的王铭艳。初稿形成之后，由杨素华、李翠华、张树凤统稿，徐红审稿、定稿。

本书既可以作为高校学生心理健康教育的课堂教材，也可以用作学生自助读本。其主要特色表现在如下几个方面：一是针对性强。书中内容都是大学生需要了解和掌握的心理健康理论知识和训练技巧、所面临的心理困扰及应对策略。二是内容丰富生动。内容包括理论知识、心理故事、心理实验、案例分析、心理测验、训练与体验、团体心理活动等，既利于课堂教学，又利于学生品读与反思，集学术与趣味性为一体。三是突出积极心理学理念。心理学本来有三项主要使命：① 研究消极心理，治疗精神疾病；② 让所有人生活得更加充实有意义；③ 鉴别和培养人才。但自二战之后，心理学成了一门主要致力于治疗心理疾病的科学。本书在帮助学生了解其心理困惑或心理问题的基础上，将重点放在积极探索应对策略、提升心理发展能力、塑造优良心理品质、培养良好行为习惯等方面。四是实用易操作。本书不仅系统介绍理论知识，也精心设计了心理测验和心理素质训练等活动，将心理健康的理论知识融入具体可行的实践和训练之中，使学生融会贯通、学以致用。

在本书编写过程中，我们查阅和参考了大量的文献资料，借鉴了很多优秀的研究成果，在此向各位作者表示由衷的感谢。由于水平与能力有限，不足之处在所难免，恳请广大读者批评指正。

编　者

2018年8月

目 录

第一章　大学生“心”世界

小学徒卖石头

一天，一个小学徒跑过来，请教师傅：“师傅，我人生最大的价值是什么呢？”师傅说：“你到后花园搬一块大石头，拿到菜市场上去卖。假如有人问价，你不要讲话，只伸出两个指头；假如他跟你还价，你不要卖，抱回来，师傅告诉你，你人生最大的价值是什么。”

第二天一大早，小学徒抱一块大石头，到菜市场上去卖。菜市场上人来人往，人们很好奇，一个家庭主妇走了过来，问：“石头多少钱卖呀？”小学徒伸出了两个指头，主妇说：“2元钱？”小学徒摇摇头，主妇说：“那么是20元？好吧，好吧！我刚好拿回去压酸菜。”小学徒听到后想：“我的妈呀，一文不值的石头居然有人出20元钱来买！我们山上有的是呢！”

于是，小学徒没有卖，乐呵呵地去见师傅：“师傅，今天有一个家庭主妇愿意出20元钱买我的石头，师傅，您现在可以告诉我，我人生最大的价值是什么了吗？”师傅说：“嗯，不急，你明天一早，再把这块石头拿到博物馆去，假如有人问价，你依然伸出两个指头；如果他还价，你不要卖，再抱回来，我们再谈。”

第二天早上，在博物馆里，一群好奇的人围观，窃窃私语：“一块普通的石头，有什么价值摆在博物馆里呢？”“既然这块石头摆在博物馆里，那一定有它的价值，只是我们还不知道而已。”这时，有一个人从人群中窜出来，冲着小学徒大声说：“小学徒，你这块石头多少钱卖啊？”小学徒没出声，伸出两个指头，那个人说：“200元？”小学徒摇了摇头，那个人说：“2000元就2000元吧，刚好我要用它雕刻一尊神像。”小学徒听到这里，倒退了一步，非常惊讶！

他依然遵照师傅的嘱托，把这块石头抱回了山上，去见师傅："师傅，今天有人要出2000元买我这块石头，这回您总要告诉我，我人生最大的价值是什么了吧？"师傅哈哈大笑说："你明天再把这块石头拿到古董店去卖，照例有人还价，你就把它抱回来。这一次，师傅一定告诉你，你人生最大的价值是什么。"

第三天一早，小学徒又抱着那块大石头来到了古董店，依然有一些人围观，有一些人谈论："这是什么石头啊？在哪儿出土的呢？是哪个朝代的呀？是做什么用的呢？"终于有一个人过来问价："小学徒，你这块石头多少钱卖啊？"小学徒依然不声不语，伸出了两个指头。"20000元？"小学徒睁大眼睛，张大嘴巴，惊讶地大叫一声："啊？！"那位客人以为自己出价太低，气坏了小学徒，立刻纠正说："不！不！不！我说错了，我是要给你200000元！""200000元！"小学徒听到这里，立刻抱起石头，飞奔回山上去见师傅，气喘吁吁地说："师傅，师傅，这下我们可发达了，今天有人出价200000元买我们的石头！现在您总可以告诉我，我人生最大的价值是什么了吧？"

师傅摸摸小学徒的头，慈爱地说："孩子啊，你人生最大的价值就好像这块石头，如果你把自己摆在菜市场上，你就只值20元钱；如果你把自己摆在博物馆里，你就值2000元；如果你把自己摆在古董店里，你的价值就是200000元！平台不同，定位不同，人生的价值就会截然不同！"

我是一切的根源，要想改变一切，首先要改变自己！学习是改变自己的根本。其实，你爱的是你自己；你喜欢的亦是你自己。你爱的、你恨的，都是你自己。你变了，一切就都变了。

作为当代大学生，看完了这个故事，是否启发了你对自己人生的思考？你将如何定位自己的人生呢？你准备把自己摆在怎样的人生卖场去"拍卖"呢？你要为自己寻找一个怎样的人生舞台呢？

让我们从探索心灵世界、关注心理健康成长开始吧！

第一节　大学生心理发展的特点

目前，我国大学生基本处于 18—23 岁这一年龄阶段，处于从青少年向成人转变的重要时期。这一时期，个体的生理发育已趋于成熟，但在心理上仍然处于由半成熟走向成熟的特殊时期，此外，社会的变革以及经济的飞速发展势必影响当代大学生的心理发展状况。因此，在各种因素的影响下，大学生的心理表现出了其独有的特征。

一、大学生心理发展特点

（一）自我意识增强但发展不成熟

自我意识是指人对于自己、自己与他人及社会的关系的认识，它包括自我观察、自我评价、自我监控等。大学生追求独立自主，具有较强的自信心和自尊心。他们希望自己的聪明才智能够得到社会的承认和关注，期待社会把他们看作是成熟的一员，得到他人的尊重。这种表现是大学生自我意识增强、个体进一步成熟的反应。

由于社会知识、能力和经验的不足，部分大学生还不善于正确处理自我完善与社会发展需要的关系，他们往往过高估计自己，自命不凡，甚至刚愎自用；少数人难以正确认识自己，不能坦然面对和接受自己的不足，常因缺乏自信而妄自菲薄。他们一旦遇到自己无力解决的困难或挫折时，容易产生对现实的不满和过激的行为，甚至导致行为失控，做出不理智的事情。

（二）抽象思维迅速发展但易带主观片面性

由于学习的知识越来越多，受到的思维训练越来越复杂，大学生的抽象思维获得了迅速发展，并逐渐在思维活动中占据主导地位。他们在思考问题时，不再满足一般的现象罗列和获得现成的答案，而力求自己探讨事物的本质和规律。思维的独立性、批判性和创造性有所增强，主张独立发现问题和解决自己认为需要解决的问题，喜欢用批判的眼光对待周围的一切，不愿意沿着别人提供的方法去思考和解决问题，其思维的辨证性、发展性都有所提高。

但是，他们抽象思维水平并没有达到完全成熟的程度，主要表现在思维品质发展不平衡，思维的广阔性、深刻性和敏感性发展比较慢。由于个人阅历浅、社会经验不足，看问题时容易过分地钻“牛角尖”，并且掺杂了个人的感情色彩，缺乏深思熟虑，往往有偏激、过分自信和固执己见的倾向。尤其是他们还不大善于运用唯物辩证法和理论联系实际的观点指导自己的认识活动和观察社会现象。从思维的发展角度来说，大学生的“理论型”抽象思维居于主导地位，因而，他们常常把社会问题看得过于简单而陷入主观、片面和“想当然”的境地。有的心理学家在揭示大学生这种思维特点时发出这样的感慨：“连当代最伟大的政治家都感到棘手的社会问题，在大学生看来却易如反掌！”与此形成鲜明对比的是，对自我的苛求和追求完美以及对现状的不满，足以说明大学生思维恰恰缺乏客观性。

（三）智力发展水平达到高峰

智力发展到青年阶段，逐渐进入最佳状态。智力测验表明，个体的智测分数随年龄的增长而上升，发展到20岁以后才停止。由韦克斯勒（David Wechesler）智力量表得分可以看出，智力发展的顶点约在20~25岁之间，其中操作测验达到顶点的年龄较早，约在20岁。达到语文测验的顶点在25岁以后，并可延续到40岁以上。智力的发展可持续到20或20岁以上。①

大学生的观察力已发展到不仅观察事物的表面特征，而且能够由表及里，抓住事物的本质，能精确、细致、深刻地观察事物，其随意性和全面性大大加强。

在记忆力方面，识记范围有了大幅度的扩大，比少年期增加一倍以上。此外，大学生的意义记忆在机械记忆的基础上发展起来，意义记忆是主要的记忆方式。大学生善于按材料的顺序和主次整理识记材料，使材料系统化，便于记忆，因而，大学生对抽象材料和概括性材料的识记能力大为增强。这对大学生智力的发展有非常重要的意义。

（四）情感丰富但情绪波动较大

大学生充满青春活力，随着校园生活的深入展开，社会性需求增多，其情感也日益强烈。这种强烈的情感不仅表现在学习和工作中，体现在对待家长、同学和教师的态度等方面，更重要的是这种情感还明显地具有时代性、社会性和政治性。他们热爱社会、富有理想，关心国家的命运和前途，对于走中国特色的社会主义道路、实现中华民族全面复兴充满了希望和激情。他们的爱国主义情感、集体主义情感、社会责任感和义务感、道德感、友谊感、美感、荣誉感等迅速发展，逐步成为其情感世界的本质和主流。爱情是大学生情感世界的一大突变，对其心理发展产生巨大影响。大学生控制情绪的能力也在不断由弱变强，大多数人的内心体验逐渐趋于平稳。但是，如果受到内心需要和外界环境的强烈刺激，他们的情绪又容易产生较大波动而表现出两极性，既可能在短时间内从高度的振奋变得十分消沉，又可能从冷漠突然转变为狂热，乃至造成消极的后果。这种情况常使一些大学生陷入理智与情感的矛盾和冲突之中，从而感到十分苦恼。大学生的情绪还存在着外显性与内隐性的矛盾，这种矛盾冲突也带来了大学生中较多的情绪适应问题，加之生活经验

---

① 赵鸣九. 大学生心理学［M］. 北京：人民教育出版社，1995.

的匮乏，大学生又常常体验到挫折与焦虑。

（五）意志力明显提高但不平衡和不稳定

大学生多数已能逐步自觉地确定自己的奋斗目标，并根据目标制定实施计划，排除内外障碍和困难去努力实现奋斗目标，其意志的自觉性、坚韧性、自制性和果断性都有了较大发展。但是处于意志形成时期的大学生，其意志水平发展又是不平衡、不稳定的。大学生的意志水平的自觉性和坚韧性品质已达到较高水平，意志的自制性和果断性品质的发展却相对缓慢一些。这主要表现在，大学生能独立迅速地处理好一般学习、生活问题，但在处理关键性问题或采取重大行动时往往表现出优柔寡断、盲目从众、动摇不定或草率武断的心态。在不同的活动中，大学生意志水平的表现也不一样，如在专业学习活动中，往往意志水平高，而在思想品德的修养活动中意志水平就相对比较低。在同一种活动中，大学生的意志水平表现也有较大差异，心境好时意志水平较高，心境差时则显得意志水平较低。情绪波动对于他们意志活动水平的影响是显而易见的。

（六）社会需求迫切

大学生在校园里的生活时间比同龄人长，这使得他们与社会有一定的距离。也正因为如此，他们渴望加入社会的愿望更为迫切。在校园里，他们关注着社会，评判着各种社会现象，并希望自己能加入进去，按照自己的想法去改变各种令人不满的现象，把自己的专业知识服务于社会，体现自己的力量，实现自身的价值。这种迫切的社会需求与大学生正在形成的价值观相互作用，为他们将来走向社会、适应社会打下了重要基础。这一心理特点支配、指导着大学生的学习态度，从而对其大学时代的发展产生重要影响。

（七）人格趋向成熟，职业意识逐步确立

人格是具有一定倾向性的心理品质与心理特征的总和。大学阶段是个体人格发展、完善的重要时期。在这一阶段，大学生的认识水平不断深入，对现实的态度特征渐趋稳定，情感由丰富激荡走向稳定，自我意识由分化、矛盾冲突走向统一，意志品质逐步形成。人格的成熟与完善，为大学生步入社会打下了坚实的基础。

职业意识在一个人的职业选择和职业发展中起着重要的核心和驱动作用。大学生的专业学习是对未来职业的必要准备，通过专业课的学习、实习，很多大学生慢慢发现了自己的职业兴趣，了解了自身的长处，逐步确立起职业自我意识，为今后职业生涯的发展做好了充分准备。

二、大学生心理发展阶段

为了更深入地了解大学生的心理发展历程，可以将大学生的心理发展分为以下三个阶段：适应准备阶段、稳定发展阶段和趋于成熟阶段。

（一）适应准备阶段

新生步入大学，从高考成功的喜悦中冷静下来，首先面临的就是从中学生活到大学生活的急剧转折。生活环境的变迁，人际关系的变化，学习方式的差异，凡此种种，都可能使他们感到很不适应，整个身心处于动荡不安之中。原有的、习惯化的心理结构被破坏了，心理平衡被搅乱，周围全是陌生的人和事。他们需要逐步开始新的生活，在克服各种不适应的同时，力图建立新的心理结构，以达到新的心理平衡，从而开始真正的大学生活。大学新生对大学生活从不适应到适应的过程，称为适应准备阶段。

适应准备阶段是整个大学时代的困难期。在这一时期，很多问题解决得好不好，会影响到以后几年大学生活乃至毕业后的生活。适应准备阶段持续时间的长短因人而异，这与个人适应能力的强弱有关。对多数大学生来说，一个学期左右就可以顺利度过这个阶段了。

（二）稳定发展阶段

这一阶段是大学生活全面深化和发展时期。入学时的不适应已基本消除，各方面的关系已趋于熟悉，新的心理平衡已初步建立起来，大学生活进入相对有序、稳定的阶段。这一阶段是大学生活最主要、最持久的阶段，一直延续到大学毕业前夕。

在这一看似平静的阶段，大学生极强的可塑性得到充分展示，每个人都按自身独特的方式塑造着自己。可能会遇到许多锻炼提高的机遇，可能会有克服困难取得成功的欣喜，也可能会遇到困惑和苦恼，这正是大学生的成长过程，大学教育的主要目标将在此期间完成。

（三）趋于成熟阶段

这个阶段是大学生从学生时代向职业生涯过渡的阶段。面对又一次环境变迁、角色变化，大学生心理将再起波澜。此时的大学生虽然已接受了严格的专业训练和独特的校园生活的熏陶，自主感较强，自我意识也有了很大的提高，对未来的生活道路产生种种设想，但是这些设想多数与现实有一定的距离。大学生在此阶段必须做好走向社会的心理准备，进一步深入地了解社会，把握好自己在生活中的位置。此时既是对大学生各方面素质进行综合考验的阶段，又是进一步促进其心理成熟的阶段。

从大学生的心理发展特点和不同发展阶段可以看出，大学生心理发展正在迅速走向成熟，而又未达到真正的成熟；既存在积极面，又存在消极面。因而在心理发展过程中，矛盾和冲突是在所难免的。正是在解决这些矛盾、冲突的过程中，大学生的心理才进一步成熟起来。

第二节 大学生与心理健康

健康的心理，是大学生接受思想政治教育和学习科学文化知识的重要前提，是大学期间正常学习和生活的基本保证。大学生的心理健康对于他们的思想素质、文化素质、专业素质和身体素质几个方面的发展都有很大的影响。因此，了解大学生心理健康的标准，并努力达到这个标准，对大学生的健康发展意义重大。

一、心理健康的基本含义

1946年，第三届国际心理卫生大会曾为“心理健康”下过这样的定义：“所谓心理健康，是指在身体、智能以及情感上与他人的心理健康不相矛盾的范围内，将个人心境发展成最佳的状态。”大会还具体地指明心理健康的标准是：第一，身体、智力、情绪十分协调；第二，适应环境，人际关系中彼此能谦让；第三，有幸福感；第四，在工作和职业中，能充分发挥自己的能力，过有效率的生活。心理健康并不是一种固定的状态，而是一个不断发展的过程，心理健康者也不是对任何事物都可以愉快接受，而只是在对待环境和问题的反应上，能更多地表现出积极的适应倾向。

虽然人们所站的角度不同，对心理健康的理解有一定的差异，但都存在一些共同之处。那就是：心理健康是指在正常发展的智能基础上所形成的一种表现出良好个性、良好处世能力和良好人际关系的心理特质结构。

1948年，世界卫生组织（WHO）还明确提出：健康，不仅是没有身体缺陷与疾病，还要有完整的生理、心理状态和社会适应能力。这里的心理健康至少包含两层含义：其一是无心理疾病；其二是具有一种积极发展的心理状态。没有

“积极发展的心理状态”，人们不能对自己的心理健康进行保护和促进，不能扭转不健康的心理倾向，容易出现轻度的心理问题或障碍。

二、心理健康标准

迄今为止，对心理健康标准没有一个统一的概念，不同的心理学家对心理健康标准有不同的看法。概括地说，心理健康标准就是：凡对一切有益于心理健康事件或活动作出积极反应的人，其心理便是健康的。

（一）马斯洛提出的心理健康十条标准

美国心理专家、人本主义的创始人马斯洛和米特尔曼在合著的《变态心理学》中提出了心理健康十条标准：

1. 有足够的自我安全感；
2. 能充分地了解自己，并能对自己的能力作出适度的评价；
3. 生活理想切合实际；
4. 不脱离周围现实环境；
5. 能保持人格的完整与和谐；
6. 善于从经验中学习；
7. 能保持良好的人际关系；
8. 能适度地发泄情绪和控制情绪；
9. 在符合集体要求的前提下，能有限度地发挥个性；
10. 在不违背社会规范的前提下，能恰当地满足个人的基本要求。

（二）大学生的心理健康标准

清华大学樊富珉教授根据大学生的心理发展特征、大学生特定社会角色的要求以及心理健康学的基本理论，将大学生的心理健康标准概括为七条：

1. 能保持较浓厚的学习兴趣和求知欲望。学习是大学生的主要内容，心理健康的学生珍惜学习机会，求知欲望强烈，能够克服学习中的困难，学习成绩稳定，并保持一定的学习效率，从学习中体验到满足和快乐。

2. 能保持正确的自我意识，接纳自我。自我意识是人格的核心，心理健康的学生能够了解自己、接受自己，自我评价比较客观，既不妄自尊大而做力所不能及的工作，也不妄自菲薄而甘愿放弃可能发展的一切机会。自信乐观，生活目标与理想切合实际，不苛求自己，能扬长避短。

3. 能协调与控制情绪，保持良好的心境。情绪影响人的健康、工作效率和人际关系。心理健康的学生能够经常保持愉快、开朗、乐观、满足的心境，对于生活和未来充满希望。虽然也有怒、悲、忧、愁等消极体验，但能主动调节；同时能适度表达和控制情绪，做到喜不狂、忧不绝、胜不骄、败不馁。

4. 能保持和谐的人际关系，乐于交往。人际关系状况最能体现和反映人的心理健康状况。心理健康的学生乐于与他人交往，能用尊重、信任、友爱、宽容、理解的态度与人相处，能分享、接受、给予爱和友谊，与集体保持协调的关系，与他人同心协力、合作共事，乐于助人。

5. 能够保持完整、统一的人格品质。人格是指人的整体精神面貌。人格完整是指人格构成要素的气质、能力、性格和理想、信念、人生观等各方面平衡发展。心理健康的学生所思、所做、所言能够协调一致，具有积极进取的人生观，并以此为中心把自己的需要、愿望、目标和行为统一起来。

6. 能保持良好的环境适应能力。环境适应能力包括正确认识环境以及处理个人和环境关系的能力。心理健康的学生在环境改变时能面对现实，对环境做出客观的认识和评价，使个人行为符合新环境的要求；能和社会保持良好的接触，对社会现状有清晰的认识，能及时修正自己的需要和愿望，使自己的思想、行为与社会协调一致。

7. 心理行为符合年龄特征。心理健康的学生应该是精力充沛、勤学好问、反应敏捷、喜欢探索的。过于老成、过于幼稚、过于依赖都是其心理不健康的表现。

（三）正确理解和运用心理健康标准

心理健康标准只是为评价大学生心理健康水平和大学生心理健康的自我评价提供了一个参考的尺度，在具体运用这些标准时，应当持辨证的态度。

1. 心理不健康与有不健康的心理和行为表现是不能等同的。心理不健康是指一种持续的不良状态，一个人偶然出现一些不健康的心理和行为表现，并不等于其心理不健康，更不等于他患有心理疾病。因此，不能仅仅以一时一事就简单地给自己或他人下一个心理不健康的结论。

2. 心理健康与不健康不是泾渭分明的对立面，而是一种连续状态。从良好的心理状态到严重的心理疾病之间还有一个广阔的过渡带。在许多情况下，正常心理与异常心理之间，没有绝对的界限而只有程度的差异。

3. 心理健康与否不是固定不变的而是动态变化的过程。随着人的成长、经验的积累、环境的改变，其心理健康状况必然也会随之有所改变。

4. 心理健康的标准是一种理想尺度。它一方面为人们提供了衡量心理是否健康的标准，同时也为人们指出了提高心理健康水平的努力方向。如果每个人在自己现有基础上能够做不同程度的努力，追求心理发展的更高层次，就可不断发挥自身的潜能。

5. 满足大学生心理健康的基本标准，是能够有效学习、工作和生活的基础，如果难以维持，就应该及时予以调整。

根据大学生的心理健康标准，结合当前大学生的现状，大学生的心理健康水平大致可分为四个等级：

一是心理健康水平良好，表现为情绪比较稳定，心情愉快，适应能力强，善于与别人相处，具有积极适应与调节的能力。

二是轻度失调心理，即发展性心理问题，类似走路中遇到的“小石子”，表现出同龄人所不应有的情绪，与他人相处略感困难，生活自理能力较差，经主动调节或通过专业人员帮助后可恢复正常。

三是轻度到中度心理障碍，类似走路中遇到的“大石头”，表现出经常性情绪不稳定，与他人相处感到困难，人际关系紧张，生活自理能力较差，形成原因比较复杂，持续时间较长，自己能意识到，需要主动求助并在专业人员帮助下解开心结，共同搬走“大石头”。

四是重度心理障碍，类似走路中“迷失方向”，表现为严重的适应失调，不能维持正常的生活和学习，心理活动与行为紊乱，部分人还会出现自知力障碍，形成原因十分复杂，如不及时治疗可能恶化为精神疾病。

第三节　大学生心理问题面面观

大学阶段，是大学生的心理发展开始走向成熟的重要阶段，是一个人心理变化最激烈的时期，同时又是心理发展与成长的困惑期。2001年，中国心理卫生协会对北京6000名大学生心理健康抽样调查显示，有16.5%的学生存在中度的心理不良反应和适应障碍，其中达到严重程度的比例为3%—5%。北京16所高校调查报告显示，大学生因精神疾病而休学、退学的人数占休学、退学总人数的39.3%和64.4%。据卫生部2003年调查统计显示，我国大学生中，16%—25.4%存在不同程度的心理障碍。

一、大学生常见心理冲突

（一）独立和依赖的冲突

大学时代是心理断乳的关键期，意味着大学生在一定程度上切断自己与父母家庭在心理上联系的“脐带”，摆脱对成人的依赖，成为独立的个体，建立自己独立的心理世界，要求独立学习、思考、生活和处理问题。他们并不认为花父母的钱天经地义，甚至有些大学生在自筹收入——或家教或兼职。但与其已经成熟的生理相比，其心理发展是滞后的。由于缺乏社会经验，知识和能力还在积累中，加上长期形成的依赖性难以摆脱，面对复杂的环境，大学生常常心中茫然，不知所措，在许多方面仍无法独立。这种依赖性最具体的表现就是等待心理——等待老师的关心和指导，等待同学的友谊之手，等待父母的经济支持等。大学生这种强烈的独立意识与显著的依赖行为之间产生的矛盾和冲突，是现实、客观的。

（二）理想与现实的冲突

这是大学生自我意识矛盾最突出、最集中的表现。大学生作为同龄人中的佼佼者，容易把未来设计得过于完美，他们抱负水平较高，成就欲望较强，但由于生活范围相对狭窄，社会交往比较单一，缺乏社会阅历，对自我认识的参照点较少，因此，不能很好地将理想与现实结合起来，从而使“理想我”与“现实我”之间产生较大的差距，往往会产生苦闷、抑郁等消极的自我体验。这种矛盾在给大学生带来苦恼和不满的同时，也会激发他们积极进取、奋发向上。有的大学生在客观现实面前，能调整自身的认识，重新树立人生目标，使之符合客观现实的要求；而有些大学生则企图逃避现实，出现消沉、颓废、苦闷、抑郁等心态，沉溺于玩乐之中，以此来麻痹自己的心灵，甚至企图自杀。

（三）交往需要与自我闭锁的冲突

大学生迫切需要友谊，渴望理解，寻求归属和爱。他们有强烈的交往需要，希望能向知心朋友倾吐对人生和生活的看法，盼望能有人分担痛苦、分享欢乐。但同时他们又存在着自我闭锁的倾向，许多人往往不愿主动敞开自己的心扉，而把自己的心灵深藏起来，在公开场合很少发表个人的真实意见。他们在与他人交往时存有较强的戒备心理。正是这种交往需要与自我闭锁的矛盾，使得不少大学生感觉十分孤独。

（四）自信与自卑的冲突

大学生考上大学时受到老师、家长、亲朋好友的赞誉，同辈人的羡慕，故而优越感和自尊心都很强，对自己的能力、才华和未来都充满自信。然而进入大学后，群英荟萃，强者如云，许多大学生发现“山外有山”，尤其是当学习、文体、社交等方面显露出某些不足时，就会陷入怀疑自己、否定自己的不良情绪中，产生自卑心理。

（五）追求上进与自我消沉的冲突

许多大学生有较强的上进心，希望通过努力来实现自身的价值。但生活中一旦遭遇困难、挫折，就会出现情绪波动，一方面因畏难而消极退缩，另一方面心有不甘，内心极为矛盾，困惑、烦躁、不安、焦虑也油然而生。

（六）激情与理智的冲突

人的活动是一种知、情、意、行的过程，大学生精力充沛，风华正茂，朝气蓬勃，浑身有使不完的劲儿，但他们易于感情冲动，自我控制能力较差。顺境时，会热情奔放、勇往直前；逆境时，就兴致皆无，情绪一落千丈。听到赞扬时容易忘乎所以；受到责难时立刻怒发冲冠，甚至有时被人利用，讲究哥们儿义气，极易铤而走险。他们常常理智让位于情感，导致做出一些错事、蠢事，继而后悔不迭，马上变得一蹶不振，陷入懊悔和惆怅之中。

二、大学生常见的心理困扰

（一）入学适应的心理困扰

当代大学生为了在激烈的高考竞争中取胜，几乎全身心投入学习中，受到家长的过度保护，一旦从中学到大学的环境发生了改变，离开了长期依赖的家长和老师，面对新的集体，新的生活和学习方式，他们会产生不同程度的应激反应，内心或多或少感到惶惶不安。这种因不适应大学生活环境而出现的不安、焦虑、苦闷和孤独感，在应变能力较差的学生身上表现更为明显。

（二）学习方面的心理困扰

大学生的主要任务是学习。学习上的困难、挫折以及是否应该刻苦学习的困惑对大学生成长的影响是比较显著的。由于大学生的学习目的、学习动力、学习方法、学习内容、学习态度等都有别于中学生，因此，一部分学生因专业学习和竞争压力过大而导致学习和考试焦虑；一部分学生则因大学期间的学习成绩不再如高中阶段那样被重视，或者不喜欢所学专业而出现厌学情绪。

（三）人际关系方面的心理困扰

人际关系问题往往是大学生最关注的问题之一。同高中阶段相比，大学生的人际交往更为复杂，更为广泛，更具社会性。由于交往能力越来越成为大学生心目中衡量个人能力的一项重要指标，所以他们开始尝试独立人际交往，并试图发展这方面的能力，但是受应试教育的影响，部分学生交往能力较弱，具体表现为沟通不良、人际冲突、孤独无援、社交恐怖等。有的人因自负而不屑交往，有的人因恐惧而不能交往，从而陷入封闭、孤独的境地。也有的学生虽然主动交往，但因自我情绪比较严重，对他人缺乏应有的尊重和共情，难以被他人接纳，导致人际关系不协调。常常听到一些学生发出“大学知音难觅”的感叹，并因此产生困惑、焦虑等情绪，甚至会严重影响他们的健康成长。

（四）恋爱和性方面的心理困扰

从个体的生理年龄发展阶段来看，大学正是开始恋爱的时期。由于所处的特殊环境，恋爱与性的问题经常给他们带来困扰。例如，异性交往困难、陷入多角关系、单相思、失恋、性自慰、婚前性行为、校园同居等，使他们在情绪、自我评价、人际交往、学习、生活等方面受到一定的影响，进而产生心理问题。

（五）择业方面的心理困扰

大多数学生在即将毕业之时面临着择业、求职的难题，主要表现为缺乏选择的主动性、面试缺乏自信、过于追求功利、缺乏走上社会的心理准备等。有的学生面对人才市场五花八门的招聘单位与条件而不知所措，难以抉择；有的学生不知什么是适当的自我推荐；有的学生对社会的现实不能正确分析，产生过于担忧和逃避的心理；有的学生因自负在择业时产生不满。

除了上述主要的心理困扰，大学生还存在着许多方面的困惑，如家庭关系、经济问题、出国留学、闲暇生活、个性发展等。

三、大学生常见的心理障碍

大学阶段是一个向成熟过渡的阶段，大学生的心理状态尚未稳定，心理表现比成人更为敏感复杂，受生理因素、社会因素和心理因素的影响，出现各种心理问题。

（一）神经症

《中国精神障碍分类与诊断标准（第三版）》（CCMD-III）中关于神经症的描述性定义是：“神经症是一组主要表现为焦虑、抑郁、恐惧、强迫、疑病症状，或神经衰弱症状的精神障碍。本障碍有一定人格基础，起病常受心理社会（环境）因素影响。症状没有可证实的器质性病变作基础，与病人的现实处境不相称，但病人对存在的症状感到痛苦和无能为力，自知力完整或基本完整，病程多迁延。”其特点是：

1. 起病常与素质和心理、社会因素有关；

2. 存在一定的人格基础，常常自感难以控制本应可以控制的意识或行为；

3. 症状无相应的器质性基础；

4. 社会功能相对完好，一般意识清楚，与现实接触良好，人格完整，无严重的行为紊乱；

5. 一般没有明显或较长的精神症状；

6. 病程较长，自知力完整，要求治疗。

神经症是常见病，患病率相当高。WHO根据调查资料推算：人口中的5%—8%有神经症或人格障碍，是重性精神病的5倍。西方国家的患病率10‰—20‰，我国为13‰—22‰。神经症也是门诊中最常见疾病之一。

1. 焦虑症。焦虑症是一种以焦虑情绪为主的神经症。主要特征是发作性或持续性的情绪焦虑和紧张，包括惊恐性焦虑障碍和广泛性焦虑障碍。惊恐性焦虑障碍的基本症状是反复的惊恐发作，表现为突发性的紧张性忧虑、害怕或恐惧，常伴有即将大祸临头的感觉。广泛性焦虑障碍则表现为持续的紧张不安，并趋向慢性过程。

大学生进入新的环境，各方面都要重新开始适应和调整。如果对自己期望过高，压力过大，凡事患得患失，时间长了，就会产生持续性的焦虑、不安、担心、恐慌，并且还伴有明显的运动性不安以及各种躯体上的不适感。患有焦虑症的人，其性格也有一定的特点，大多胆小，做事瞻前顾后，犹豫不决，对新事物、新环境适应能力差，遇上一定的精神刺激，就很容易患焦虑症。他们常感到无明显原因、无明确对象、游移不定、范围广泛的紧张不安；经常提心吊胆，却又说不出具体原因。过分关心周围事物，注意力难以集中，从而导致工作和学习效率明显下降。对焦虑症，一方面可进行药物治疗，一方面可进行心理训练，如各种自我放松训练、体育锻炼等，都有一定的效果。

2. 抑郁症。抑郁症又称抑郁障碍，是心境障碍的主要类型。以情感低落、思维迟缓、以及言语动作减少（俗称“三低”）为典型症状。具体可表现为显著而持久的悲观抑郁，与现实环境不相称。程度较轻者感到闷闷不乐，无愉快感，凡事缺乏兴趣，感到“心里有压抑感”“高兴不起来”；程度严重的人悲观绝望，有度日如年、生不如死之感，常诉说“活着没有意思”“心里难受”等。抑郁症严重困扰着人们的生活和工作，约15%的抑郁症患者死于自杀。

少数大学生会患上抑郁症。主要表现为悲伤、绝望、孤独、自卑、自责等，把外界的一切都看成“灰暗色”的。有的大学生对枯燥的专业学习不感兴趣，对刻板的生活方式感到厌烦，为自己学习或社交的不成功而灰心丧气，陷入抑郁状态。长期的抑郁状态会导致思维迟钝、注意力不集中、失眠、体力衰退、食欲下降等，对个体危害是很大的。

这主要是由于：一方面，他们对社会有各种强烈的需求，极力想表现出自己的才能；另一方面，他们对社会的复杂性缺乏认识，对自身行为的合理性和可能性了解得不够深刻，加上世界观、人生观、价值观尚未稳定建立，对挫折的承受能力较差，心理防卫机制不成熟，因而很容易表现出抑郁的情绪和心境。该症状的发生与性格有一定的关系——性格内向、多愁善感、自卑、依赖性强的人，在精神因素作用下，容易导致抑郁症的发生。

抑郁症的克服，可以采用以下几种方法：一是学会将自己的忧伤、痛苦以恰当的方式宣泄出来，以减轻心理上的压力，例如，倾诉、剧烈运动、哭泣等；二是多与积极乐观的同学交往，多角度看待自己所面临的问题，开阔视野，避免钻牛角尖；三是有意识地参加一些活动，如体育锻炼、文化娱乐活动等，借以提高兴奋性；第四，如果抑郁比较严重，一定要去医院寻求专业医生的帮助，按照医嘱服药，切莫忽视。

3. 强迫症。强迫症是以强迫症状为特征的神经症。强迫症是指当事人主观上感到有某种不可抗拒的和被迫无奈的观念、情绪、意向或行为存在，虽然能够清醒地认识到这些观念、情绪、意向或行为都是毫无意义的和没有必要的，却无法摆脱，因而非常痛苦。强迫症主要表现为强迫观念、强迫意向和强迫行为。这种症状大多是由强烈而持久的精神因素及情绪体验诱发而来的，与当事人以往的生活经历、精神创伤或幼年时期的遭遇有一定的联系。

患强迫症的大学生多与其性格缺陷有关，如追求完美，缺乏自信，遇事过分谨慎，生活习惯呆板，墨守成规，常怕出现不幸事件或情况，活动能力差，主动性不足等。强迫症的根治是比较困难的，认知行为疗法、森田疗法有一定效果，可以通过提高他们的认知，增强其自信心，来缓解症状。如果比较严重，最好寻求专业治疗，服药改善。

（二）神经衰弱

神经衰弱是指在某些长期存在的精神因素的作用下，引起脑机能活动过度紧张，从而使精神活动能力减弱。主要症状有情感控制能力差、情绪反应强烈、注意力涣散、记忆力下降、工作效率低、睡眠困难、心悸、多汗、易疲劳等。

神经衰弱也是大学生中较为常见的心理障碍。大学生神经衰弱的发生，主要与学业负担过重和不良性格特征关系密切，由缺乏面对现实的勇气和良好的适应能力造成的。如个体自我调节能力较差，对社会、对人生思虑过多等，在当事人头脑中产生强烈的思想冲突，内心持久地处于紧张状态，超过了神经系统本身的张力所能忍受的限度，从而引起失调和崩溃。对于神经衰弱的学生来说，合理安排学习和生活作息，适当参加娱乐活动和体育锻炼，并进行必要的心理治疗，一般可以收到较好的效果。

（三）恐怖症

恐怖症是指对某些事物或特殊情境产生十分强烈的恐惧感，这种恐惧感与引起恐惧的情境通常极不相称，当事人明知自己的恐惧不切实际，仍不能自我控制。常见的恐怖症有社交恐怖、广场恐怖和动物恐怖等。

大学生常见的恐怖症有社交恐怖症和求职恐怖症。其中社交恐怖症一般发病在青春期前后，他们往往夸大自己的弱点，主观要求过高，只要做不到尽善尽美，就会非常痛苦。对此，一方面要降低自我要求，另一方面要多与同学朋友交流。而求职恐惧症可谓人人皆有，只是表现程度不同而已。要消除这种心理恐惧，最关键的是加强社会锻炼，且要善于从失败中总结经验教训，善于自我调节，以轻松的心态看待就业。

（四）人格障碍

人格障碍是指明显偏离正常且根深蒂固的行为方式，具有适应不良的性质，其人格在内容上、质上或整个人格方面异常，由于这个原因，当事人遭受痛苦和/或使他人遭受痛苦，或给个人或社会带来不良影响。人格的异常妨碍了他们的情感和意志活动，破坏了其行为的目的性和统一性，给人以与众不同的特异感觉，在待人接物方面表现尤为突出。人格障碍通常开始于童年、青少年或成年早期，并一直持续到成年乃至终生。部分人格障碍者在成年后有所缓和。精神医学将人格障碍大致分为三类。第一类以行为怪癖、奇异为特点，包括偏执（妄想）型、分裂型、分裂病型人格障碍。第二类以情感强烈、不稳定为特点，包括表演型、自恋型、反社会型、边缘型人格障碍。第三类以紧张、退缩为特点，包括回避型、依赖型、强迫型、被动攻击型人格障碍。

大学生中常见的人格障碍有偏执型人格、强迫型人格、冲动型人格等。人格障碍属于一种心理变态，迄今为止尚无什么灵丹妙药可医治。人格障碍形成后，显示出相对稳定性，即人们常说的“江山易改，禀性难移”。人格障碍者是社会不安定因素之一，程度轻微的不良影响相对较轻，严重的尤其像偏执型、反社会型人格障碍者，常是“害群之马”，导演出一系列报复型、攻击型、虐待型等惨痛案例。改造人格障碍者，难度确实不小，必须由社会、家庭、学校联合，对他们给予理解、同情和帮助，采用包括心理治疗在内的综合措施，有助于他们认识自己人格障碍的特征及危害，树立改善不良人格的信心。

除人格障碍外，还有人格缺陷问题。人格缺陷是介于正常人格与人格障碍之间的一种人格状态，也可以说是一种人格发展的不良倾向，或者说是某种轻度的人格障碍。常见的人格缺陷有自卑、抑郁、怯懦、孤僻、冷漠、悲观、依赖、敏感、多疑、焦虑或敌对、暴躁冲动等。这些都是不健康的心理因素，它们不仅影响活动效率、妨碍正常人际关系，而且会给人生蒙上一层消极的阴影，如不及时矫正与治疗，会发展为各种人格障碍。人格缺陷比人格障碍的人数更多，在大学生中较为常见。

第四节　做一名心理健康的大学生

一、了解自我，悦纳自我

人的自我意识构成了人格的核心，因此，有的心理学家用自我意识的发展程度来衡量一个人的心理成熟程度和心理水平。悦纳自我指的是接受自己的全部，无论是优点还是缺点，无论是成功还是失败；无条件地接受自己，接受自己的程度不以自己是否做错事而有所改变；喜欢自己，肯定自己的价值，有愉快感和满足感。悦纳自我属于自我意识中自我评价的部分，自我悦纳对一个人的心理健康起到至关重要的作用，研究表明悦纳自我与个体的自信、自尊等积极心理特质都有紧密关联。悦纳自我首先要对自己有客观全面的认知，自我认知是个体获得健全人格的重要条件，也是自我客观评价的基础。人本主义心理学家罗杰斯将不确定的自我认知、自我概念看作是引起个体严重心理问题的决定性原因，认为“个体只有对自己有明确的认识，才会减少甚至改变引起个体心理问题的影响因素”。

大学生要通过多方面、多途径了解自己，方能做到既不盲目自信，也不妄自菲薄。一是学会从周围获悉对自我的真实反馈，认识自我，客观评价自我。如果对于从同伴获取的有关自我的信息不能正确分析，就会造成自我认识误差，不能客观、正确地了解自我。二是学会从社会生活经验中了解自我。积极参加各种社会实践活动，在实践中锻炼自己的能力，并扩大自己的社会接触面，积累经验，增加自我了解。三是热爱生活。五彩缤纷的生活是快乐的源泉。大学生要用合理的标准来对待生活，看待自己，做到“知足常乐”，唯有如此，才能保持心情的舒畅和精神的振奋。四是避免用唯一标准来衡量自己。“金无足赤，人无完人”，每个人都不是十全十美的，要正确对待得与失，以免引起不必要的自卑情绪和自我否定。

二、确立目标，健康成长

1970年，美国哈佛大学对当年毕业学生进行了一次关于人生目标的调查：27%的人，没有目标；60%的人，目标模糊；10%的人，有清晰但比较短期的目标；3%的人，有清晰而长远的目标。

1995年，哈佛大学再次对这批学生进行了跟踪调查，结果是这样的：3%的人，25年间他们朝着一个既定的方向不懈努力，绝大部分成为社会各界的成功人士，其中不乏行业领袖、社会精英；10%的人，他们的短期目标不断实现，成为各个行业、各个领域中的专业人士，大都生活在社会的中上层；60%的人，他们安稳地生活与工作，没什么特别突出的成绩，大都生活在社会的中下层；剩下27%的人，他们的生活没有目标，过得很不如意，并且常常在抱怨他人、抱怨社会、抱怨这个“不肯给他们机会”的世界。

可见，目标对人生有着巨大的导向性作用。成功在一开始，仅仅就是一个选择。你选择什么样的目标，就会有什么样的成就，有什么样的人生。目标的意义体现在：

1. 目标可以给人的行为设定明确的方向。

2. 知道什么是重要的，合理安排时间。

3. 目标促使自己未雨绸缪，把握今天。

4. 使人能清晰地评估自己每个行为的进展。

5. 把重点从工作本身转移到工作的成果上来。

6. 产生持续的信心、热情与行动力。

大学生制定目标应该遵循以下几个方面的原则：

1. 要将个人实际与社会需求相结合。大学生设定人生目标时必须将个人实际与社会的需要、自身优势与客观条件结合起来，特别要科学地认识自身的知识结构、心理素质、性格特点、特长爱好和人际交往能力等，扬长避短，切忌随波逐流、脱离实际。同时，大学生人生目标的设定与人生价值的实现，归根到底是要适应社会和时代发展的需要，得到社会的认可，才能为社会做出应有的贡献。

2. 要将人生大目标与阶段性目标相结合。人生大目标与阶段性目标是一个量变与质变的关系，只有在不同的时期设定不同的阶段性目标并通过努力去实现，才能通过“量变”完成“质变”，实现大目标。当然，在确立每个阶段的短期目标时，也必须以大目标为指导，这样才能保证不偏离航向。

在制定阶段性目标时，一般可具体参照“SMART”准则。

具体的（Specific）：尽可能把目标定得具体些，明确你所遇到问题的实质到底是什么。

可衡量的（Measurable）：考虑一下你正在使用的方法，应该是可量化的。

可行的（Achievable）：确保你的要求在可以实现的范围内。

切实的（Realistic）：不要由于不切实际而导致失败，一步步提高比跨越一大步更切合实际。

有时间限制的（Time-limited）：确定一个合理的时间段，然后执行。

3. 要将目标稳定和动态调节相结合。目标稳定主要是指人生大目标的基本稳定和短期阶段性目标相对稳定。人生大目标作为各阶段性目标的总体指导，必须具有稳定性才能起到积极作用。大学生的世界观、人生观和价值观已基本确立，其长远目标一般不会有大的改变，具有基本稳定的特征。短期阶段性目标是大学生根据实际情况和总体目标制定的，在一定时期和一定范围内具有相对稳定性，但是外界环境和大学生的自身情况又是不断变化的，为了使目标更具科学性和可行性，也必须对阶段性目标进行适时调整，以适应不断发生的各种变化。

三、学会并保持乐观

随着积极心理学的兴起，乐观主义成为西方积极心理学的核心概念和研究热点。但是，乐观不是天生的，而是在后天的家庭、学校、社会氛围中逐渐形成的。一旦学会了乐观，人们就会用乐观的方式去对待所经历的一切事情，这在积极心理学上被称为“乐观型解释风格”。解释风格是指个体对生活中所发生事情的一种归因方式的习惯化表现，它有三个维度——永久性、普遍性和人格化。

心理学研究表明，孩子一般在8岁之前就已经基本形成了相对固定的解释风格。美国心理学家、积极心理学创始人之一塞利格曼在研究中发现，乐观的人在遇到厄运时，会认为失败是暂时的，并且每次失败都有特定原因，不是自己的错，可能是运气不好或其他因素导致的结果。面对恶劣环境时，他们不会被失败击倒，会把它看成一种挑战，更努力地去克服困难。具有悲观型解释风格的人倾向于相信一切坏事都是自己的过错，而且发生的坏事一定会持续很久，并且会影响或毁掉生活的各个方面，自己却无能为力，就此一蹶不振。两者之间虽然只是归因的区别，这种区别对一个人的生活来说却相当重要，它往往可以决定一个人的生活质量、事业的成功以及身体健康的程度，甚至寿命的长短。

保险业在美国是一个影响比较大的行业，但是总面临两个难题：其一，由于保险从业人员必须有百折不挠的勇气才会成功，所以流动性特别大，几乎所有的保险公司每年都要招聘大量的新员工，但在这些新招聘来的员工中，不到一年时间就会流失很多，仅培训费一项每年就要损失很多。如美国著名的大都会保险公司每年都会招聘5000名左右的新员工做保险销售，在新员工的培训期间，公司对每个新员工投入3万多美元。但往往在一年之后，就有约一半以上的员工辞职，到了第四年的时候，留下的员工就没有多少了，大量的培训费就打了水漂。其二，许多保险销售员容易患上抑郁症，这不仅影响了这些人之后的生活，同时也影响了保险行业的声誉。面对这种情况，大都会保险公司的总裁希望塞利格曼来帮他解决这两个难题。塞利格曼研究后发现，保险行业是一个与人打交道的行业，推销员每天都要面对不同职业、性格、年龄、文化的个体。在此过程中，这些保险推销员必然会经历多次的拒绝，有时甚至还会挨骂（有统计显示，保险推销员每打10个电话可能只有1个人愿意坐下来谈谈，而且还不一定购买保险）。许多员工在遭受这样的打击之后，自信心迅速降低，失去进一步努力的动机，业绩自然就会下降。当他的业绩不好之后，他就会觉得自己不适合这个行业，跳槽也就成了一种必然的选择。即使公司不辞退他，他自己也不好意思继续留下来了。而当一个人带着失败离开时，如果他自己的性格本来就有点不太乐观的话，那抑郁就自然而然产生了。因此，塞利格曼认为保险行业应该仔细挑选员工，保险销售工作并不是什么人都能干的，只有那些具有乐观型解释风格的人才更适应做这项工作。

于是，塞利格曼和大都会保险公司进行合作，在1985年为公司挑选了新员工。为了检验自己的假设是否正确，塞利格曼对当时参与面试的1. 5万名应聘人员进行了两次测试：一次是大都会保险公司安排的职业测试（即公司以前挑选员工的做法）；一次是塞利格曼自己安排的乐观测试，乐观测试采用归因风格问卷（ASQ）。ASQ问卷的核心就是测量个体对积极事件和消极事件归因的三个维度：稳定的/不稳定的、普遍的/特定的、外在的/内在的。同样，录用新员工时也采用两种标准：一种是按该公司之前的标准录用，也就是按这些人的职业测试分数的高低，一共录用了1000人，同时对这些人进行归因倾向测试，并根据测试分数在这些人中筛选出乐观风格组和悲观风格组；另外一种是挑选出职业测验不合格，但特别乐观的人，按这个标准共录用了129人。

通过两年的追踪发现：在1000人组中，具有乐观风格的推销员所做的业绩要比悲观者高——第一年高出8%，第二年则高出31%；129人组与1000人组中的悲观者相比，两年期间的业绩差异更为显著——第一年高出21%，而第二年则高出57%。他们甚至比用传统方法录用进来的1000人的头两年平均销售业绩还多27%。事实上，他们至少与以传统方法录用的业务员的乐观组的业绩一样好。这些结果充分证明乐观型解释风格在保险销售行业中的重要性。

塞利格曼认为，具有乐观型解释风格的人之所以能创造更好的业绩，主要是因为乐观者在推销失败后，会将失败视为只是暂时没有成功，并没有将失败视为难以逾越的鸿沟而使自己陷入绝望之中。因此，他们会屡败屡战，将面前的困难看作是一种挑战，百折不挠地坚持到最后，直到成功。只有在每一次拒绝面前都能保持乐观的人，才可能成为真正的优秀推销员，也才能获得真正的成功。

当然，积极心理学强调乐观，但并不强调一味地乐观，更不强调过度乐观。积极心理学所提倡的乐观更多的是为了让个体形成一种生活观念：不论面对成功还是失败，尤其是在面对失败的结果时，人们要学会做出积极乐观的理解，以便为日后的成功打下基础。

四、发展积极人格

积极心理学强调心理学必须研究人内心所存在的积极力量。只有人所固有的积极力量得到培育和增长，人性的消极方面才能被消除或抑制。积极心理学认为，尽管先天的生理因素不可或缺，但人格的形成主要还是依赖于后天的社会生活体验，正是因为每个人的后天社会生活体验不同，人与人之间才出现了不同的人格面貌，因此，积极心理学的一个重要核心就在于培养个体的积极人格。历经三年的艰苦努力，积极心理学的创始人之一彼得森教授和他的研究小组提出了积极人格的六大美德和二十四项积极品质（见表1-1）。

表1-1　　　　积极人格

良好美德	定义性特点	积极品质
智慧	知识的获得和运用	1. 好奇和对世界感兴趣
		2. 热爱学习
		3. 心灵手巧、独创性和实践智能
		4. 判断力、批判性思维和开放性思想
		5. 社会智能、个人智能和情绪智能
		6. 洞察力和大局观
勇气	面临内在或外在压力时誓达目标	7. 勇敢
		8. 坚持不懈、勤奋和勤勉
		9. 正直，真诚和坦率
仁爱	人与人之间交往的积极力量	10. 亲切和慷慨
		11. 爱和被爱
正义	文明的积极力量	12. 公民的职责、权利与义务，忠诚和团队精神
		13. 公平和公正
		14. 领导力
节制	做事不过分的积极力量	15. 自我控制和自我调节
		16. 远见、谨慎和小心
		17. 谦虚
卓越	使自己与全人类相联系的积极力量	18. 欣赏美与优秀
		19. 感激
		20. 希望、乐观和未来的胸襟
		21. 精神追求、信念和信仰
		22. 宽恕和宽容
		23. 幽默
		24. 热情、激情、热心和精力充沛

大学生正处于人格发展的塑造期，已经具备了一定的认知能力、判断能力和反思能力，所以大学生要充分重视自我教育和自我提高。第一，要加强理论知识的学习，通过阅读积极健康、励志类书籍，选修积极心理学方面的课程，多听专题讲座和报告会等，明确健康成长的目标，内化自我健康发展的动力。第二，建立成熟的心理防御机制，即以理智、勇敢的态度对待挫折和冲突，选择积极的方式释放积压在内心的破坏性能量。这里的理智、勇敢的态度包括幽默、利他主义、升华、抑制（与压抑不同，它不是否定人的欲望和自主状态，而是当意识中出现想解决矛盾和冲突的冲动时，为了更好地解决问题，暂且压制这种冲动，延迟行动）。第三，树立正确的心理健康意识，主动求助家人、知心朋友、老师，或者求助专业的心理咨询。第四，大学生要积极参加社会实践，了解社会的需求，促进自我社会化的进程，力争成为社会的栋梁。

【自我探索】

大学生心理健康水平测试

这份心理健康测评表只能用于大学生心理健康水平的粗略检查，不能用于心理健康的正式诊断或筛选。如果要进行心理健康的正式诊断和筛选，应当采用有关的标准化量具或请心理医生现场诊治。如果你自己的情况同题中所说的情况一致，就在题后打“√”号。

1. 理想破灭，精神萎靡，没精打采，消极度日。
2. 盲目自卑、缺乏自信。
3. 无竞争意识，满足现状。
4. 缺乏生活热情，失去生活目标。
5. 习惯于依赖、顺从、怯懦、退缩，做事不主动，缺乏积极、进取精神。
6. 思想消极，情绪低沉。
7. 忧心忡忡，心绪郁结。
8. 消极厌世，得过且过。
9. 欺骗自己，怀疑自己。
10. 多疑多虑，防范别人。
11. 忐忑不安，焦虑紧张，心烦意乱，坐卧不安。
12. 经常说谎，情绪惶恐。
13. 内分泌紊乱，免疫功能下降。

14. 对品德、才能、容貌比自己强的人心怀怨恨、反感。

15. 在行为上对被嫉妒的人冷漠、讽刺、挖苦、打击，以此来排泄心中的怨愤和不满。

16. 自己的不幸和别人的幸福，都使你痛苦万分。

17. 郁郁寡欢，遇事常往坏处想，缺乏达观的态度。

18. 忧郁不乐，对他人办事不放心，心事重重。

19. 神经过敏，多愁善感，自作多情。

20. 情绪表现易受暗示，波动较大，反复无常，心理上有适应障碍。

21. 胆小怕事，怯场退避，怯懦恐怖。

22. 心神不宁，食不知味，睡难成眠。

23. 斤斤计较，心胸狭窄，待人冷漠，苛求于人。

24. 人际关系紧张，处于孤独苦恼之中。

25. 智力发展不正常。

26. 心理特点与年龄特点不符。

27. 言行不一，表里相悖，是二重人格。

28. 狂妄自大，目空一切。

29. 自暴自弃，忧郁颓废。

30. 对强弱不同的刺激不能做出适度的反应，易受挫折。

31. 没有自知之明，只能看到自己的优点，看不到别人的长处，特别是个人的不足就更看不清了。

32. 对各种活动都没有兴趣，只要独处。

33. 情感和意志行为不协调。

计分标准及结果分析：

每题计1分，得分在10分以下，表明其心理健康；得分为10—20分，表明不稳定，心理健康与不健康参半；得分21分以上者为心理不健康。

【训练与体验】

训练一　悲观→乐观

请你从积极心理的角度，将下面的悲观问题改变成乐观财富。

悲观问题

从我初降人世起，就注定要尝尽酸甜苦辣，滋味不好，我不幸福。

从我跨进学堂起，就围着考试作业排名转，没时间玩，我不幸福。

从我体会爱情起，就尝到了失恋痛苦滋味，伤心流泪，我不幸福。

从我创业立家起，就为了自己和家人打拼，压力太大，我不幸福。

当我生命衰老时，就不再拥有青春与活力，生活无聊，我不幸福。

当我离开世界时，就失去了曾拥有的一切，白忙活了，我不幸福。

如果从积极乐观论看问题，同样是上述不幸，转眼即可变成人生之大幸。

乐观财富（参考答案）

当你离开母体、初降人世的时候，你是幸福的——你拥有众人的期盼和父母一生的怜爱。

当你背起书包、跨进学堂的时候，你是幸福的——你拥有许多失学孩童梦寐以求的求学机会。

当你步入青春、体会爱情的时候，你是幸福的——你拥有人生中最叫人刻骨铭心的感觉。

当你长大成人、创业立家的时候，你是幸福的——你拥有充实的生活和安静的港湾。

当你两鬓白发、生命衰老的时候，你是幸福的——你拥有子女的陪伴及满堂的子孙。

当你闭上双眼、离开世界的时候，你是幸福的——你拥有一生的回忆和无止境的安逸。

训练二　我的优点树

目的：认识自己不同方面的优点，学会欣赏和接纳自己。

形式：两人为一组。

材料：纸、彩水笔或油画棒。

过程：

1. 请想象：你正沿着一条路走，突然发现前方有一棵很特别的树，这是一棵有象征意义的树，与你有关，它上面挂满了标志着你特别的能力和优点的硕果。仔细地观察它，它是怎么样的？枝干、树根如何？

2. 用彩笔在纸上画出“我的优点树”，不同的果实可以选用不同的颜色。

3. 分享（先小组，后团体）：

（1）你所画的优点树能充分展现你的优点吗？有没有遗漏的？

（2）你的这些优势是否得到了充分发展？对你产生了哪些重要影响？

【阅读与欣赏】

“习得性无助”实验及启示

“习得性无助”指人在最初的某个情境中获得无助感，那么在以后的情境中仍不能从这种关系中摆脱出来，从而将无助感扩散到生活中的各个领域。这种扩散了的无助感会导致个体的抑郁并对生活不抱希望。在这种感受的控制下，个体会由于认为自己无能为力而不做任何努力和尝试。被认为是人类的一种沮丧表现之一。

一、对狗的测试

“习得性无助”是塞利格曼于1967年在研究动物时提出的，他用狗作了一项经典实验。塞利格曼把狗关在一个上了锁的笼子里，并且在笼子边上安装了一个扩音器。只要扩音器一响，笼子的铁丝网就会通上电流，电流的强度足以让狗感到痛苦，但不会伤害它的身体。刚开始，扩音器响的时候，被电到的狗会在笼子里四处乱窜，试图找到逃脱的出口。可是在试过几次都没有成功之后，狗就绝望了，放弃了挣扎。虽然扩音器响了，还是有电流通过，但狗只是躺在那里默默地忍受痛苦，而不再极力逃脱了。

于是塞利格曼把狗挪到了另一个更大的笼子里，笼子的中间用隔板隔开，一边通电，一边没有通电，隔板的高度，狗可以轻易跳过去。塞利格曼把另一条从来没有经过实验的对照狗，和先前的那条实验狗一起关进了通电的一边，当扩音器响起，笼子通电时，对照狗在受到短暂的惊吓之后，立刻奋起一跳，逃到了安全的那一边。可是那条可怜的实验狗，却眼睁睁地看着伙伴轻易地跳到笼子的另一边，自己卧倒在笼子里，再也不肯尝试了。

二、对人的测试

1975 年，塞里格曼用人做实验，结果是人也产生了“习得性无助”。实验是在大学生身上进行的，他们把学生分为三组：让第一组学生听一种噪音，这组学生无论如何也不能使噪音停止；第二组学生也听这种噪音，不过他们通过努力可以使噪音停止；第三组做对照组，不给受试者听噪音。当受试者在各自的条件下进行一段实验之后，即令受试者进行另外一种实验：实验装置是一只“手指穿梭箱”，当受试者把手指放在穿梭箱的一侧时，就会听到一种强烈的噪音，放在另一侧时，就听不到这种噪音。实验结果表明，在原来的实验中，能通过努力使噪音停止的受试者，以及未听噪音的对照组受试者，他们在“穿梭箱”的实验中，学会了把手指移到箱子的另一边，使噪音停止。而第一组受试者，也就是说在原来的实验中无论怎样努力，不能使噪音停止的受试者，他们的手指仍然停留在原处，任凭刺耳的噪音响下去，却不把手指移到箱子的另一边。

为了证明“习得性无助”对以后的学习有消极影响，塞里格曼又做了另外一项实验：他要求学生把下列的字母排列成字，比如 I、S、O、E、N，D、E、R、R、O，可以排成NOISE 和 ORDER。学生要想完成这一任务，必须掌握 34251 这种排列的规律。实验结果表明，原来实验中产生了无助感的受试者，很难完成这一任务。

此外，斯坦福大学心理学教授卡罗尔·德韦克做的实验是观察习得性无助如何影响学校的学生。她把四年级的学生按照他们的解释风格分为“无助学生”与“优势定向学生”。先呈现解决问题，再呈现未解决的问题。一旦“无助学生”失败，他们就退却到一级水平；而“优势定向学生”尽管失败了仍保持在四级水平。他们卷起袖子干得更欢。分析原因，发现关键是学生是否认为失败与能力或努力相关。习得性无助学生认为失败是永久的（能力而不是努力），弥漫的（他们所做的每一件事），以及个人化的。

三、启示

1. 表现。“习得性无助”学生形成了自我无能的策略，最终导致他们失败。他们力求逃避目标，拖延作业，或只完成不费力气的任务。他们沮丧，并以愤怒的形式表现出来。美国国家阅读委员会的报告描述这类学生是“懒散、怠慢、有时是破坏性的，他们不完成作业，他们面临困难的作业很快就放弃，他们在要求大声阅读、测验时变得焦虑”。

2. 解释风格。个体把控制力缺失归因于下面三个方面：永久性而不是暂时性，自己内在人格因素而不是情境因素，渗透到生活中多方面。所有这些都容易产生“习得性无助”。

【好书推荐】

一、《活出最乐观的自己》

作者：马丁·塞利格曼——从“抑郁专家”到“积极心理学之父。”他从“习得性无助”中走来，不再只关注人性黑暗、脆弱与痛苦的一面。他发出了“积极心理学”的召唤——帮助普通人增加幸福感。

内容简介：颠覆你以往深以为是的观点。节食能达到减肥的效果吗？戒烟、戒酒能成功吗？你从这本书中可以清楚地知道自己哪些方面是可以改变的，而哪些方面却无法改变，是自己必须接受的。塞利格曼博士从改变的可能性和生物局限性出发，帮助你把有限的时间和精力集中在那些能够改变的特性上，并在此基础上找到一条自我提升的最有效途径。

二、《幸福的方法》

作者：泰勒·本-沙哈尔，哈佛大学“最受欢迎的导师”。

内容简介：《幸福的方法》以充满智慧的语言风格，将幸福的秘密如沐春风般地带入到你的心灵深处。作者将人生分为四种类型，其中不幸福的三种类型分别是：牺牲眼前快乐，只着眼于未来目标的忙碌奔波型；放纵自己、及时行乐的享乐主义型；对一切都失望，无所作为的虚无主义型。通过《幸福的方法》，读者将深刻理解到幸福的终极目标不是名利财富，而是尊重生命的核心价值，只有找到自己的真正使命并努力发掘出自己的潜力，全然地投入到生活中去，才能最终达到第四种状态：感悟幸福型。幸福，是可以通过学习和练习获得的；同时，幸福也是一个需要永不间断追求的过程。幸福的人生态度不但是为了自己的目标努力奋斗，也需要享受当下的每时每刻。每一位读者若能按书中的方法去思考人生并坚持练习，便能够踏上持久快乐、幸福和富有满足感的旅程。

【电影赏析】

《当幸福来敲门》

电影简介：克里斯·加纳（威尔·史密斯饰）用尽全部积蓄买下了高科技治疗仪，到处向医院推销，可是价格高昂，接受的人不多。就算他多努力都无法提供一个良好的生活环境给妻儿。妻子（桑迪·纽顿）最终选择离开。从此他带着儿子克里斯托夫（贾登·史密斯）相依为命。他好不容易争取回来了一个股票投资公司实习的机会，就算没有报酬，成功机会只有百分之五，他仍努力奋斗，儿子是他的力量。他看尽白眼，与儿子躲在地铁站里的公共厕所里，住在教堂的收容所里……

他坚信，幸福——明天就会来临。

【深度思考】

心理健康八大法则

心理健康法则一：真实的快乐来自内心。当一个人找到内心的平衡时，因豁达而快乐着；在找出明确的奋斗方向时，因智慧而快乐着。

心理健康法则二：认知自我才能接纳他人。走上幸福之路的过程不是决定你要成为谁，而是决定什么是你最想要的。在生活中，你只有喜欢周围的人，你才会得到周围人的喜欢和欣赏；喜欢他人就要从内心去接受这个人。

心理健康法则三：正视现实是智慧的表现。只有拿出足够的勇气来，才能使我们的生命中不留或少留遗憾。当一个人不因为恐惧而退缩时，他就能在努力前行中接近自己的理想。

心理健康法则四：积极心理是战胜挫折的法宝。具备积极心态的人，懂得在逆境中不断地调适自己，乐观地面对困难。在自信中坚持着，永不放弃寻找新的出路。

心理健康法则五：世界上没有陌生人。在行色匆匆的人流中，那些怀着积极心态、热爱生活的人，很少看到世界上的陌生人，他们总会发现自己的朋友并希望结识新的伙伴。

心理健康法则六：相信爱的力量。爱是生命的延续，爱是奉献，爱是责任，爱是快乐的源泉，爱是我们生命的支撑。

心理健康法则七：美德是幸福的原动力。人类生命中最美好的和弦是友爱和关心、是友善和仁慈。一个懂得愉快自己也愉悦他人的人，是拥有真实幸福的人。

心理健康法则八：身心健康才是真幸福。只有那些生理健康、心理健康和拥有较高道德水准的人，才是身心健康的人，也是最幸福的人。

摘自《心理健康法则》

第二章　积极适应

适应能力普遍存在

生物适应自然环境具有普遍性。植物能够通过改变自身结构和功能来适应外部恶劣环境。沙漠里的沙枣在叶子的正反面都长满白色的表皮毛，用来加强对阳光的反射。沙枣叶子还能分泌白色的蜡质，形成薄薄的鳞片以减少水分的流失。因此沙枣也成为防沙造林的优选树种。

适应是普遍存在的生命现象。人类之所以能够统治地球，关键在于能够主动适应环境。史密森尼学会人类起源项目负责人、古人类学家、华盛顿美国自然历史博物馆人类学馆长瑞克·波兹提出：人类是地球上适应性最强的哺乳动物，正是拥有了应对变化的能力，人类才能够应对持续的变化并把它转变成我们的优势。

刚刚进入大学的同学正面临着生活环境等一系列重大变化，只要有足够的信心，发挥主观能动性去了解大学的变化，掌握在大学生活学习的知识和技能，就一定能够顺利适应大学生活，开启人生新篇章。

第一节　适应概论

“世界上唯一不变的就是变化本身。”成长的必然性让适应变成人生必修课，这是一个人生存的基本素质要求，也是衡量一个人是否健康的标准之一。1989年，世界卫生组织（WHO）对健康的定义是：“在躯体健康、心理健康、社会适应良好和道德健康四个方面皆健全。”由此可见个体社会适应能力的重要性。

一、社会适应概述

社会适应是社会心理学概念，心理学家、教育家，中国现代心理学的奠基人之一朱智贤认为社会适应是个体接受现存的社会生活方式、道德规范和行为准则的过程。教育心理学家张春兴认为社会适应指个体不断地接受学习或修正各种社会行为和生活方式，以求符合社会的标准与规范，而与环境维持一种和谐的关系。陈会吕认为社会适应是指社会或文化倾向的转变，即人的认识、行为方式和价值观随社会环境的变化而发生相应的变化。贾晓波认为社会适应的内容应该包括以下几个方面：一是对社会生活环境的适应，包括对不同生活方式和条件的适应；二是对各种社会角色的适应，包括各种角色意识的形成以及对不同角色行为规范的掌握；三是对社会活动的适应，包括各种活动能力的形成与活动规则的把握。陈建文认为社会适应是个体与社会环境的交互作用中，以追求与社会环境维持和谐平衡关系的过程，系统地分析，社会适应包括社会适应的心理机制、心理结构和心理功能三方面。Lukash认为社会适应是个体或群体与社会环境的交互作用过程，在这一过程中，参与者的需要和意愿是和谐。达到与社会和谐的目的有三类适应方式，即融入环境改变自身、改造环境、退出或离开环境。Wayne Paris认为社会适应是指胜任工作，履行社会义务，扮演社会角色，发挥一个社会成员的角色功能的能力。这种社会适应的主要组成部分有：支持系统（婚姻、家庭、社区角色和关系）、社会经济地位、社会交往、娱乐休闲活动和职业等。根据目前研究可以概括社会适应的定义：个体通过调整自身或改变环境使其个人需要在环境中得到满足的过程，是自我与环境和谐统一的良好生存状态。社会适应能力是指个体独立处理日常生活与承担社会责任达到他的年龄和所处社会文化条件所期望的程度，也就是个体适应自然和环境的有效性。

二、社会适应相关理论观点

（一）精神分析学派

精神分析学派认为社会适应在于自我调节本我、超我和外界之间的关系，为满足本我的本能要求而发觉和选择机会，但又不违反所要求的准则。适应良好就是内在愿望与外在要求之间的冲突能够达到平衡。

（二）新精神分析学派

新精神分析学派代表人物阿德勒认为一个能适应的人是有勇气面对问题，在面对有关自己的事实真相时，不会害怕失败也不会不情愿的人。适应意味着以真实的角度关注生活。

（三）认知学派

认知心理学家皮亚杰认为良好的社会适应是个体发展和成熟的重要标志。社会适应是指个体的认知结构或行为模式因环境限制而主动改变的心理历程，个体的适应因环境需要产生两种心理历程：一个是同化，个体企图将所遇到的新经验纳入到已有的认知结构中的历程；二是调适，改变或扩大旧有的认知结构以不断适应新的复杂情境。

（四）社会学习理论

社会学习理论代表人物班杜拉认为社会适应其实就是个体通过观察学习获得适当的行为反应方式的过程。适应行为的产生不仅取决于外在适当的刺激的强化，更取决于个人主观的心理预期。恰当的心理预期（比较高的自我效能感）是适应行为产生的必要条件。

（五）人本主义学派

人本主义代表人卡尔·罗杰斯认为社会适应是个人与外在环境达成一种和谐和默契，从而使个体能够充分挖掘自我潜能，展现自我价值的过程。也就是个人按照自己的机体的评价过程，而不是依照外在的价值条件来生活的过程。

三、社会适应结构

（一）二因素说

社会适应二因素说认为社会适应能力包括认知和行为两部分。Greenspanh和Granfield（1992）把社会适应能力划分为社会理解和交往技能两大类。Siperstein（1992）也认为在讨论社会适应能力时应探讨人们的社会行为表现，也要研究他们的社会认知能力。

（二）群因素说

社会适应群因素说认为社会适应包括文化适应、职业适应、学校适应、学习适应、生活适应、人际适应、心理适应等多个维度。现在的研究普遍认为应该从多个维度多个层面对社会适应能力进行系统分析。

（三）适应层次说

Shaffer和Shoben认为适应分五个层面：① 个体受到刺激而开始行动；② 受

到阻碍；③ 为了越过阻碍不断尝试；④ 个体选择某种反应和行为到最后克服问题或障碍；⑤ 完成良好适应。有学者认为在适应过程中认知、动机、人格等内在心理因素发挥重要作用，经历起始比较、发动心理能量、内容操作和适应评价四个阶段。

第二节　大学生活新变化

新生入学适应是社会适应的内容之一，是指大一新生面对大学生活主动进行自我调整，从而能够顺利地在大学里开展学习、生活、人际交往等活动。因此了解大学生活的新变化是顺利适应大学生活的前提。

一、大学生活新变化

（一）生活方式的变化

“没人管了”似乎是大学生刚入学时的最大感受。大部分学生上大学都是离开家，不能再享受父母的照顾，每个人都需要对自己的衣食住行、吃喝拉撒负责，需要自己独立完成日常生活的安排。另外，大学是集体生活，以宿舍为单位，面对舍友生活习惯、性格喜好等各方面的不同，难免会相互影响，因此，大学生不得不改变自己去适应集体生活。

（二）学习方面的变化

大学学习的变化体现在两个方面：学习方式和学习内容。

学习方式更加灵活了。大学里没有固定教室，上课需要学生自己找教室，自习时间多了。有调查发现，除了上课，大学生有45%的自由支配时间。老师讲课速度快了，管得少了。大学课堂老师讲课速度快，一节课可能要讲一章或几章的内容，不像中学老师“手把手”的教学方式，完全靠学生自我消化吸收，老师不再跟在学生屁股后面问“懂了没有”。学习途径多了。大学的专业课要求学生完成实验，开展实训课操作，这些任务需要采取多种学习途径才能完成，如到图书馆查资料，听学术讲座，进行社会调查等。

学习内容多了。大学需要学习的课程有几十门，而且每个学期开设的课程都不相同，学习任务重。不同于中学学习的单一性、机械性，大学课程分必修课和选修课。大学生可以根据自己的兴趣爱好选择选修课。学习目标上，由积累知识转变成应用知识，大学每个专业的人才培养目标不仅要求学生获取已有专业知识和专业技能，还要求培养学生的探索研究能力；评价标准由卷面成绩转变成专业能力；因此，学生不但要掌握所学知识，还要掌握知识的形成过程，形成学习能力，掌握科学方法，培养创新意识。

（三）人际关系的变化

从中学到大学，所处的人际环境发生了全方位的变化，人际交往的范围、性质和标准等都发生了变化。中学时期大多学生是家庭、学校两点一线，交往对象主要是家长、老师、同学。进入大学，学生的自主活动空间扩大了，涉及宿舍、班级、社团、学校、社会、网络等多个方面，人际关系也更为复杂，有朋友关系、舍友关系、同乡关系、恋人关系、社团成员关系、工作关系等。

（四）自身角色的变化

社会心理学认为角色是个体与其社会地位和身份相一致的行为方式和心理状态。进入大学之前，他们知道大学教育的目标是为了培养独立的社会人，从而在认知上形成自己理想的成人社会角色。进入大学后，大学生对自身社会角色的认识从认知层面落实到行动层面。大学生活方式的变化、学习方面的变化、人际关系的变化等都在不断地促使大学生塑造“独立的社会人”角色。

（五）发展目标的变化

高考是中学阶段的目标，明确单一。进入大学后，发展目标呈现自由化、多样化的趋势。随着自我意识的不断发展，大学生根据自己的兴趣、意愿以及现实情况确立考研、出国、工作或创业等多方面的发展目标，并开始依照自己的目标规划大学生活。

二、大学生常见的适应问题

由于缺乏对大学生活变化的认识，加之高校在新生入学适应教育方面的欠缺，一些大学生常常会在入学后一段时间内陷入迷茫、困惑和恐惧之中不能自拔，出现一系列适应不良的现象，有学者称之为“新生综合征”。

（一）生活适应问题

大学生一入学首当其冲面临的就是生活环境的变化。从过去事事依赖父母到现在“没人管了”，生活的日常琐事都需要自己打算。这种变化让很多大学生难以适应，一下子没了章法，焦虑不安。还有些大学生难以适应集体生活，在宿舍里因生活习惯、作息习惯的不同跟舍友发生争执，甚至会出现失眠，陷入焦虑状态或抑郁状态，引发严重心理问题。

（二）学习适应问题

大学学习方式和学习内容的变化，让很多大学生难以适应。以前是老师“手把手”教，现在老师只是在前面领路。如何设定学习目标、制订学习计划，如何利用课余时间安排各门课程的自学，这一系列的问题让很多大学生不知所措。有些大学生将所有的时间花在了玩手机游戏、网络游戏或看电视剧上，挥霍时光。还有些大学生急功近利，在大一第一学期就给自己安排了过多的学习任务，结果因为缺乏科学计划和统筹安排，导致压力过大，产生紧张焦虑等症状。

（三）人际关系适应问题

有研究表明“90后”具有喜欢追求与众不同；自我中心，自我优越感强烈，喜欢支配他人；在情绪表达方面和人际交往当中善于伪装，掩藏真实自我等特点。①面对大学里复杂的人际关系，大学生带着这些特点相互碰撞，会发生一系列的人际冲突，不仅影响与他人的正常交往，也会使自己陷入烦躁、愤怒、委屈等负性情绪中，久而久之，导致心理问题甚至人格障碍。还有些大学生长期陷入网络中，俗称“二次元”青年，即在微信、QQ等社交网络上聊得火热，可一到现实世界就变成“自闭症患者”，不会与人对话交流，慢慢被同学疏远甚至孤立。

（四）情绪管理问题

大学生情感丰富但情绪两极化特点突出，容易冲动，情绪管理能力差。当现实与期望差距较大甚至相反时，容易产生挫败感、焦虑等负面情绪体验。因为对情绪的觉察能力和情绪控制能力较弱，这些负面情绪得不到消解，甚至会泛化在日常生活的各个方面，造成自卑心理、抑郁状态等，会因情绪难以控制发生校园危机事件。

三、新生入学适应的影响因素

大学生入学适应受内部（个体素质）和外部（环境）两方面的共同影响。

---

① 万美容，夏博艺，曾兰.《“90后”大学生思想行为特点及其影响因素——一项基于“90后”大学生视角的质性研究》[J].思想教育研究，2013（10）.

（一）内部因素

1. 情绪管理能力。情绪管理是指个体对自己情绪的理解和调节能力。诸多研究表明，情绪管理能力与心理健康关系密切。大一新生刚进入新环境，知识储备不足，年龄偏低，调控情绪能力差，经常因为生活中的一些小挫折或小变化而导致情绪变化。

2. 自我效能感。自我效能感指个体对自己面对环境中的挑战能否采取适应性行为的知觉或信念。国内学者对大一新生的追踪研究发现，大一新生的社会自我效能通过感知社会支持正向影响社会适应。

3. 人格因素。人格因素对大一新生入学适应有重要影响。国内关于人格与社会适应的研究发现，大五人格与大学生社会适应显著相关，外向性、宜人性、谨慎性和开放性与大学生社会适应呈正相关，神经质与大学生社会适应呈负相关。一项针对大一新生的研究发现，高自尊和乐观能够预测较好的身体和心理适应。有学者对308名大一新生的研究发现，依恋焦虑通过社会自我效能影响孤独感，进而影响后来的抑郁；依恋回避通过自我暴露影响孤独感，进而影响后来的抑郁。

4. 应对方式。应对方式是影响新生入学适应的一个重要因素。应对方式分积极应对方式和消极应对方式。国内关于具有“留守经历”大学生的研究发现，应对方式对大学生社会适应有显著的预测能力，而且客观社会支持通过应对方式作用于大学生社会适应。

（二）外部因素

1. 家庭环境。家庭环境是影响新生入学适应的重要外部因素。有研究发现，家庭教养方式影响大学生社会适应。父母情感温暖对大学生社会适应具有显著的正向预测作用，父母过分保护和过分干涉对大学生社会适应具有明显的负向预测作用。一项对343名大学生的研究发现，母亲的关爱和鼓励有助于大学生的社会适应，而过度控制则不利于大学生的人际和情绪适应。

2. 社会支持。社会支持是指来自于亲戚、朋友、同学等的精神或物质帮助和支持系统，能够为个体提供情感支持、信息支持和手段支持。国内研究发现，大学生感受到的社会支持水平越高，社会适应水平也越高。研究发现，积极的社会支持和消极社会交往能够预测大学生自杀行为。大学入学第一周时大学新生与高中同学的亲密关系对大学适应有益；第一学期后半阶段，大学新生与新的大学朋友的亲密关系对适应更有益处。

3. 网络环境。“95后”大学生被称作“互联网的原著民”，是伴随着互联网的产生而成长的一代。网络已成为他们生活中的必需品。他们的日常生活都与网络密切相关。国内学者研究发现，社交网站的社交功能有利于大学生使用者的幸福健康，然而娱乐功能没有此作用。网络为大学生的学习、生活带来便利的同时也弱化了他们的社会适应能力。

4. 课外活动和体育运动。课外活动和体育运动对大学生社会适应有重要的积极作用。国外研究发现，课外活动对在美国的亚洲籍留学生的社会适应有积极作用，参与活动促进大学新生的社会适应，经常参加活动可以提高友谊质量和减少孤独感。国内研究发现，大学生参加体育运动对社会适应能力有促进作用。

第三节　我的大学我做主

【心理案例】

“老师，你好。我是刚刚入学不久的大一新生。入学前我对大学生活充满了向往，憧憬着在大学里的各种美好。可才来到一个月，我发现我每天过得很慌乱，不知道该怎么跟同学交往，每天为了找教室急得满头大汗，周末不知道去哪儿玩。在这里一个朋友都没有，我现在就想回家。在高中时我特别渴望上大学，可来了大学我却总想以前。老师，我这是怎么了？是不是心理不正常啊？”

【分析】

这位学生的心理起伏是新生群体普遍存在的一种状态。心理学上称之为“回归心理”。这是因为对新环境不适应造成的。初入大学的新生还没有建立起新的社会支持系统，很容易对过去的生活环境、人际关系产生依赖。回归心理对刚入学的大学生有一定的帮助，但如果长时间停留在对过去人、事、物的留恋中，不能面对新环境的变化，会导致各种身心发展问题。

大学阶段是人生中最关键的时期，入学适应是开启关键时期最重要的第一环。如何尽快转变思维，调整心态，适应大学生活是大学生首要面对的问题。如何能够在憧憬已久、梦寐以求的大学里起步人生理想，奠定未来发展基础？就是要做到我的大学我做主。

一、打破思维定势

【拓展悦读】

蜜蜂和苍蝇的启示

美国康奈尔大学的威克教授曾做过一个实验：他先把一只玻璃瓶平放在桌子上，瓶底朝向窗户有亮光的一方，然后把瓶口敞开，放进几只蜜蜂。只见蜜蜂在瓶内朝着亮光飞去，不停地在那里寻找着出口。蜜蜂很坚持地朝向亮光处，可每次都只能撞在瓶壁上。经过太多次的尝试，蜜蜂发现自己永远也无法飞出去，终于绝望，最后只好认命，奄奄一息地停在有亮光的瓶底。威克教授后来又用苍蝇做了同样的实验，苍蝇在里面多方尝试——向上、向下、面光、背光，不到几分钟，苍蝇都飞了出去。为什么苍蝇能找到出路，而蜜蜂却只会认命？蜜蜂和苍蝇截然不同的命运告诉了我们什么？在蜜蜂的思维里，玻璃瓶的出口必然会在光线明亮的地方。可怜的蜜蜂一味坚持着自己的习惯，不停重复着这种“合乎逻辑”的行动，即使面对无法逾越的瓶底也不回头，最后只能陷于困境，以失败告终。而苍蝇对事物的逻辑毫不在意，也没有固定的习惯，热衷于多方尝试，一旦发现此路不通便立即改变方向，这种误打误撞的方式反而增加了出去的概率。苍蝇的头脑肯定是简单的，可是那些头脑简单的往往会在智者消亡的地方获得成功。苍蝇在非常规思维中和无目标的飞行中得以撞上那个正中下怀的出口，幸运地获得自由和新生。威克教授总结这个实验说：“坚持不懈、冒险、即兴发挥、最佳途径、迂回前进和随机应变，所有这些都有助于应付瞬息万变的形势。”这就是“威克效应”的来历。当我们在一个固定的环境中工作和生活久了，便会形成一种固定思维模式，其称为思维定势。思维定势是一种习惯，习惯从固定的角度来观察和思考事物，正如蜜蜂的思维导致它们死亡一样，每个人都在不同程度地被自己的惯性思维所左右。

“习惯要不是最好的仆人，便是最坏的主人”——英国科学家艾蒙斯。很多看似不起眼的小习惯，有时可能会带来大麻烦。

每一个上大学的学生都要经历小学、中学，十二年的通识教育，学习习惯、生活习惯逐渐固化成惯性思维。来到大学后，很多大学生一直沿袭过去的学习习惯、生活习惯，无视大学与中学生活方式、学习方式等各方面的不同，势必会在新环境里处处碰壁。因此，打破惯性思维是适应大学生活的重要一步。

二、了解自我，悦纳自我

【心理案例】

晓军坐在心理咨询室里，神情低落。从她的讲述中慢慢知道晓军原来是个很活泼的女孩，中学成绩在中游水平，高考正常发挥。来到大学后，她发现大家学习成绩都差不多，可舍友个个都有自己的才艺，有的唱歌好，有的会跳舞，有的会画画，还有的加入了学生会，天天忙忙碌碌。只剩下她一个人除了上课，没有什么事，只能靠玩手机追剧打发时间。渐渐地原来活泼的她变得沉默寡言，越来越自卑。

【分析】

晓军产生这种自卑心理的原因是价值感缺失，缺乏自我了解，没能找到展现自我的打开方式。中学阶段，学习是唯一的目标，学习压力让大家无暇顾及了解自己。大学生活丰富多彩，时间和空间的自由让大家将注意力转向发展自我。有些大学生开始在大学里崭露头角，勇敢尝试，实现自我价值；有些大学生却因为不了解自己，缺乏自信，慢慢地变得退缩、自卑。

咨询老师给晓军做了卡特尔人格测试，让她对自己的性格特点有所了解，然后详细介绍课余时间体验大学生活的各种方式，启发晓军自己做出选择。一周后，晓军再来咨询室时告诉老师，她加入了学校社团——龙虎锣鼓队，认识了不少朋友，与舍友的关系也近了。

（一）了解自我

自我概念是人格结构的重要部分，是个人根据自身经验和对环境的认识所形成的对自己所有方面的知觉和主观评价。有研究发现，大学生自我概念与心理健康呈较高正相关。国内研究表明，提高大学生自我概念是避免产生抑郁情绪的良好途径；大学生学业自我概念在学习动机对学习成绩作用过程中具有完全中介作用；大学生自我概念和人格物质对生涯规划具有一定的预测作用；大学生自我概念与亲密关系满意度呈显著正相关。

（二）积极的自我暗示

【拓展悦读】

皮格马利翁效应

塞浦路斯有个国王叫皮格马利翁，是一位有名的雕塑家，他精心地用象牙雕塑了一位美丽可爱的少女。爱不释手，每天以深情的眼光观赏不止。看着看着，少女竟活了。这个美丽的传说在现实生活中得到了验证。美国心理学家罗森塔尔考查某校，随意从每班抽3名学生共18人写在一张表格上，交给校长，极为认真地说："这18名学生经过科学测定全都是智商型人才。"事过半年，罗森塔尔又来到该校，发现这18名学生的确超过一般，长进很大，再后来这18人全都在不同的岗位上干出了非凡的成绩。这就是皮格马利翁效应也称罗森塔尔效应或期望效应。

皮格马利翁效应告诉我们你期望什么就会得到什么，只要充满积极自信的期待，真的相信事情会顺利进行，事情就一定会顺利进行。刚入学的大学生要对自己有积极的自我暗示，相信自己有能力，能够找到方法去适应新的生活，交到新的朋友，掌握新的知识和技能。这种积极的自我暗示能够产生激励、支持、调节作用，帮助大一新生克服茫然、失落、自卑、怀旧等心理，迎接新生活。

三、制定合理的目标

【心理案例】

晶晶是个听话的孩子，从小到大父母就教育她要好好学习，只有学习才能有出路。上大学后她报了自考本科，还制订考英语四级、拿奖学金等目标，时间安排得满满的，除了上课，她都在图书馆学习，她下决心要好好考，拿奖学金。下周马上就要考试了，晶晶变得非常焦虑，一想到考试脸就发热，手心冒汗，人坐在图书馆里却一点儿也学不进去。

【分析】

晶晶的表现是考前焦虑。实质是想考好成绩的动机水平太高导致的紧张生理反应。在心理学上，动机水平与工作效率的高低存在一定的规律性，称为耶克斯-多德森定律（见图2-1），是心理学家耶克斯（R.M Yerkes）与多德森（J.D Dodson）经实验研究归纳出的一种法则，用来解释心理压力、工作难度与作业成绩三者之间的关系。动机水平与工作效率之间的关系不是一种线性关系，而是倒U型曲线关系。中等强度的动机水平最有利于任务的完成。动机水平的最佳水平不是固定的，依据任务的不同性质会有所改变。在完成简单的任务中，动机水平高，效率可以达到最佳水平；在完成难度适中的任务中，中等的动机水平效率最高；在完成复杂和困难的任务中，偏低动机水平下的工作效率最佳。根据这一倒U型关系，在日常生活中大学生要学会分辨自己的动机水平与工作任务的难度，这样有助于目标实现，减少不必要的挫折体验。

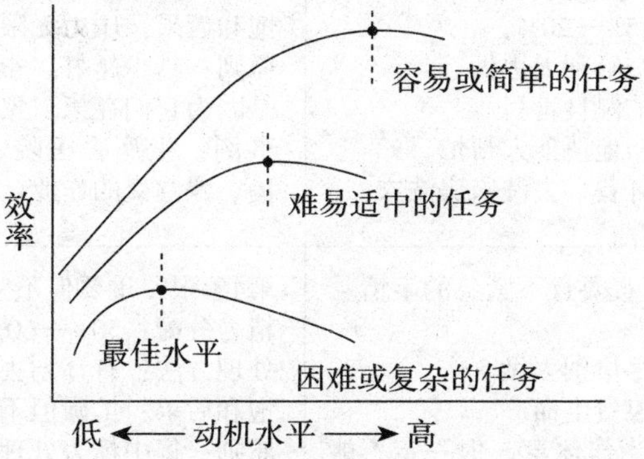

图2-1　耶克斯-多德森定律

四、掌握有效管理时间的方法

【心理案例】

大伟刚一入学，对大学里的各项活动充满热情，渴望在大学锻炼自己。他作为班级负责人，所有事务都亲力亲为。他加入了学生会自律部，每天都有纪检任务。另外，他还加入排球队和话剧社两个社团。有班级、学生会、社团三方面的工作活动缠身，刚开始第一个月他激情万丈，到了第二个月他觉得有点累但还能坚持，第三个月他开始有不堪重负的感觉，为了学生会和社团的工作，有时会熬夜，有时连上课时间都没有办法保证，班级同学也开始对他有不满情绪。

【分析】

大伟的问题是没有合理地规划时间，安排任务，导致自己“胡子眉毛一把抓”，工作效率低下，成效不明显。大学时间充裕，生活内容丰富多彩，需要合理安排时间，制订好计划，才能让纷杂的事情变得井然有序。“生活中什么都重要就没有重要的事情了”，因此大学生要学会分清各种事情的轻重缓急，才能在处理过程中做到心中有数，不乱阵脚。大学生可以学习时间管理的四象限法（见图2-2）来管理自己的时间。

紧急

第1象限：重要且紧急的事情。
精力分配：20%—30%。
处理方法：马上做。
饱和后果：压力无限增大，危机。
原则：越少越好，很多第一象限的事情是因为它们在第二象限没有被处理好。
事例：生病去医院、下午开会的发言稿、课堂交的作业。

第2象限：不重要但紧急的事情。
精力分配：15%—20%。
处理方法：交给别人去做。
饱和后果：忙碌且盲目。
原则：有技巧地请他人帮忙。
事例：外卖订餐、去洗衣房洗衣。

不重要　　　　重要

第3象限：不重要且不紧急的事情。
精力分配：1%。
处理方法：尽量别去做。
饱和后果：浪费生命。
原则：可以当作休息，但一定不能沉迷其中。
事例：追剧、打游戏。

第4象限：重要但不紧急的事情。
精力分配：50%—60%。
处理方法：有计划去做。
饱和后果：忙碌但不盲目。
原则：集中精力处理，投资于第二象限，做好计划，先紧后松。
事例：锻炼身体、养成良好习惯。

不紧急

图2–2　时间管理的四象限法

五、觉察从众心理

【心理案例】

小志刚入大学时踌躇满志，期盼着能在大学里有新的开始。一开始他还坚持每天上课，认真听讲，积极参加班级活动。他舍友下了课就回宿舍打游戏，看他忙来忙去都笑话他傻，在他面前说风凉话。慢慢地，他的热情开始消退，有一次参加完活动回到宿舍看到舍友们正在联机打游戏，玩得不亦乐乎，他的内心开始不平衡，觉得自己一个人孤单没啥意思，不如加入他们。于是，小志除了上课就是和舍友打游戏，甚至上课时也玩手机游戏。虽然内心也知道这样做似乎不太对，但每次他都以“跟着组织”“哥们情谊最重要”等借口欺骗自己。他就这样浑浑噩噩地度过了大一第一学期。

【分析】

小志的问题在于缺乏自己的判断和立场，为了避免孤独感选择“随大流”，在心理学上称为从众心理。从众心理指个人受到外界人群行为的影响，而在自己的知觉、判断、认知过程中体现出符合公众舆论或多数人的行为方式。大量数据实验调查结果显示，社会中不受大众影响的人只占少数，所以从众心理是社会生活的普遍现象。导致从众心理的因素有群体因素、情境因素和个人因素。岑国祯在已有理论基础上，归纳了五个从众行为的原因，分别是“大部人都做出的决策是正确的”“显示出自己选择了顺从集体选择”“向集体表示自己的友好，更容易使自己在群体中被接纳”“为了避免成为独立个体而遭到集体孤立”和“不想浪费精力而选择了随从”。可以看出从众心理有积极作用也有消极作用。在大学校园里，有的宿舍集体参加培训考取各种证书或集体考研，学习气氛浓厚；有的班级培养良好班风，全班同学行为目标一致，成绩斐然。这种从众心理产生的是积极作用。而小志因为缺乏自信，不能独立思考，于是不分对错，跟着舍友沉迷于网络游戏，随大流，是不可取的，是消极的“盲目从众心理”。

大学生活丰富多彩，每个人在做出自己的选择时都要学会分析判断从众心理的影响。问问自己真正想要的是什么，自己的意愿是什么；不要害怕孤单，孤单能让人学会思考；不要过分在意别人怎么看你，不要让别人的想法左右自己的选择；遇到问题时要多想想“怎么办”，要有自己的态度，有自己的坚持。

六、学会正确归因

【心理案例】

欣然渴望在大学里锻炼自己，很积极地参与学校各项活动，顺利加入了几个社团。10月，学生会纳新，她认真准备演讲稿，因为太紧张，发挥不佳，落选了。从那以后，她每天都觉得别人都在笑话她，觉得自己很失败、一无是处，参加社团活动也不积极了，甚至产生了退学的念头。

【分析】

大学阶段是人生发展的关键期，大学生要面对诸多挫折和矛盾，并在寻求解决之道的过程中锻炼自己的意志品质，塑造健全人格。学习归因理论，掌握正确的归因方式能够让大学生对自己的行为进行恰当归因，控制和调节消极情绪，培养建立积极情绪，应对下一次挑战。

（一）韦纳动机与情绪归因理论

韦纳的归因理论是关于判断和解释他人或自己行为结果原因的动机理论。

他把归因分成三个维度：部位（内/外部）、稳定性、可控性。他认为影响成败的因素有六个：能力、努力程度、任务难度、运气、身心状态、外界环境（见表2–1）。

表2–1 韦纳动机与情绪归因理论

	部位		稳定性		可控性	
	内部	外部	稳定	不稳定	可控	不可控
能力	√		√			√
努力程度	√			√	√	
任务难度		√	√			√
运气		√		√		√
身心状态	√			√		√
外界环境		√		√		√

（二）积极归因理论

在韦纳归因理论的基础上，积极心理学代表人物塞利格曼提出积极归因理论。积极归因理论通常将成功归因于能力等内在、稳定的因素，将失败归因于任务难度等外部、不稳定的因素。这种归因方式能够让人保持积极的情绪，克服低落的情绪，正确面对结果，在学习或生活中发挥一种积极向上的情感，效率高效，引导新行为的结果向好的方向发展，从而形成良好的归因循环。

【自我探索】

测验一 大学生适应性量表

下表是《大学生适应性量表》，包括学习适应性、人际适应性、角色适应性、职业选择适应性、生活自理适应性和环境的总体认同六个方面，请根据你自己的实际情况选择符合程度。

A. 非常符合　B. 符合　C. 无所谓　D. 不符合　E. 非常不符合

（一）学习适应性

1. 我对大学的学习感到无所适从。

2. 我无法适应大学教师的授课方式。

3. 考试前，我时常不知道该如何着手复习。

4. 我现在还没找到自己较为满意的学习方法。

5. 我一直都没有明确的学习计划。

6. 我感到无法缓解自己的学习压力。

7. 我对自己在班上的学业地位感到失望。

8. 与我的努力相比，我的学习成绩不算好。

（二）人际适应性

1. 我感到周围的人难以相处。

2. 我能很快化解与他人的矛盾冲突。

3. 我不知道以何种方式与大学老师相处。

4. 我很难加入到别人的讨论中去。

5. 大伙儿在讲话时，我时常躲在后面。

6. 我在大学里如愿地结交了一些朋友。

7. 我觉得我已融入了大学的环境。

8. 我感到自己在学校里成了一个被遗忘的人。

9. 我能与他人愉快地进行合作。

10. 在学校和同学在一起时我感到不自在。

11. 对于我在大学里的社交，我感到相当的满意。

（三）角色适应性

1. 我和异性同学相处得不好。

2. 我参与了很多大学里的社会活动。

3. 我不关心学习以外的东西。

4. 我只在乎自己的学业成绩。

5. 除了学习，我很少参加别的活动。

6. 若有机会，我能胜任某种学生干部的工作。

7. 我很重视发展自己的业余爱好。

8. 我认为在大学里应多参加一些学习以外的活动。

9. 我害怕与异性同学交往。

（四）职业选择适应性

1. 我觉得自己还没有做好进入社会的准备。

2. 我从没有考虑过以后的就业问题。

3. 我有明确的就业方向。

4. 我不知道自己适合从事哪方面的工作。

5. 我难以决定自己该到哪里工作。

6. 我有意识地训练自己的职业技能。

7. 我参加过与专业有关的社会实践活动。

8. 我有意识地通过各种渠道获取就业信息。

9. 我不知道哪些专业知识是以后工作所需要的。

（五）生活自理适应性

1. 我能独立地处理日常事务。

2. 父母不在身边的时候我也能照顾好自己。

3. 我常打电话向家人诉苦或求助。

4. 我不敢单独上街买东西。

5. 我很少自己动手洗衣服。

6. 在大学什么都要靠自己，我感到很不适应。

（六）环境的总体认同

1. 周末我常常觉得没事可做。

2. 我对自己上了这所大学感到高兴。

3. 我很喜欢校园里的自然环境。

4. 我对大学里的课外活动感到满意。

5. 学校里的娱乐设施不能满足我的需要。

6. 我认为学校的风气很糟。

7. 我觉得学校的硬件设施很差。

评分标准：

问卷包括正向记分和反向记分，各项适应分类所属的题目如下表（表2–2）所示，根据正反评分标准记录所有问题的得分，然后分别将每个适应方面的得分相加，得出你在该方面的适应水平。得分越高，说明你在该方面的适应水平越高。

根据每个方面的得分，可以大致了解自己的适应状况和适应水平，可有针对性地调节自己的适应能力，或请相关老师给予专业指导。

表2–2

序号	分类	正向记分题目	反向记分题目
1	学习适应性		1、2、3、4、5、6、7、8
2	人际适应性	2、6、7、9	1、3、4、5、8、10
3	角色适应性	2、6、7、8	1、3、4、5、9
4	职业选择适应性	3、6、7、8	1、2、4、5、9
5	生活自理适应性	1、2、	3、4、5、6
6	环境的总体认同	2、3、4	1、5、6、7

正反评分标准：

表2–3

序号	选择程度	正向记分	反向记分
1	非常不符合	1	5
2	不符合	2	4
3	无所谓	3	3
4	符合	4	2
5	非常符合	5	1

测验二　大学生心理适应能力测量

下面的问题能帮助你进行心理适应能力的自我判断。请认真阅读，从五个备选答案（A. 很对　B. 对　C. 无所谓　D. 不对　E. 很不对）中选出与你实际情况相符合的一个。有些题目可能与你不符或你从未思考过，如有这种情况请尽可能选出你个人倾向的一个答案。

A. 很对　　B. 对　　C. 无所谓　　D. 不对　　E. 很不对

1. 假如把每次考试的试卷拿到一个安静，无人监考的房间去做，我的成绩会更好一些。

2. 夜间走路，我能比别人看得更清楚。

3. 每次离开家到一个新的地方，我总爱闹点毛病，如失眠、拉肚子、皮肤过敏等。

4. 我在正式运动会上取得的成绩常比体育课或平时练习的成绩好些。

5. 我每次明明已把课文背得滚瓜烂熟了，可是在课堂上背的时候，却总要出点差错。

6. 开会轮到我发言时，我似乎比别人更镇定，发言也显得很自然。

7. 天冷时我比别人更怕冷，天热时我比别人更怕热。

8. 在嘈杂、混乱的环境里，我仍能集中精力学习、工作，效率并不大幅度降低。

9. 每次检查身体，医生都说我“心跳过快”，其实平时脉搏很正常。

10. 如果需要的话，我可以熬一个通宵，精力充沛地学习或工作。

11. 当父母或兄弟姐妹的朋友来我家做客的时候，我尽量回避他们。

12. 出门在外，虽然吃饭、睡觉、环境等变化很大，可是我很快就能习惯。

13. 参加各种比赛时，赛场上越热烈，同学越加油，我的成绩反而越上不去。

14. 上课回答问题或开会发言时，我能镇定自若地把事先想好的一切都完整地说出来。

15. 我觉得一个人做事比大家一起干效率高些，所以我愿意一个人做事。

16. 为求得和睦相处，我有时放弃自己的意见，附和大家。

17. 当着众人和生人的面，我感到窘迫。

18. 无论情况多么紧迫，我都能注意到该注意的细节，不会丢三落四。

19. 和别人争吵起来时，我常常哑口无言，事后才想起来该怎样反驳对方，可是已经晚了。

20. 我每次参加正式考试或考核的成绩，常常比平时的成绩更好些。

表2-4　计分办法：

选项	A	B	C	D	E
单号题 1、3、5、7、9、11、13、15、17、19	1	2	3	4	5
双号题 2、4、6、8、10、12、14、16、18、20	5	4	3	2	1

评分标准：

表2–5

总分	适应能力
81—100分	很强
61—80分	强
41—60分	一般
21—40分	较差
0—20分	很弱

【训练与体验】

训练一　滚雪球

目的：

1. 快速扩大交往范围，促进大家的相互认识、相互了解；

2. 培养关注他人和助人的习惯；

3. 提高语言表达能力。

形式：随机分组，每组8—12人。

过程：

1. 大家围成一圈坐。

2. 从其中一个人开始，每人用一句话介绍自己。一句话中必须包含以下内容：生源地、爱好、个人特征、姓名。

3. 当第1个人说完后，第2个人必须从第1个人开始讲起，第3个人一直到最后一个人都必须从第1个人开始讲起。活动中，全组注意力集中，相互协助他人完成介绍，而且在多次重复中，不知不觉地记住了他人的信息。

如：A：我是来自××的、性格××、爱好××的××。

B：我是来自××的、性格××、爱好××的××，旁边是来自××的，性格××、爱好××的××。依次类推。

交流体会：

1. 你都记住了哪些人的名字？爱好？

2. 当别人说出你的信息时你有什么样的感受？

训练二　礼物大赠送

目的：给予彼此祝福，促进大家进一步交往、快速融入班集体。

形式：全班人写纸条。

材料：每人3张卡片、1支笔。

过程：

1. 大家在三张纸上分别写上自己的姓名、性别、特点、爱好、生源地、联系方式等信息，并写上真诚的祝福，然后全班同学把写好的纸条放在一起。

2. 每位同学随机抽取三张纸条，如果拿到的是自己写的纸条，则放回去重新抽取。

3. 阅读纸条，寻找朋友。

4. 交流体会：向同学表达收到祝福后的心情，之后你们的交流又让你增加了多少对TA的了解？你现在的感觉如何？

【阅读与欣赏】

狐狸与葡萄

盛夏酷暑，农夫的果园里，紫红的葡萄挂满了枝头，引得一群狐狸在树下垂涎欲滴。它们馋得口水直流，但葡萄架很高，狐狸们不能直接吃到。于是……

第一只狐狸来到葡萄架下，它不愿放弃，于是开始在周围寻找着什么。突然，它发现葡萄架旁有一架梯子，灵机一动，学着农夫的样子爬上去，顺利吃到了葡萄。（这只狐狸采用的是问题解决方式，它没有逃避，能够直面问题，因为情绪平稳，能够发现周围的资源，最后顺利解决了问题。）

第二只狐狸在葡萄架下转了几圈，自言自语说："这些葡萄肯定是酸的，吃了也很难受，不如不吃。"于是，它心情愉快地走开了。（这只狐狸采用了心理学中的"酸葡萄效应"即合理化，当个人需要在现实中难以获得满足时，为了不让自尊心受到打击，就弱化自己的期待或目标对自己的价值，以此避免精神上的痛苦和不安。）

第三只狐狸禁不住葡萄的诱惑，下决定要吃到葡萄。它想：我可以往上跳，只要我努力，就一定能够吃到。可事与愿违，它最后累死在葡萄架下，献身做了肥料。（这只狐狸的行为在心理学上称"固执"，即重复某种无效的行为，有时也称强迫症。这说明不是只要付出努力就一定会达到目标，还要看环境、努力的方向和自身的能力等多种因素。）

第四只狐狸一看到葡萄架太高，便破口大骂，到处撕咬葡萄藤，正巧被农夫看到，被一铁锹拍死了。（这只狐狸应对挫折的方式是“攻击”。这是一种不可取的应对方式，于人于己都是有害无利的。）

第五只狐狸在葡萄架下嚎啕大哭。它伤心为什么自己那么矮小，不能像大象那样，它哭喊着“如果吃不到葡萄我就不回家了！”（这只狐狸的行为称为“退行”，即当愿望无法实现时，个体会采取比较幼稚的方式来满足自己的欲望。）

第六只狐狸想：既然我吃不到葡萄，别的狐狸肯定也吃不到，如果这样的话，我也没有什么遗憾的了，反正大家都一样。（这只狐狸采取的方式叫“投射”，即认为他人和自己的愿望、动机是一样的，这样虽然可以保证自己内心的安宁，但会影响对事物的正确观察与判断。）

第七只狐狸站在高高的葡萄架下，心情郁闷。它想：为什么我吃不到葡萄呢，我的命怎么这么悲惨？它越想越郁闷，久久不能释怀，最后郁郁而终。（这只狐狸因持久的心情低落最终患上抑郁症。）

第八只狐狸尝试了很多办法也没有奏效，当它听说别的狐狸吃到了葡萄时，心情更加不好，最后一头撞死在葡萄架下。（这只狐狸“不患无，患不均”。很多人在与别人比较时，常会因心理极度不平衡而选择了极端的应对方式。）

第九只狐狸想：听说柠檬的味道和葡萄差不多，既然我吃不到葡萄，那我何不去尝尝柠檬呢，何必在一棵树上吊死呢？于是，它开开心心地离开去寻找柠檬了。（这只狐狸的行为叫“替代”或“代偿”。即用一种可以达到的方式替代不能满足的愿望。）

第十只狐狸每天都去葡萄架下徘徊，渴望有一天能吃到葡萄，然而，残酷的现实让它内心无比煎熬，终于有一天它振作起来，用诗歌表达自己的内心，居然创作了狐狸体诗歌，受到追捧。在诗坛有了建树的狐狸渐渐淡忘了吃葡萄的事儿。（这只狐狸采取的应对方式在心理学上称为“升华”，指改变原来的冲动或欲望，用社会许可的思想和行为表达出来，创造性地施展自己的才华，获得心理满足。）

心灵启示：每只狐狸采用的应对方式都可以在生活中找到原型。当生活中遇到挫折时，人们往往会有意无意地采取某种应对方式来恢复心理平衡。这种摆脱痛苦、减轻不安、恢复情绪、平衡心理的自我保护机制称为心理防御机制。心理防御机制分积极防御和消极防御，分别代表着两种不同的事件发展方向。作为大学生，要学习分辨自己常用的防御机制是积极的还是消极的，不断地进行调整和完善，增强自我控制力，不断提高心理健康水平，塑造健全人格。

【电影赏析】

《风雨哈佛路》

影片简介：丽兹出生在美国的贫民窟里，从小就开始承受着家庭的千疮百孔，父母酗酒吸毒，母亲患上了精神分裂症。贫穷的丽兹需要出去乞讨，流浪在城市的角落，生活的苦难似乎无穷无尽。随着慢慢成长，丽兹知道，只有读书成才方能改变自身命运，走出泥潭般的现况。她从老师那里争取到一张试卷，漂亮地完成答卷，争取到了读书的机会。从那时起，丽兹在漫漫的求学路上开始了征程。她千方百计地申请哈佛的全额奖学金，面试时候连一件像样的衣服也没有。然而，环境的恶劣和贫困并没有止住丽兹前进的决心，在她的人生里面，从不退缩的奋斗是永恒主题。

心灵分享：《风雨哈佛路》根据真实故事改编，是一部极佳的励志影片，演绎了一个叫丽兹的女孩上哈佛的故事。生活在十分不幸家庭里的丽兹，生活凄凉，被歧视和欺负。她一个人没有任何依靠，还要帮助患病的父母支撑这个家庭。重重打击没有让她失去对生活的渴望。"我相信我会成功，我仅仅只需要一个机会"这足以看出她的决心和意志。她用行动用努力争取了机会，她的付出远远超出人们所能想象的程度。人的命运是可以改变的。"只要一个人还在朴实而饶有兴趣地生活着，他终究会发现，造物主对世事的安排都是水到渠成的。""我拼命奋斗，就是为了让自己不至于沦陷到生活的最底层。"她睡地铁，捡垃圾吃，她却想尽一切办法进入一家慈善学校而且用了两年时间完成四年的高中课程。1996年，这个努力的女孩收获了一万美元的《纽约时报》一等奖学金，获得了通向哈佛的通行证。凭借执著的信念和改变生活的强烈愿望，她实现了自己的梦想。

秋意浓浓，丽兹站在哈佛大学外，享受着艰辛时光后难得的惬意："我终于成为这所大学里的一员。"影片一直在告诉我们：人生其实真的可以改变，只要你努力，只要你付出。

第三章　提升学习能力

“学渣”变“学霸”

大学校园里，“学渣”“学霸”都不少，两者形成鲜明对比。可想而知，没有人愿意当“学渣”，可是“学霸”也不是那么容易当上的！中南财经政法大学大三男生梁安定曾向大一新生讲述了自己“学渣变学霸”的故事。

你是否被人背后称为“学渣”，如果有，你会怎么做？冲上去暴打多舌者一顿，还是默默忍受，或者找机会证明自己并不是他们眼中的“学渣”？梁安定选择了后者。作为会计系的学生，他大一下学期决心摆脱“学渣”这个烂名号。

梁安定决定改变自己，挑战国际注册会计考试。据说国际注会比国内难度更大，14门考试，全英文试卷，答每一道试题都俨然做论文，答案足足有两张A4纸那么多。为此，梁安定抱着《英汉词典》，查陌生单词，对照往年真题答案找每一段得分点，强迫自己背下来。

他曾经为了弄懂一道题，足足花了一周时间。每天早上7点起床，晚上12点回寝室休息。他除了每天花一点时间用手机上网看新闻，与网游彻底绝缘。

大学期间，你想当人人指点的“学渣”，还是人人佩服的“学霸”？其实，一字之差，全在于你。

颜真卿曾说过：“三更灯火五更鸡，正是男儿发愤时。黑发不知勤学早，白首方悔读书迟。”人生理想的实现，必然要经历磨难。在大学阶段，学习仍是主要任务。学生发展的核心是学习能力，这是教育的基本要求和基本事实，提升学生学习能力是中国教育发展的战略主题。《国家中长期教育改革和发展规划纲要（2010—2020年）》指出，“坚持能力为重。优化知识结构，丰富社会实践，强化能力培养。着力提高学生的学习能力、实践能力、创新能力，教育学生学会知识技能，学会动手动脑，学会生存生活，学会做人做事，促进学生主动适应社会，开创美好未来”。

第一节 大学生学习概述

一、学习的概念

根据学习表现的不同形式，通常将学习分为广义和狭义两种。从广义上讲，学习是任何动物在生活过程中通过实践训练而获得的由经验引起的相对持久的适应性变化。狭义的学习是指学生在教育活动中通过经验引起的、符合教育目的或心理的相对持久的变化过程，也称为学生的学习。前者为动物共有，是个体在生活过程中逐渐发展起来的；后者是在教师系统指导下进行的，以间接经验的获得为主，是一个有目的、有计划、有组织的过程。

二、学习的类型

对学习活动进行分类，有利于认识不同类型的学习特点及其特殊规律，便于提高学习效率，并达到一定的效果。但是，由于学习本身的复杂性，分类有一定困难，加之心理学家对学习所持的观点和分类角度不同，分类各不相同。

（一）潘菽的学习分类

我国著名心理学家潘菽在其主编的《教育心理学》中，依据内容将学习划分为：

1. 知识的学习；2. 动作技能的学习；3. 智慧技能的学习；4. 道德品质和行为规范的学习。

此种分类在我国心理学界有一定的代表性。其优点是比较符合教育实际，便于学生根据不同类型学习的特点和规律组织学习；缺点是容易把相互联系、相互渗透的学习内容割裂开来，不利于从总体上去把握学习的特点和规律。

（二）李镜流的学习分类

李镜流在《教育心理学新论》中，从学生不同的智力活动特点出发，将学习分为三类：

1. 知识学习。通过知识的学习可以把前人的经验转变为个人的精神财富。

2. 技能学习。这种学习是将一连串的动作经练习而形成熟练的、自动化的反应过程，技能学习是通过传授与练习进行的。

3. 问题解决学习。问题解决学习不是指“学些什么东西”，而是指“如何去学习”，即如何利用所学到的知识去解决新问题。解决问题离不开思维，解决问题学习就是思维学习。

此种学习分类考虑到学生的不同智力活动特点，具有一定的实用性。但是，这种分类过分强调学生在学习过程中智力活动的方面，而忽略了态度和品德的学习。尽管知识和技能的学习均含有态度和品德学习的成分，但态度和品德学习并不是智力活动全部可以涵盖的。

三、大学生学习的特点

大学时期的学习与中学阶段的学习有很大差异，大学是“求学期”向“创造期”过渡的关键时期。由于思维方式的独立性和批判性正在迅速发展，大学生的学习特点也随之改变。只有掌握这些变化的特点，才能尽快适应大学学习生活，正确运用大学学习规律，不断提高学习成绩。

（一）学习过程的自主性

大学学习的特点是依赖性减少，自觉性增强。大学课程多，教学时间少，教师在课堂上往往只讲重点、难点、疑点或者是教师体会最深的部分，其他的要由学生通过自学去攻读、理解、掌握，这势必要求大学生通过课外自学掌握更多的内容。

（二）学习内容的专业性

专业性体现了大学学习较直观的特点。从被录取上大学那天起，专业方向就已经基本确定，大学学习的内容都是围绕着这一方向来安排的。大学专业性的学习不同于以掌握知识为主要目的的中学学习，也不同于以完成职业任务为目的的职业活动，而是要求尽快成为某一方面的专门人才。

（三）学习范围的广泛性

在课程设置上，大学需要学习的课程一般有几十门，每个学期学习的课程都不相同，课程众多，内容多元，范围广泛。

（四）学习过程的阶段性

从纵向看大学的学习过程具有明显的阶段性。每个学习阶段都有各自的任务和特点，阶段之间又相互衔接，具有很强的系统性，是一个紧密联系、有机统一的整体。因此，大学生必须明确每一个阶段的学习内容和任务，并认真对待。

（五）学习途径的多样化

大学学习是多层面、多角度的。课堂是主要途径，但不是唯一途径。学生可以通过自学、讨论、学术讲座、第二课堂活动、社会调查和实习等途径来拓展知识面，积累丰富的知识和经验，培养自身能力。

（六）学习的探索性

探索性指在学习过程中的创新意识和初步的创造性活动，如参加教师的科研工作、科技竞赛、创业设计大赛等。探索性还表现在所学课程上，掌握研究方法，了解学科存在的问题及解决的可能性。大学生的生理、心理、思维、智力的发展水平已经处于日趋成熟的阶段，为学生创造性活动的开展提供了条件。

大学学习的上述特点相互联系，是自主学习、专业学习、综合学习、探索学习的统一。大学生只有认清这些特点，才能更好地探索出一套适应大学学习特点的学习方法，以取得事半功倍的效果，并为将来适应社会工作奠定坚实的基础。

同时，大学不同阶段的学习侧重点不同。大一的重点在于培养新的读书方法，培养良好的学习习惯，如预习、认真听讲、主动提问、积极讨论、资料收集等。大二的重点在于以专业学习为核心进一步完善学习策略，提高思维水平。大三的重点在于根据自身职业能力倾向选择就业方向，并据此制订相应的学习计划。大四的重点在于毕业设计和求职实践。

四、影响大学生学习的心理因素

学习心理是学生在学习过程中由于受到各种内在与外在因素的影响或刺激而形成的各种心理反应。影响大学生学习的心理因素可分为智力因素和非智力因素。

（一）智力因素对学习的影响

智力因素是在人们的智慧活动中，直接参与认知过程的心理因素，包括注意力、观察力、记忆力、想象力、思维力、语言力、操作力等方面。其中思维能力为核心。

1. 观察力对学习的影响。观察力指大脑对事物的观察能力，是大学生学习的基本智力条件。大学生以观察作为学习的基本手段，以获得基本的、丰富的感性材料，从而有助于其更好地理解和掌握理论知识，满足自我发展的需要。观察能力不仅是智力活动的门户，也是产生科研探索行为的重要心理因素。良好的观察力能使大学生从学习中积累经验，促使他们产生强烈的探索欲望。观察力还是决定大学生成才的关键条件，观察力强是富有创造性学习能力的大学生的重要心理特征。

2. 注意力对学习的影响。在大学的学习中，专业课程要依靠有意注意和有意后注意。在大学的课程中，理论课和一些专业课比较枯燥无味，大学生必须全神贯注地学习，以应对繁重的学习任务，所以必须依靠有意注意，才能获得系统的知识。有意后注意是一种更高级的注意形态，同时具备有意注意和有意后注意二者的部分特征，是大学生进行创造性学习的必要条件。有意后注意的形成有两个条件：一是要对活动有浓厚的兴趣，二是活动的自动化，因为它是由有意注意通过努力学习转化来的。

3. 记忆力对学习的影响。记忆力与大学生的学习更是有着十分密切的关系，记忆力好的大学生，学习和工作的效率就高。反之，学习过程中就会出现许多麻烦，学习成绩也不理想，工作中也会出现差错。

4. 思维力对学习的影响。思维力即思考、思索，是一种高级的心理活动，是反映客观事物一般属性和内在联系的心理活动。思维能力是智能结构的核心，是学习成功的智力要素，人们要得到对客观事物的理性认识，必须通过思维才能实现。随着知识经济社会的来临和对新型人才需求的增加，对大学生而言，个人思维能力的重要性越来越明显地体现出来。

5. 想象力对学习的影响。想象力是在表象基础上创造新形象的能力或本领。想象力是智力结构的动力因素，是智力活动的翅膀。认识活动要富有创造性，就离不开丰富的想象力。想象和思维是相互交叉、相互渗透的，如果没有想象力的支持，是不可能产生创造性思维的。

（二）非智力因素对学习的影响

一般而言，非智力因素可以从广义和狭义两个角度来理解：广义上是指除智力以外的一切对学习有影响的心理因素、环境因素、生理因素等；狭义上则指那些不直接参与认识过程，但对于认识过程起直接制约作用的心理因素，主要包括兴趣、情感、意志、个性等。

1. 兴趣对学习的影响。学习兴趣是影响学习效果的最现实、最活跃的因素之一。培养和激发大学生学习兴趣，对于提高学习质量具有十分重要的意义。教育家夸美纽斯指出："兴趣是创造一个欢乐和光明的教育环境的主要途径之一。"学习兴趣是学习活动的重要向导，是学习活动的强大动力。学习兴趣可激发潜能，提高创新思维水平和创新能力。

2. 情感对学习的影响。情感分为情绪和情操两种形式。情绪具有情境性、激动性、短暂性、表现明显等特性，与生理需要相联系。其主要表现形式有心境、激情、应激，统称为情绪状态。而情操是习得的、比较高级、比较复杂的情感，与人的社会需要相联系。其主要表现形式有理智感、道德感和审美感，统称为高级社会情感。在学习活动中，适当的激情、良好的心境、饱满的热情是学习的重要心理品质；而情操则是推动学习的强大动力，是一个人取得学业成就大小的先决条件。在学习过程中，学生既要通过学习活动形成和发展自己的情操，又要保持和激发积极的情绪状态，满腔热情地投入到学习中去，要学会用理智支配情感，做情感的主人，克服消极的情感，防止它们对学习活动产生阻抑作用。

3. 态度对学习的影响。学生的学习态度是指学生在学习情境中表现出来的比较稳定的心理倾向。学习态度对学习效果的影响作用，已被许多实验研究所证明。心理学家麦独孤和史密斯于1919年就在一项实验中发现，积极的学习态度对学习有促进作用。

4. 意志对学习的影响。对于意志在学习中的作用，古今中外的学者都有深刻认识。荀子提出"骐骥一跃，不能十步；驽马十驾，功在不舍；锲而舍之，朽木不折，锲而不舍，金石可镂"；苏轼也说，"古之成大事者，不惟有超世之才，亦必有坚忍不拔之志"。有人对大学生的学习曾做了这样的描述，大学生差别最小的是智力，差别最大的是毅力。因此，意志在大学生的学习中起着重要作用。在学习过程中，必须通过具体的学习、工作来培养自己的意志，必须通过攻克难关、迎战困难来锻炼自己的意志。总之，要利用一切机会和环境培养良好的意志品质。

【拓展悦读】

富兰克林的成才之路——学习应坚定毅力和信心

在大学生活中，时常听到这样或那样的抱怨：怨生不逢时，怨没有个好家庭，怨过去学习基础没有打好等。这样的想法对吗？让我们看看伟大的物理学家富兰克林的成才经过吧。

富兰克林出生于一个手工业者家庭，父亲做肥皂和蜡烛，母亲生了十七个子女，他是最小的一个。家庭人口众多，经济负担沉重。富兰克林上到小学三年级就被父亲拖回来做工，剪灯芯，做蜡烛，干着苦活儿。后来，父亲看他喜爱看书，就把他送到哥哥办的一家印刷厂当了一名印刷工。在这样的命运面前，他并没有屈服，而是“在不利与艰难的遭遇里百折不挠”。例如，为了有书看，他和离印刷厂不远的一个小书店的伙计交上了朋友，同他商量好，在书店关门前把书悄悄借走，第二天开门前把书还上，为的是不让老板知道。就这样，富兰克林每天白天上工，夜晚读书到深夜。

富兰克林的成才经历告诉我们：“请记住，环境愈艰难困苦，就愈需要坚定毅力和信心，而且懈怠的害处也就愈大。”困境面前无须慨叹，更不应颓废，而应像遭受种种打击的贝多芬那样：“我要扼住命运的咽喉，用积极的精神向前奋斗。”

5. 性格对学习的影响。陶行知先生从教育实践中总结出，人的良好性格特征对学习的影响主要表现在四个方面：一是努力奋斗，“奋斗是成功之父”；二是实事求是，“知之为知之，不知为不知”；三是独立意识，“独立的意志，独立的思想，独立的生计与耐劳的筋骨”；四是创造精神，一个具有优良性格特征的学生，可以看到其具有正确的学习动机、稳定的学习情绪、持久的学习能力和顽强的学习意志。较高的心智活动水平，有助于大学生获得学业成功。

第二节　积极应对大学生学习心理问题

近些年来，随着大学不断扩招，招收的学生越来越多，培养出来的人才质量却没有得到相应的提高，甚至有所下降。究其原因，与大学生存在各种学习问题密切相关。

一、学习动机问题及其调适

在影响大学生学习的各种内在因素中，学习动机是最活跃、最集中体现其主观能动性的心理成分，它直接影响到大学生学习的努力程度。常见的学习动机问题主要是学习动机缺乏、学习动机过强。

（一）学习动机缺乏的表现

1. 学习动力缺乏。学习动力缺乏的大学生表现为学习被动、兴趣缺乏、求知欲差、成就感低、自暴自弃，甚至逃避学习，把自己的大部分时间和精力放在无节制的上网、睡懒觉、消极的娱乐活动上，等等。

2. 学习方法缺失。部分大学生以消极的态度对待学习，认为学习就是奉命被迫的苦差，没有明确的学习目标和计划。他们的学习行为往往表现出从众性与依赖性，缺乏独立性和创造性。缺乏正确灵活的策略和方法，只是死记硬背、应付考试，讨厌紧张、繁忙的学习，遇到问题得过且过。

3. 学习兴趣缺失。有的大学生对所学专业缺乏兴趣，或感觉自己没有能力学好本专业，自信心和自尊心受到伤害，意志消沉，滋生散漫心理。

（二）学习动机过强的表现

1. 成就动机过强。当学生的抱负水平和期望远远超出自己的能力和现实情况时，会产生需求和现实的差距。他们争强好胜，把精力全部用于学习上，并坚信只要自己勤奋努力学习，就会有回报，非常看重分数、名次，希望得到他人的表扬和肯定。他们的生活没有或少有娱乐、休息和运动，兴趣狭窄，总怕失败。当目标没有达到时，产生巨大的落差，心理严重失衡，自我效能感降低，对自己产生怀疑，甚至造成心理崩溃。

2. 学习强度过大。这类学生学习兴趣单一，每天用于学习的时间过长，不善于锻炼和休息，常常处于身心疲惫状态。为了追求完美，他们常常订立过高的目标，一旦无法完成，就会责备自己，给自己施加更大的压力。他们不满足于现状，总认为自己可以做得更好，即使成功了也没有多少喜悦之情。

（三）学习动机不当的自我调节

1. 学习动机不足的自我调整。一是正确认识学习的价值与大学的目标，寻找兴趣，重新规划学业与人生；二是调整心态，以积极的心态对待学习特别是学习中遇到的挫折与困难，用自身的意志战胜惰性；三是改进学习方法，提高学习效率与学业自我效能感，提高学生的自我价值与社会价值。

2. 学习动机过强的自我调节。一是正确认识自己的潜质，制订恰当的学业目标与学业期望，调整学习动机，与此同时，脚踏实地，循序渐进，不好高骛远；二是转换表面学习动机为深层学习动机，淡化外在奖励特别是学业成就的诱因，正确对待荣誉与学业成绩；三是端正学习态度，树立远大理想，保持旺盛的学习热情，坚持不懈，以取得预期效果。

二、注意力不集中

（一）注意力不集中的主要表现

有些大学生出现注意力难以集中的情况，表现为：一是上课不能专心听讲，大脑常常开小差，眼睛盯着黑板却心猿意马；二是易受环境干扰，教室外的小小动静都能引起注意力的转移，而且长时间不能静下心来；三是参加活动如体育运动或看一场电影后，久久沉浸在情节的回忆之中。

（二）注意力不集中的主要原因

大学生注意力不集中的主要原因有：一是由于青年时期发展任务多，导致压力与心理冲突加剧；二是生活事件导致心理应激，如重要丧失、考试失败、家庭发生重大变故、经济困难、评优失败、失恋、宿舍关系不和等造成思想负担重，精力分散；三是学习动机不足，缺乏学习兴趣，缺少压力与紧迫感。

（三）注意力不集中的自我调节

一是要学会注意力转移，遇到生活应激事件与挫折，能够尽快从中解脱出来；二是适当强化学习动机，保持适当的学习压力，并进行积极的自我激励与自我暗示；三是养成良好的学习与生活习惯，保持旺盛的精力；四是选择理想的学习环境，减少与学习无关的活动，并进行适当的自我监控。

三、考试焦虑及其预防

（一）考试焦虑的含义及表现

考试焦虑是大学生中比较普遍的学习心理问题。考试焦虑是由应试情景引起的一种情绪表现。适当的焦虑可以转化为学习动力，增强学习效果；但过度的或较低的焦虑则对学习产生不良影响。焦虑过度会使学生感到沮丧、痛苦、失望、内疚，而焦虑不足则会使学生不思进取、萎靡、消沉、灰心丧气。

考试焦虑表现在认知、情绪和行为三个方面。在认知方面，考试焦虑者注意的焦点不是如何解题，而是过分关注考试结果，思维总是指向考试失败。这种认知上的担忧使考生在记忆力、注意力方面受到妨碍，难以正常答题。不仅如此，考试焦虑者还经常纠结于过去考试的紧张经历，担心再次因紧张而考不好，结果更加紧张，造成恶性循环。在情绪方面，主要表现出一些应激反应，如紧张恐惧、心烦意乱、无精打采、喜怒无常等。这些不良情绪又引发了一系列的生理反应，如考试前失眠、肠胃不适、腹泻、发热、尿频、头痛等，甚至会出现心跳加速、呼吸急促、出虚汗等症状，严重时全身颤抖、四肢发软，甚至昏倒。在行为方面，考试焦虑者也有一些不良表现，如拖延、退缩和逃避。

【拓展悦读】

考前紧张不等于考试焦虑

几乎所有人面临考试都会紧张，只是程度不同而已。需要指出的是，考前紧张不等于考试焦虑。考试前适当的紧张和焦虑，可以提高复习和考试的效率，促进注意力的集中和学习的警觉性；还能调动身体的能量，使人们以充沛的精力投入考试。有些人平时学习成绩不错，但每到考试尤其是重要考试时则过分紧张、担忧，信心不足，导致发挥失常、成绩落后，久之可能形成对考试的恐慌，也就是考试焦虑。

（二）考试焦虑的原因

从根本上说，考试焦虑取决于大学生对考试的态度和对自己能力的评价。具体而言，有如下原因：过分看重分数，求胜心切，总希望处于领先地位，害怕失败和落后；过分自尊，把考试成绩看作提高自身形象的唯一砝码，担心考不好被人看不起；以往的失败体验较多，缺乏自信心，或来自亲友的期望过高，心理负担过重；考前准备不足或过度用功造成疲劳，使得考试中遇到难题不知如何下手，大脑空白等。

（三）考试焦虑的调试方法

1. 端正考试态度。明确考试只是一种督促和检查学习的手段，考试成绩不能全面反映一个人的知识水平和学习能力，更不能决定一个人的形象。

2. 平时认真学习，考前全面复习。对考试不抱侥幸心理，做好充分准备，打“有准备之仗”，必能提高自信心，这是减轻考试焦虑有效方法。

3. 改变对考试焦虑的态度。既不要漠视它，也不要夸大它的危害。其实焦虑本身并不可怕，可怕的是认为紧张焦虑必然妨碍学习，因而急于排除紧张，结果越怕自己紧张反而越紧张。实践证明，真正难处理的是“对考试焦虑的焦虑”，即不是担心考试本身，而是害怕出现焦虑反应。因此，面对自己的焦虑状态，较好的做法是接受它，不再对它产生恐惧。

4. 多做积极的自我暗示和自我教育。例如，进入考场后，暗示自己：“我能行”“我紧张，别人也一样”，等等。尽量放下思想包袱，不考虑考试结果，专注于考试过程。

5. 正确看待以前的失败。大学生都经历过无数次的考试，其中必然会有失败的经历。客观分析以往失败的原因，不要因一次失败而自我否定。分析、明确自己的长处和不足，扬长补短或避短。

6. 进行放松训练。通过调整呼吸、自我暗示、听音乐、适当运动等方法，使全身的肌肉逐步放松，让大脑平静下来。

7. 以最好的状态应对考试。考前要特别注意加强体育锻炼，做到劳逸结合，保证膳食营养均衡，以确保充沛的精力和清醒的头脑面对考试。

8. 积极寻求心理咨询。当考试焦虑达到一定程度，不能进行自我恢复的时候，就有必要寻求专业心理咨询了。在心理咨询师的指导下，更好地认识自己，分析产生的原因，提高心理调整能力，有效化解外来压力，发挥出应有的水平。

第三节　提升大学生学习能力

李开复认为学习应有四种境界：熟能生巧——经过练习掌握课本上的内容，知道问题的答案；举一反三——具备了思考的能力，掌握了学习的方法，能够知其然，也知其所以然；无师自通——掌握了自学、自修的方法，无师亦可以主动学习；融会贯通——可以将学到的知识灵活运用于生活和工作实践，懂做事与做人的道理。所以，大学生应该转变学习理念，不仅要学好专业知识，更重要的是提升自己的学习能力，这样才能适应未来多变的社会。

一、学习能力含义

（一）学习能力概念及特点

学习能力是指人们在已有知识、经验的基础上，实现主动、有效的学习，并获得新知识的一种能力。学习能力作为现代大学生能力结构组成要素之一，是指主动、系统地获得新知识、新技术的能力，主要包括基本学习能力、自学能力、实践操作能力和表达能力。

学习能力形成的心理基础是智力因素与非智力因素的结合，体现在学习活动中对获取知识、技能的策略上。学习能力具有以下特点：

1. 学习能力以学习活动为基础。培养学习能力是为了更好地从事学习活动，从而获取知识，在学习活动中总结经验、锻炼能力。

2. 自学能力是学习的核心。一位日本教育学家的统计资料表明，人的一生中，上学期间（25岁以内）所得到的知识量在整个一生中仅占25%，而在工作和生活中不断学习和补充的知识占整个知识总量的75%。由此可以看出，大部分知识要通过自学获得。

3. 学习能力是一种生存能力。人类的生存依靠学习，人类的发展也要依靠学习。学习使人获得知识，发展智力，完善思想。不学习就不能适应社会的发展，不提高学习能力必将遭到淘汰。

（二）大学生学习能力

大学生学习能力主要是指大学生的认知能力、自学能力、实践操作能力、综合能力、自我监控能力、科研能力和学习策略。

1. 认知能力：大学生运用科学的学习策略和学习方法独立地获取、加工、提取、处理所学的学科信息，分析和解决实际问题的能力。通过感知、记忆、思维、想象、言语表达等心理活动，实现知识的内化，形成实际操作技能、分析问题和解决问题的能力。在学习中，思维是一种解决问题的概括认知过程，而且贯穿于学习活动的始终。因此，思维能力是学习能力的核心。

2. 自学能力：是大学生获取知识的基本能力，它是通过自己的学习与实践，独立地获取知识的能力。通过识记、理解和迁移，达到理解性记忆，融会贯通，举一反三，触类旁通。

3. 实践操作能力：是将内化的知识加工、处理信息，分析解决问题的能力。

4. 综合能力：是在认知能力的基础上，综合运用有关知识、技能和策略而形成的能力。

5. 自我监控能力：是学生对自己认知活动的自我体验、自我调节和监控，不断评价学习过程，并能适时进行调整，选择恰当的方法，以保证学习任务的完成的能力。自我监控能力是学习成功的关键因素。

6. 科研能力：是大学生学习能力的一种表现形式，表现在有意识地参加科研活动，在科研活动中有意识地进行问题探究，敢于标新立异，等方面。

7. 学习策略：学习能力的重要构成要素，是指在学习活动中具体的学习方法、技能及其调控；它是在学习的过程中逐步领会掌握知识的技能技巧，积累经验，经过不断的内化，逐步由“量变”到“质变”，而形成的学习策略。

二、大学生学习能力的现状

《新世纪大学生学习能力现状调查与分析》显示，大学生学习目的功利色彩较浓，影响学习能力的主观因素是自我控制力差，缺乏踏实作风，学习方法没有摆脱“应试教育”的模式，学习效果不高。主要原因在于大学生进入大学以后，仍然延续高中阶段的学习方法，希望老师划出重点，到了期末考试的时候“搞突击”应付考试。还有一部分学生受社会就业形势的影响，学习出现偏科现象，只在计算机和英语上下功夫，忽视其他学科知识的学习。这种状况不改变，势必影响大学生的全面发展和可持续发展。

三、如何提升大学生学习能力

（一）树立新的学习理念

大学生作为学习的主体，在瞬息万变的信息化时代，必须树立全新的学习理念，要在教学过程中体现出“主动地、探索性地、创造性地学习”。

1. 做学习的主人。学习积极性是学习成功的基础，只有主动认知，主动获取前人积累的经验，才能促进自己的发展。学生树立主体意识，就要明确自己不是被动的“知识容器”，而是能动吸收、创新知识的“制造器”。吸取的知识越广博，想象力就越丰富，思路就越开阔。

2. 掌握正确的学习思路。在接受教师传授知识的过程中，不仅沿着老师的思维方向去接受和理解讲授的知识，还要积极思考与探究，进行异向或多向理解和接受。

3. 培养广泛的兴趣和好奇心。创新是与兴趣、好奇心紧密联系的，兴趣是一种动力，促使自己去钻研、去探索。好奇是指对事物的新奇感，凡事都问个为什么，敢于标新立异，就会促使自己进行创造性探索，进而取得学习上的成功。

4. 培养旺盛的求知欲。求知欲望的强度，直接影响着好奇心和兴趣感。同时，旺盛的求知欲也是促使人们进行创造性活动的内在动力，表现在有事业心、责任感和献身精神等。

5. 培养丰富的想象力。想象力是创造思维的可贵品质。在学习中，想象是必不可少的，它激励着学生去探求事物的本质。

（二）改进学习方式方法

1. 创造性学习。创造性学习强调学习者要充分发挥自身的主动性，在接受教师所教知识的基础上，运用灵活、高效的学习方法，分析新旧知识间的联系，从而促进创新，达到创造性学习的目标。创造性学习需要扎实的基础知识，要从不同的视角去思考、理解知识的内在联系，要有强烈的求知欲、探究欲和参与欲。创造性学习需要广泛的兴趣和好奇心，这是创造性思维能力应具备的个性品质。创造性学习不仅适合在学科知识的学习中进行，科学研究、动手实验、毕业设计等实践活动也是学生进行创造性学习的有效途径。例如，在教师的引导下，对某一学术课题进行立项，收集资料，调查研究，分析思考，得出结论；在实验室做实验，进行设计、制造；参加大学生挑战杯竞赛、建模比赛等，都是创造性学习的好方式。

2. 合作性学习。合作性学习是在教师指导下，学生以小组的形式在一起学习。这种学习方式充分重视学生相互之间的交流，以合作和互相的方式从事学习活动，提高整体成绩。合作性学习，通常以 3—5人为一组，对学习中所涉及的知识，进行分析、讨论，总结规律。在面对面的互动学习中，相互启迪，激发创新的火花。在合作性学习中，不仅学到了知识，而且增强了同学之间互相了解和信任，提高了与人合作的能力。

3. 研究性学习。研究性学习是指学生在教师指导下，用研究的方法（或探究的方式）主动地获取知识、应用知识和解决问题的一种学习过程。这种学习方式改变了传统的教师讲、学生听、教师问、学生答的被动学习，而是在教师指导下，学生主动参与，围绕专题进行思考、讨论、探究解决问题的主动学习。研究性学习旨在使学生获得参与研究探索的体验；培养发现问题、解决问题的能力；培养收集、分析和利用信息的能力；学会分享与合作；培养科学态度和科学道德。研究性学习是以合作的方式进行的，对培养学生的合作意识和团队精神很有益处。

4. 指导性学习。指导性学习是指学生在教师指导下学习课程，完成学习任务。在此提出“五步循环”学习法，即“计划—预习—听课—复习—总结”五个步骤贯穿学习活动的始终。大学课程内容极为丰富，课堂教学信息量大，教师授课往往突破教材体系和内容，补充一些学科前沿的信息和个人的科研成果、疑难问题及解决方法，这些是教科书里缺少，同时又是极重要的。所以，要善于记录教师讲授的重点和基本结论、典型事例等。另外，大学学习的知识内容多而深，一个学期往往有 6—7 门课程，要及时复习、总结和系统整理，可以将平时“零散”的知识形成完整的知识链条。

5. 实践性学习。大学生的学习能力要在实践活动中培养和发展，通过参加实践活动提高学习能力和创新能力。一是积极参加学校科技性社团活动，这类社团通常会为大学生提供相互学习、交流讨论、展示才能的机会。“大学生挑战杯竞赛”是展示大学生创造性学习成果的舞台，大学生可以组建小组，通过精心选题、设计方案、潜心研究，在参赛过程中进行创造性学习。二是参加学校、院系举行的系列学术报告、科技讲座。学术报告、科技讲座是大学校园文化活动的重要组成部分。通过聆听一些著名教授、知名学者、学科带头人的专题或系列学术报告，学生可以了解学科前沿的新动态、新信息，增长知识，开阔思路。三是尝试做科研论文。在科技活动中，大学生可以结合自己的专业，在教师指导下选择一些课题、项目进行专题研究、专题设计，在实践活动中培养学习能力和科研能力，为毕业论文和毕业设计打下基础。

（三）提升大学生学习能力的策略

1. 要树立“处处皆学问”的大学学习观。古人云：“无一事而不学，无一时而不学，无一处而不学，成功之路也。”因而大学生要改变“学习是学校之事，课堂之事”的观念，树立起生活实践中无处不学的观念。课堂之外，对身边的人、事、物，处处留心学习，提高综合素质。

2. 给自己定下足够高的人生目标。高尔基说过：“一个人追求的目标越高，他的才能就发展得越快，对社会就越有益。”同时在设置目标时要注意以下几点：

（1）目标是清晰且可以达到的；

（2）确立某个目标的优先权，并排出一个序列；

（3）确定达成较小的学习单元目标；

（4）定期对目标重新评估，不断自我反省、激励和调整。

3. 科学管理时间。时间就是生命，时间就是效率，时间就是资源。正如亨利·福特所言：“时间如同一只贪玩的猫，它迎合着你，却又把你的日子像舔一杯牛奶一样，慢慢地舔食干净。”科学管理时间是提升学习能力的前提。

（1）分清学习任务的轻重缓急，要事第一；

（2）使用学习任务清单，做事周全条理；

（3）效率与效果并重；

（4）注重劳逸结合。

4. 了解大学生的主要学习策略。学习策略是指学习者为有效地达到学习目标而采取的具体学习过程或学习步骤。大学生掌握一定技能，选择一定的学习策略，对提高学习效率和学习能力具有重要的意义。

（1）MURDER学习策略。MURDER是六种学习策略的英文单词字母的缩写，由丹瑟洛（D.F.Dansereau）于1985年提出。其中M代表情绪的调整（Mood-setting）和维持（Maintenance）；U代表理解（Understand）；R代表回忆（Recall）；D代表消化（Digest）和细述（Detail）；E代表扩展（Expand）；R代表复习和检查（Review）。后面的五种策略为主策略系统，最前面的策略为辅助策略系统。

（2）复习策略。

① 及时复习和系统复习。艾宾浩斯遗忘曲线表明了遗忘的规律——遗忘进程是不均衡的，在识记的最初遗忘很快，以后逐渐变缓，经过一定的时间，几乎就不再遗忘了（见图3–1）。这就是遗忘发展的“先快后慢”规律。

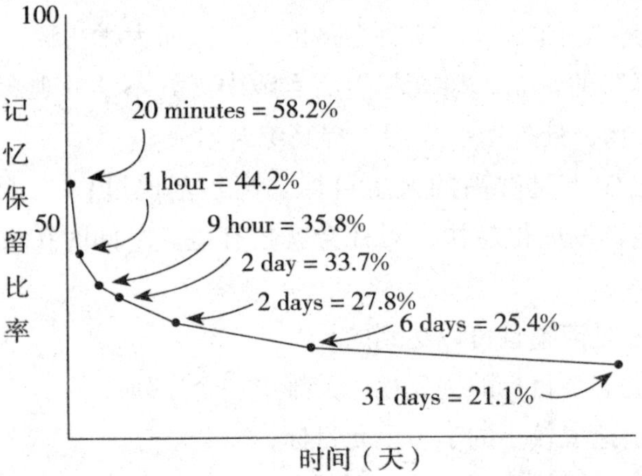

图3–1　艾宾浩斯遗忘曲线

研究发现：遗忘的进程不只受到时间因素的制约，也受到其他因素的影响，如材料的性质和数量、学习程度、学习方式等。根据遗忘发生的规律，采取适当的复习策略来克服遗忘是必要的。

及时复习可以较大限度地减少遗忘，但它也不是一劳永逸的，要想长时间保持所学的内容，还必须进行系统复习。根据有关研究，有效的复习时间最好作如下安排：

第一次复习：学习结束后的5—10分钟，比如下课后将要点再看一遍，或者阅读后尽快用自己的语言来表述所学的内容。第二次复习：当天晚些时候或学习结束后的第二天，重读有关内容，将要点用自己的语言表述出来。第三次复习：一个星期后。第四次复习：一个月后。

② 集中复习和分散复习。每次复习时，究竟用多长时间是最有效的呢？是否复习时间越长，记忆效果越好呢？对人类记忆的研究发现，人们对事件的开始和结尾具有较强的记忆，而对中间的记忆较差，这就是"记两头忘中间"现象，与人类记忆时的"前摄抑制"和"倒摄抑制"有关。为解决这一问题，可以将连续的集中复习时间加以分散，分为几个小的单元，中间穿插短暂的休息。

③ 过度学习。所谓过度学习，即在能背诵某一材料后再进行适当次数的复习。这种重复学习绝不是无谓的，相反，它可以加深记忆痕迹以增强记忆效果。一般而言，过度学习的程度达50%至100%时效果较好。比如，当你识记某一材料读6遍刚好能够记住时，那么最好你再多读两三遍。但要注意，这并不意味着重复次数越多越好，超过100%的过度学习反而会引起疲劳、注意力分散甚至厌烦情绪等。

（3）阅读策略。

① SQ3R法。一是浏览（Survey）——就是对阅读内容进行浏览，从整体上把握文章脉络，为仔细阅读做准备。二是提问（Question）——把文章的标题及主要内容转化为问题的形式，在问题的提示下深入阅读。三是阅读（Read）——根据问题提示阅读内容并寻找问题答案，主要依赖于学习者的理解。四是背诵（Recite）——经过上面的阅读过程，学习者已经理解了大部分内容，然后把书合上，看看有多少内容已经能够记住，还有哪些没有透彻理解并记下来，需要进一步加工。五是复习（Review）——阅读过的内容要在脑中长期保持，就必须复习。通过复习加深对内容理解，并建立有关内容之间的联系。

② PQ4R法。它包括预习（Preview）—提问（Question）—阅读（Read）—沉思（Reflect）—背诵（Recite）—复习（Review）六个方面。

（4）问题解决的IDEAL方法。成功地解决问题，既取决于个体所拥有的相关知识，又需要个体的解题策略。解题策略分为两大类：一类是通用的一般思维策略，该类策略不受具体问题的限制，是一般性的方法与技能；另一类是适合于某一学科的问题解决的具体思维策略，与具体的学科内容有关。

IDEAL方法是布兰斯福德等提出的解决问题的一般策略，以所划分的五个步骤的英文首字母命名。

① 识别（Identify）——注意到、识别出所存在的问题。比如，注意到内容中的不一致、不全面之处；或者意识到自己学习过程中所遇到的困难，等。

② 界定（Define）——确定问题的性质，对问题产生的过程和产生的原因进行解释。该过程直接影响以后所确定的解决问题的方法。

③ 探索（Explore）——搜寻可能解决问题的方法。该过程受到前面的问题界定的影响。

④ 实施（Act）——将解决问题的方法付诸实施。

⑤ 审查（Look）——考察问题解决的成效，搜集有关的反馈信息，以便为进一步改进解决方法、更有效地解决问题奠定基础。

综上所述，随着知识经济时代的到来，大学生面临着知识更新和就业的挑战，“专业对口”已不再能确保大学毕业生顺利就业。如果没有终身学习的思想，仅凭大学阶段所学到的知识确保一生无忧，绝对是行不通的。学习将伴随人的一生，只有提高学习能力，才能不断完善自己，适应社会的快速发展。

【自我探索】

自学能力测试

人生中大量的知识需要靠业余时间的自学获取。你的自学能力如何？请认真回答以下问题。

1. 你每天能在业余时间自学3个小时吗？

A. 能　　B. 有时能　　C. 不能

2. 你有每天浏览报刊的习惯吗？

A. 有　　B. 有时有　　C. 没有

3. 你每天能坚持阅读6000字吗？

A. 能　　B. 有时能　　C. 不能

4. 每天你在看书读报纸时，有认真琢磨的习惯吗？

A. 有　　B. 有时有　　C. 没有

5. 对不明白的问题，你有向人请教的习惯吗？

A. 有　　B. 有时有　　C. 没有

6. 睡觉之前，你会检查一天的自学情况吗？

A. 检查　　B. 有时检查　　C. 不检查

7. 如果一天没有自学，你有遗憾的感觉吗？

A. 有　　B. 有时有　　C. 没有

8. 你有剪贴报刊资料的习惯吗？

A. 有　　B. 有时有　　C. 没有

9. 你有记读书笔记或做卡片的习惯吗？

A. 有　　B. 有时有　　C. 没有

10. 你有自测或互测学习成绩的习惯吗？

A. 有　　B. 有时有　　C. 没有

评分标准：

选A项得10分，选B项得6分，选C项得0分。60分及格通过！你得了多少分？

80—100分，你有很强的自学能力，估计没有什么问题能难住你。

60—79分，你要反省一下了，你的自学能力稍差。向着最佳的学习方法去努力吧，你会成功的！

60分以下，不及格！你的自学能力很差，基本上管不住自己，看来自学对于你来说是个很大的挑战哦，从今天开始要改变一下自己了。

【训练与体验】

时间馅饼

目的：学会规划自己的时间，能对时间进行科学管理。

形式：按卡片的图案分组，每组10—12人。

道具：画有月亮、太阳等图案的卡片，A4白纸，播放器。

过程：

1. 热身活动：听或唱校园歌曲《光阴的故事》。

2. 分组：按卡片的图案分组，分为月亮、太阳、地球、金星、火星等。

3. 画时间馅饼图：每人在A4白纸上画一个圆，并将圆画成一天24小时的作息时间安排（包括睡觉、上课、做作业、娱乐、吃饭等）。

4. 小组讨论：理想的生活馅饼图应该是怎样的？

5. 辅导教师提问：① 你的时间安排合理吗？为什么？② 哪些事根本不用做？占用了多少时间？③ 哪些活动可以再少用些时间？需要采取什么措施？④ 别人浪费了你的时间了吗？你浪费了别人的时间了吗？

6. 小组讨论：如何合理地使用自己的时间？

7. 学生感受分享。

8. 辅导教师做小结，并给予正面的回馈与鼓励。

分享：

1. 你在活动中有什么样的体验？

2. 今后如何合理安排自己的学习时间？

【阅读与欣赏】

目标是学习的动力——兰特的计划

兰特中学毕业时，他的父亲就发现他具有特殊的商业天赋：机敏果敢，敢于创新。但他缺乏社会阅历，尤其重要的是缺乏知识。父亲与他长谈了一次，并和他一起制订了一个能帮助兰特成为一个商界精英的长期学习计划。这个计划将兰特的学习生涯分为四个阶段。

第一阶段：攻读理工科学士

通过在哈佛大学攻读最基础、最普通的机械制造专业，兰特具备了做商贸必备的专业知识，了解了产品性能、生产制造情况，培养了知识技能，建立了一套严谨的逻辑思维体系，还形成了脚踏实地的工作态度。

在这4年中，兰特还广泛选修了其他专业课程，如化学、建筑、电子等。这些知识为他后来的商业活动创造了难以估量的价值。

第二阶段：攻读经济学硕士

通过在哈佛大学3年经济学硕士的学习，他了解了影响商业活动的众多因素，懂得了商业的社会地位和作用，掌握了经济学的基本知识。在这3年的学习中，他还认真学习了经济法，并将主要精力放在管理知识的学习上。

第三阶段：积累社会阅历

离开哈佛后，兰特并没有急着去经商，而是先做了5年的政府公务员。5年的时间，使兰特从一个稚嫩的青年成长为一个深谙世故的公务员，在环境的压迫下，他树立起强烈的自我保护意识，并广泛结交各界人士，建立起一套关系网络。他非常善于利用这些网络来获得丰富的信息和便利条件。

第四阶段：掌握商情，熟悉业务

兰特辞去公务员的工作，应聘到了一家国际性的大公司。通过在这里两年的锻炼，在掌握了丰富的商情与商务技巧之后，他谢绝了公司的高薪挽留，自己开办了一家商贸公司，开始了梦寐以求的经商生涯。

兰特的这四个学习阶段共用了14年的时间，每个阶段目标明确，任务具体。

由于他在制订计划之前，对自己将来的发展目标定位准确，每个阶段的学习，都是以总的目标所需要具备的素质作为出发点，科学规划，合理安排。因而，当计划完成后，兰特已经具备了成功商人所应具备的所有条件。他的公司经营得非常出色。他不仅有自己的游艇，在著名的贝佛利山庄有自己的别墅，他的身影还常常出现在地中海、夏威夷的阳光海滩上。现在他又根据自己的情况制订了新的学习计划。在他这个新计划完成之后，他一定会取得比现在更高的成就。

从兰特的长期学习计划中，我们可以了解到，制订了长期的学习计划，自己每年、每月甚至每天都有可以遵循的行动轨道，这条轨道会激励你更加主动地去学习。

“头悬梁锥刺股”的由来

东汉时候，有个人名叫孙敬，是著名的政治家。他年轻时勤奋好学，经常关起门，独自一人不停地读书，从早到晚，常常废寝忘食。他的读书时间很长，尽管劳累了也不休息。时间久了，他疲倦得直打瞌睡，他怕影响自己读书学习，就想出了一个特别的办法。那时候，男子的头发很长，他就找来一根绳子，一头拴在头发上，一头牢牢地绑在房梁上。当他读书疲劳打盹时，头一低，绳子就会牵住头发，把头皮扯痛，他马上就清醒了，再继续读书学习，这就是孙敬悬梁的故事。

战国时期，有一个人名叫苏秦，也是出名的政治家。他年轻时，曾到很多地方做事，由于学问不多不深，一直不受重视。回家后，家人对他也很冷淡，瞧不起他。这对他的刺激很大。所以，他下定决心，发奋读书。他常常读书到深夜，很疲倦，常打盹，直想睡觉。他想出了一个方法，准备了一把锥子，一打瞌睡，就用锥子往自己的大腿上刺一下。这样，猛然间感到疼痛，使自己清醒起来，再坚持读书。这就是苏秦“刺股”的故事。

第四章　增强自我意识

金佛的故事

1957年，泰国一家寺院迁址，其中一部分僧人负责搬运寺院里一尊巨大的黏土佛像。在搬运过程中，一名僧人注意到，佛像表面的黏土上出现了一丝裂缝。为了避免佛像受损，僧人们决定暂时中止佛像的搬运工作。那天夜里，一名僧人打着手电筒来检查佛像的时候，忽然发现裂缝处在手电光下发出了奇异的反光。这让僧人非常好奇，于是他找来了锤子和凿子，凿宽佛像上的裂缝。随着一块块黏土的落下，佛像逐渐现出了黄澄澄的颜色。最终，辛苦了几个小时的僧人抬起头来，发现灰扑扑的土佛已经变成了一尊华贵的金佛。

许多历史学家相信，这尊金佛是在几百年前被当时的泰国僧人们用黏土覆盖起来的，因为当时缅甸的军队正在入侵泰国，他们要保护佛像不被敌军掠走。而所有参与保护佛像的僧人都死于战火，所以直到1957年寺院搬迁的时候，佛像的秘密才重新被人发现。

这则故事告诉我们，不管你认为自己有多么平凡又普通，多么不出众，我们每个人心中都藏着一块闪闪发光的金子，那是我们灵魂的精髓，是我们作为一个人的精到之处，如果你能试着探究自己的内心，这种探究就能让外面的黏土裂开一条缝，让我们窥见里面金子的光芒。

第一节　认识“自我”

镌刻在古希腊特尔菲城神庙中的碑铭“认识你自己”，激励着人不断地探索自我。“我是谁？我究竟是一个怎样的人？”“我有什么目标？我为什么上大学？”“我到底行不行？别人会怎样看我？”诸如此类的问题都属于自我意识。

一、自我意识的含义

自我是心理学重要的研究内容。精神分析学派创始人弗洛伊德提出了“自我的三结构说”，即本我（Id）、自我（Ego）和超我（Superego），从人格的三个维度上研究自我的发展。本我（Id）是人格结构中最原始部分，出生即已存在。构成本我的成分是人类的基本需求，如吃饭、喝水、性等生物本能。本我遵循快乐原则，如婴儿感到饥饿时要求立刻喂奶，绝不考虑母亲有无困难。自我（Ego）是个体出生后，在现实环境中由本我分化发展而产生，由本我而来的各种需求，如不能在现实中立即获得满足，就必须迁就现实的限制，并学到如何在现实中获得满足。支配自我的是现实原则。此外，自我介于本我与超我之间，对本我的冲动与超我的管制具有缓冲与调节的功能。超我（Superego）是个体在生活中，接受社会文化道德规范的教养而逐渐形成的。超我有两个重要部分：一为自我理想，是要求自己的行为符合理想的标准；二为良心，是规定自己的行为免于犯错。因此，超我是人格结构中的道德部分，支配超我的是道德原则。

弗洛伊德认为，人格结构中的三个层次相互交织，形成一个有机的整体。它们各行其责，分别代表着人格的某一方面：本我反映人的生物本能，按快乐原则行事，是“原始的人”；自我寻求在环境允许的条件下，让本能冲动能够得到满足，是人格的执行者，按现实原则行事，是“现实的人”；超我追求完美，代表了人的社会性，是“道德的人”。在通常情况下，本我、自我和超我是处于协调和平衡状态的，从而保证了人格的正常发展。如果三者失调乃至被破坏，就会产生精神疾病，危及人格的发展。

美国心理学家詹姆斯提出，凡属于我或与我有关的事物都是自我的内容，如身体、品质、能力、愿望、家庭等，自我从物质自我、精神自我和社会自我三个层次起作用。

社会心理学家库利（C.H.Cooley）指出：自我是一面镜子，它从别人那里反映自己的行为，自我是经历无数次他人评价而形成的社会产物。而米德（G.H.Mead）则认为：自我分为主体我（I）和客体我（Me），主体我代表每个人的自然特性，而客体我代表自我社会的一面；主体我先于客体我形成，客体我形成需要很长时间，自我意识的发展包含主体我与客体我的不断对话。

综合来说，自我意识（Self-consciousness）是个人意识发展的高级阶段，是意识的核心部分，是个体在社会实践中对自身及周围关系的认知、体验和评价，是个体关于自我全部的思想、情感和态度的总和。

二、自我意识的结构

（一）从自我意识的活动内容来看

自我意识可分为生理自我、社会自我与心理自我（见表4–1）。生理自我、社会自我与心理自我是密切联系、相互影响的，它们都包含着不同的自我认知、自我体验与自我控制，但由于比例和搭配的不同，构成了个体对个体自我意识之间的差异。也使得每个人都有对人、对己、对社会独特的看法和体验。

表4–1　自我意识的结构

	自我认识	自我体验	自我控制
生理自我	身体、外貌、衣着、风度、家属、所有物等。	英俊、漂亮、有吸引力、迷人、自我悦纳等。	追求身体的外表、物质欲望的满足，维持家庭的利益等。
社会自我	名望、地位、角色、性别、义务、责任、力量等。	自尊、自信、自爱、自豪、自卑、自怜等。	追求名誉地位，与他人竞争，争取获得他人的好感等。
心理自我	气质、性格、智力、兴趣、能力、记忆、思维等。	聪明、能干、优雅、敏感、迟钝、感情丰富等。	追求信仰，注意行为符合社会规范，要求智慧与能力的发展等。

（二）从知、情、意的角度来看

自我意识分为自我认识、自我体验和自我控制。自我意识是一种多维度、多层次的复杂心理现象，从知、情、意的角度可以将自我意识分为自我认识、自我体验和自我控制三种心理成分。这三种心理成分，相互联系，相互制约，统一于个体的自我意识之中。从认识形式看，它表现为自我感觉、自我观察、自我分析和自我批评等，统称为“自我认识”；从情绪形式看，它表现为自我感受、自爱、自尊、自卑、责任感、义务感和优越感等，统称为“自我体验”；从意志形式看，它表现为自立、自主、自制、自强、自卫、自律等，统称为“自我控制”。

1. 自我认识。自我认识是主观自我对客观自我的评价，包括自我感觉、自我观察、自我印象、自我分析、自我评价等。自我认识主要解决“我是一个什么样的人”的问题，比如有人观察自己的体形，认为属“清瘦型”；分析自己的品性，认为自己是个诚实的人；用批评的眼光审视自我时，觉得自己脾气急躁，容易冲动。

在客观的自我认知基础上做出正确的自我评价，对于个人的心理活动、行为表现及社会群体中人际关系，都具有重大的影响。如果一个人在社会生活中，把自己看作“低人一等”，没有价值，那么，他就会产生自卑感，做事缺乏胜任的信心，没有主动性和积极性，无论做什么事情都难以保证质量。相反，如果一个人只看到自己的长处，那么，他就会产生盲目乐观的情绪，自我欣赏，自以为是，往往不能处理好人际关系，难以与人合作，或被他人拒绝、被群体所孤立。可见，自我的客观认知和评价，对个人的健康发展有着不可忽视的影响。

进行客观的自我认知，并在这一基础上做出正确的自我评价是一个极为复杂的过程。个体生活在社会群体中，要想与他人和睦相处，适应周围环境，完成社会化，就必须十分清楚周围的社会环境，知道自己所处的社会位置和所起的社会作用。如果个体对周围的社会环境不了解，就会无所适从，感到紧张不安，甚至产生焦虑情绪。个体在进行自我认识时，还要受到个体的需要、愿望、动机等许多心理因素的影响，因此，个体的自我认识总是或多或少存在着一定的误差。当个体发现自我评价与社会对自己的评价一致时，就会有安全感，对自我评价充满信心；反之，当个体发现自我评价与社会对自己的评价相距甚远时，个体则会与周围人的关系失去平衡，产生矛盾，而丧失安全感。长此下去，就会导致个体自满或自卑，不利于个体心理的健康成长。

2. 自我体验 。自我体验是个体对自己怀有的一种情绪体验，即主我对客我所持有的一种态度。它反映了主我的需要与客我的现实之间的关系。客我满足了主我的要求，就会产生积极肯定的自我体验，即自我满足；反之，客我没有满足主我的要求，则会产生消极否定的自我体验，即自我责备。自我体验主要涉及“对自己是否满意”“能否悦纳自己”这类问题，比如有人感到自卑，因为自己长得不好看，所以对自己感觉不满意，甚至不愿接受这个丑陋的自我。

客我能否满足主我的要求，往往与个体的自我认知、自我评价和个体对社会规范、价值标准的认识有关。自我体验的内容十分丰富，比如成功感与失败感、自豪感与羞耻感等。

成功感和失败感是根据个体的自我认识与自我期望水平而确定的，取决于个体的内部标准。比如，当个体在完成某项工作时，别人认为他未获成功，而个体认为自己取得了成功；或者别人认为他已取得成功了，而自己却认为是失败的。由于个体的自我期望水平要受社会期望标准的影响，在一定程度上，决定个体成功与失败情绪体验的内部标准要与社会的共同标准相适应。当个体体验到成功感时，就会产生积极的自我肯定情绪，向更高的目标进取；反之，当个体体验到失败感时，常会产生消极的自我否定情绪，闷闷不乐，甚至放弃努力。可见，如何恰当地处理自我体验，对个体的身心发展具有重大的意义。

3. 自我控制。自我控制是对自己行为和思想、言语的控制，以达到自我期望的目标。自我控制是自我意识的最高阶段，它包括自我激励、自我暗示、自强自律，它的核心内容是“我将如何规划自己的人生”“我应该做什么”“我应该成为什么样的人”“我可以选择如何做”，等。我们经常讲的“自制力”其实就是自我控制的能力。心理学研究表明：自我控制与大脑额叶的发展紧密相关，生理正常时，自我认知与自我体验决定了自我控制。

三、自我意识的功能

（一）决定个体行为的持续性与目标性

人是社会性动物，人的行为既受诸多社会因素影响，又与自我意识有很大的联系。那些自我意识积极的人，其成就动机及取得的成绩明显优于那些自我意识消极的人。当一个人认为自己声名不佳时，自我意识消极的人会放松对自己的约束。可以说，个人怎样理解自己，是个体如何行为及以何种方式行动的重要前提。

（二）决定个体对经验的解释

不同的人获得完全相同的经验，每个人对其解释却有很大的不同。解释经验的方式取决于一个人的自我意识。一个自认为能力一般、只能获得平均成绩的人，获得的较好成绩会认为是取得了极大的成功，感到十分满足；面对同样的成绩，一个自认为能力优秀、应当获得出众成绩的人，会认为遭到了很大的失败，并体验到极大的挫折。事实证明，当个人的自我意识消极时，每一种经验都会与消极的自我评价联系在一起；而如果自我意识是积极的，每一种经验都可能被赋予积极的含义。

（三）影响个体的期望水平

自我意识不仅影响到个体现实的行为方式和对过去经验的解释，而且还影响到个体对未来发生事情的期待。这是因为，个体对自己的期望是在自我意识的基础上发展起来的，并与自我意识相一致，其后继的行为也取决于自我意识的性质。研究表明，学生的成绩落后并不是孤立存在的，而是他的整个行为动力系统都出现了角色偏离。

第二节 大学生自我发展与困惑

大学阶段是个体自我意识急剧增长、迅速发展和趋于完善的重要时期，大学生的自我意识发展表现出不同于其他阶段的特征，是自我意识发展较为特殊的一个阶段。

一、大学生自我意识发展的特点

自我意识的发展在不同的年龄阶段呈现出不同的特点，大学生自我意识的发展主要具有以下特点：

（一）大学生自我认识的发展特点

1. 自我认识更具主动性和自觉性。大学生经常会思考一些涉及自我的问题，不但期待获得比较满意的答案，还会将这种思考和期待体现在切实、具体的行动之中。

2. 自我评价能力增强，但有时仍有片面性。大学生的自我评价与他人评价之间存在显著的相关性，有时会表现出“高估自我”或“低估自我”的片面性。“高估自我”的原因主要是：个体富于自我想象，自尊心和优越感强，可是认识水平并不高。“低估自我”则主要是因为自我期望水平偏高，易引起对现实自我的不满；自尊心过强，社会适应能力较差，人生观和价值观不健全，缺乏科学地认识自我和对待自我的态度与方法；社会竞争激烈，容易诱发焦虑感。

3. 自我概念有了明显变化。主要表现为：自我概念更丰富、更完整、更概括、更稳定。

（二）大学生自我体验的发展特点

自我体验是个体在自我评价的基础上对自己产生的情感体验，其发展特点有：

1. 具有丰富性和波动性。在一项关于大学生自我体验基本情况的调查中，列举了20对描述情感自我体验的具有相反意义的词语（如热情—冷漠、憧憬—悔恨等），要求被试者从中选出10个能表达自己近半年以来心情的词语。被调查的

358名大学生的选择结果表明：男生自我体验的基调倾向于热情、憧憬、自信、紧张、急躁；女生则倾向于热情、憧憬、舒畅、愁闷、急躁。

2. 具有敏感性和情境性。大学生对于外部世界和内心世界的许多方面都比较敏感，尤其涉及“我”及“与我”相关的事物，很容易迅速引起情感情绪上的反应，敏感之中又带有情境性，这是在一定的刺激作用下，对自我产生了一种想象式的、灵感式的非逻辑体验。

（三）大学生自我控制的发展特点

1. 自我设计和自我完善的愿望强烈。有人曾对武汉市3000余名青年学生进行调查，在成才目标的看法上，有32%的人愿意“力争第一”“名列前茅”；持“60分万岁”态度的人占10%。

2. 独立意识和反抗倾向强烈。独立意识强烈的表现有：喜欢自立自治，喜欢当众表明自己的主张，独立地思考问题、判断事物、认识事物等。随之而来的还有反叛倾向：如为了证明自己在生活态度、价值观念或是追求目标上与长辈、与他人的差异，常常会有意识地做出一些他人或社会所不期望或不赞赏的事情，进而表现出对现实的不满。

二、大学生自我意识发展的规律

大学阶段是个体的自我意识迅速发展的时期，这种发展经历着一个明显而又典型的“分化—矛盾—统一”的过程。

（一）大学生自我意识的分化

大学生自我意识的发展是从明显的自我分化开始的，表现为以往那种笼统的、完整的“我”被打破，出现了两个“我”：主观的“我”和客观的“我”。其中主观的“我”处于观察者的角度，而客观的“我”则处于被观察者的角度。

自我意识的分化是自我意识走向成熟的标志。随着自我意识的分化，大学生开始主动、迅速地关注自己的内心世界和行为，对生理自我、心理自我、社会自我每一细微变化产生新的认识和体验，自我反省能力增强，自我形象的再认识更加丰富、完整和深刻，由此而来的种种激动、焦虑、喜悦增加，自我体验更加丰富多彩，自我思考增多——自己应该怎样做，不应该怎么做，能怎么做，不能怎么做等成为经常思考的问题，开始要求拥有自己的一片天空和世界，渴望得到理解和关注。

（二）大学生自我意识的矛盾

自我意识的分化，使大学生开始注意到自己以往不曾留意的许多方面，同时也意味着自我矛盾冲突的加剧，即主观自我与客观自我的矛盾冲突、理想自我与现实自我的矛盾冲突的加剧。由自我意识的分化带来的矛盾冲突是大学生自我意识发展过程中的正常现象。它会给大学生带来不安、疑惑与困扰，可能还会影响到心理健康与心理发展；它会促使大学生努力解决矛盾，实现自我意识的统一，从而推动自我意识发展。

（三）大学生自我意识的统一

自我意识的矛盾冲突，常常会给大学生带来不安或心理痛苦，他们总是力图通过自我探究来摆脱这种不安与痛苦。在自我意识的矛盾冲突中，大学生的自我意识也在不断调整和发展。他们会寻求新的支点，寻找自我意识的统一点，统合自我意识。这种统一在新的水平与方向上协调一致。由于每个大学生的个人情况不同，自我意识的统一可能是积极的，也可能是消极的，并表现出不同的类型。大学生自我意识的统一通常有以下几种类型：

1. 自我肯定型。这是积极的统一类型，其特点是正确的理想自我与进步的现实自我通过积极的矛盾斗争达到的统一，也可以说是符合社会发展要求，有利于社会进步的理想自我和逐步改正、不断完善的现实自我的统一。

2. 自我否定型。这是消极的统一类型，其特点是对现实自我的评价过低，理想自我与现实自我差距过大，心理上处于一种消极防卫状态。有的人常常用自我安慰的方法来原谅自己，在一定程度上放弃理想自我，以保持现实自我；有的人则没有什么发自内心需求的理想自我，自我意识的发展处于消极应付的状态。

3. 自我扩张型。这也是一种消极的统一类型，且带有危险性，其特点是对现实自我过高估计，虚幻的理想自我占优势，理想自我与现实自我的统一是虚假的。典型表现为爱做白日梦，在自吹自擂、幻想之中度日。虽然这种类型的人极少，但严重者可能产生反社会行为，甚至违法犯罪。

4. 自我矛盾型。这是自我的再统一比较困难的类型，其特点是内心矛盾的强度大或是持续时间比较长，新的自我久久不能确立，积极的自我难以产生，自我调节缺乏稳定性和确定性。

三、大学生自我意识发展中常见的问题

由于大学生心理尚未成熟，自我意识还在不断发展变化之中，因而会出现偏

差、缺陷。大学生自我意识发展中常见问题概括为两大类：一是自我意识过强；二是自我意识过弱。

（一）自我意识过强

随着自我意识的发展，大学生越来越感到自己内心世界的独一无二，开始把探索的目光投向自我，因而会比较多地关注自己，表现出较强的自我意识。这本来是大学生走向成熟的一个标志，有助于大学生自尊、自信、自立、自强。然而，“过犹不及”，自我意识过了头，就会成为缺陷。

1. 自我评价过高。自我意识过强的第一种表现是过高的自我评价。这类学生一般生活经历比较简单，生活道路一帆风顺。他们对自己的肯定评价往往超出自己的实际能力和表现，很少认识到自己的缺点和短处，不切实际地高估了自己的能力和长处。这种学生在大学中一旦遇到挫折，如考试不及格、竞选干部落选、求爱被拒等，就会把责任推到老师、同学身上，认为世界对自己不公平，从而疏远集体和他人。自我评价过高的人在人际交往中总是居高临下，看不起他人或颐指气使，给他人带来不愉快感。

2. 自尊心过强。自我意识过强的第二种表现是自尊心过强。大学生的自尊心强，与他们青年期的心理特点是分不开的。过强的自尊心往往把大学生带入唯我独尊、自我中心的误区，令他们听不进别人的批评，看不到自己的错误，容易受到伤害，从而引发人际冲突或心理困扰。自尊心过强的大学生为了维护自己的自尊，有时会千方百计掩饰真实的自我，抬高自己的形象，以至于自欺欺人。

3. 独立性过头。自我意识过强的第三种表现是独立性过头。大学生正处在青年中期，独立的愿望十分强烈。而大学校园生活也给大学生的独立提供了条件，譬如远离父母，老师也不再管得太多。有的同学过分强调独立，处处与老师、集体过不去，凡事喜欢我行我素，讨厌学校的规章制度，希望一切能按自己的意愿办。常常会为了显示独立性而做出不理智的行为，甚至违反校规校纪，或是因为不能按自己的意图生活而愤世嫉俗。

以上是自我意识过强的三种具体表现，它们的共同点是一切以自我为中心，思想和行动都从“我”出发，不能对自我进行客观的分析，过分强调自我的“正确性”。

（二）自我意识过弱

自我意识过弱的大学生，并非没有自我意识，而是在自我评价、自我接纳及自我控制中采取否定、消极的态度，具体表现为自我拒绝、过分自卑和随波逐流。

1. 自我拒绝。自我拒绝的大学生对自己采取否定的态度，不喜欢自己的一切，讨厌自己的缺点，常常抱怨和指责自己，希望自己变成另外一种人，但又无力改变自己的现状，严重的会发展为自暴自弃，失去生活的乐趣。他们一般也不喜欢与别人交往，很少有朋友。这种自我拒绝产生的原因与个人生活经历有关，如父母过于严厉或要求太高，孩子从小得不到赞许和肯定，都会使孩子产生内疚感和自我挫败感。有的学生是由于自我期望值太高，当目标不能实现时，由自责发展到自我否定。

2. 过分自卑。自卑感是在和别人比较时，由于低估自己而产生的情绪体验。个体心理学认为，人类普遍存在着自卑感，因为每个人都有不如别人的一面。过分的自卑感往往使人孤独、离群、缺乏信心和成就感。由于大学生来自全国各地，不少学生在学业、能力、经济等方面感到不如他人，自觉处处矮人一截儿，十分自卑。过分的自卑往往与过分的自尊有关，可以说是一种畸形的、变态的自尊，往往是自尊心屡屡受挫的结果。过分自卑的大学生由于敏感多疑，时时担心别人看不起自己，所以常采取回避、退缩的态度，不敢抛头露面，不愿尝试，害怕自己会做出令人笑话的行动来，影响了他们的进取心、人际交往的主动性和能力的发挥。一位大学生这样表白自己："在我的记忆中，根本搜索不出一件令自己满意的事。我从没想过或发现自己有什么优点。我只觉得自己是糟粕海洋中的一分子。我找不出自己还有什么值得别人欣赏的地方。"

3. 随波逐流。大学里还有一部分同学缺乏独立意识，有着过强的从众心理。他们没有自己的是非观念和独立见解，不敢自己下判断、做决定，对自己的实力没有信心，所以总是随波逐流，人云亦云，盲目地跟着别人走。有的因周围同学一个个成双成对，沉浸在爱的海洋里而羡慕不已，也迫不及待地"下情海"，只怕落得个形单影只；有的见别人抽烟喝酒，唯恐自己不够"有派头"，也效仿之。这种独立性的缺乏，导致大学生创造力受抑制、自主性被阻碍，助长了一些不良风气的蔓延。

大学生在自我意识发展过程中所出现的以上偏差和失误，是大学生心理发展不成熟的表现。

第三节　提升自我效能感

自我效能感影响或决定人们对行为的选择，以及对该行为的坚持性和努力程度；影响人们的思维模式和情感反应模式，进而影响新行为的习得和表现。效能预期越强烈，所采取的行为就越积极，努力程度也就愈强愈持久，情绪更加积极。

【拓展悦读】

“断箭”的故事

春秋战国时代，一位父亲和他的儿子出征打仗。父亲已做了将军，儿子还只是马前卒。又一阵号角吹响，战鼓雷鸣了，父亲庄严地托起一个箭囊，其中插着一支箭。父亲郑重地对儿子说：“这是家袭宝箭，带在身边，力量无穷，但千万不可抽出来。”那是一个极其精美的箭囊，厚牛皮打制，镶着幽幽泛光的铜边儿，再看露出的箭尾，一眼便能认定是用上等的孔雀羽毛制作的。儿子喜上眉梢，贪婪地推想箭杆、箭头的模样，耳旁仿佛有箭嗖嗖地掠过，敌方的主帅应声折马而毙。果然，佩带宝箭的儿子英勇非凡，所向披靡。当鸣金收兵的号角吹响时，儿子再也禁不住得胜的豪气，完全背弃了父亲的叮嘱，强烈的欲望驱赶着他呼一声就拔出宝箭，试图看个究竟。骤然间他惊呆了，一支断箭！箭囊里装着一支折断的箭！

“我一直挎着一支断箭打仗呢！”儿子吓出了一身冷汗，仿佛顷刻间失去支柱的房子，轰然意志坍塌了。

结果不言自明，儿子惨死于乱军之中。

拂开蒙蒙的硝烟，父亲拣起那支断箭，沉重地啐一口道：“不相信自己的能力，永远也做不成将军。”

把胜败寄托在一支宝箭上，多么愚蠢，而当一个人把生命的核心与把柄交给别人，又是多么危险！但是，生活中有不少人，或把成绩的取得寄托在老师身上；或把希望寄托在爸妈身上；或把幸福寄托在儿女身上；或把生活保障寄托在单位身上……

所以说，自己才是一支箭，若要它坚韧，若要它锋利，若要它可以百步穿杨，百发百中，磨砺它、拯救它的都只能是自己——相信自己的能力才是成功的根本保证！

一、自我效能感的含义

自我效能感是人对自己能否成功地进行某一行为的主观判断，即自我能力感。是个体对自己能力的主观感受，而不是能力本身。它包含三层意思：第一，自我效能感是对能否达到某一表现水平的预期，产生于活动发生之前；第二，自我效能感是针对某一具体活动的能力知觉；第三，自我效能感是对自己能否达到某个目标或特定表现水平的主观判断。自我效能感专家、美国斯坦福大学Albert Bandura认为，“人生的基本现实就是它充满了阻碍、不幸、挫折、失败和不公平”，因此，人们需要具备很强的自我效能感才能使自己不被击垮。

积极、适当的自我效能感使人们认为自己有能力胜任所承担的工作，由此将持有积极、进取的工作态度；如果人们的自我效能感比较低，认为无法胜任工作，那么对工作将会产生消极回避的想法，工作积极性将大打折扣。

二、自我效能感的特点

1. 主观性。自我效能感是对自己能否完成某一行为的主观预期，是先于某一行为发生的，不是对某一活动事后结果的追溯，它不是个体实际的行为表现。如果个体认为他能够完成某件事，而且100%能完成这件事，则他的自我效能感高，不管他是不是真能完成这件事。

2. 中介性。自我效能感是人类获得知识、技能、经验和随后行为之间的中介，通过选择、思维、心身反应等中介过程而实现其作用。

（1）影响人们的行为选择。通常，人们选择自以为能胜任的活动和能有效应对的环境，回避感到无能为力的活动和无法控制的环境，通过这种选择，人们顺利完成某项任务或活动。效能期待从结果期待中得到进一步强化，形成良性循环。所以说，自我效能感的高低影响着人们对任务难度、完成任务的条件、工具和环境等的选择。

（2）影响人们的思维过程。自我效能感通过思维过程对个体活动产生自我促进或自我阻碍。一般情况下，自我效能感越强，就越努力，越能够坚持下去，越愿意以更大的努力去迎接挑战。而那些怀疑自身能力的人会松懈，甚至完全放弃。

（3）影响人们的心身反应。自我效能感决定个体的应急状态、焦虑反应和抑郁程度等心身反应过程，进而影响个体的行为及功能发挥。自我效能感低的人与环境作用时，会过多想到个人的不足，夸大困难，产生悲观或自卑情绪。这种悲观或自卑会带来心理压力，使其将注意力转向可能的失败和不利后果的焦虑上，而不是如何有效地运用其能力来实现目标。自我效能感高的人主要将注意力和努力集中于情境的要求上，并被困难激发出更大的努力，进而引发乐观体验。

3. 三维性。自我效能感的发展变化表现在三个维度上：一是水平，水平不同导致个体选择不同难度的任务；二是强度，影响个体对自我能力的判断；三是广度，有的人只在很窄的范围内自我效能高，有的人则在很宽泛的领域中都有良好的自我效能感。

三、影响自我效能感的因素

1. 自我成败经验。自我成败经验是对自我效能感影响最大的因素。一般来说，成功的经验能提高个人的自我效能感，多次的失败会降低自我效能感。因为成功经验越多，就越相信自己的胜任能力，因而效能期望就越高；失败的体验越多，就越怀疑自己的胜任能力，甚至还会产生“习得性无助”，因而效能期望就越低。

譬如，习得性无助的人形成了自我无能的策略，最终导致他们的努力目标是避免失败，而无暇追求成功。他们容易焦虑、恐惧、懒散、怠慢、拖延，或只完成不费力气的任务；他们沮丧，并以愤怒的形式表现出来；面临困难时很快就放弃。

2. 个人成败的归因方式。个人自身行为的成败经验对自我效能感的影响主要通过归因方式实现。如果把成功归因于外部的不可控因素，感觉成功与个人的能力和努力没有关系，就不会增强自我效能感；而如果把失败归因于内部的可控因素，认识到自己有能力弥补不足或过失，就不一定会降低自我效能感，相反，可能还会增强自我效能感。因此，归因方式是直接影响自我效能感的因素。尤其是在一项行动刚刚开始之时的失败，因其不能反映出努力的不足或不利的环境因素，容易使人错误地归因于自己能力的不足。

但不同的人受影响的程度并不一样。对于先前已经具备很强的自我效能感的人而言，偶然的失败不但不会影响其对自己能力的判断，反而能增强其信念。因为他更有可能寻找环境因素，或努力不足和策略方面的可变性内因，他会相信改进后的策略会带来将来的成功。

3. 替代经验。个体自我效能感除了建立在自身成败经验基础上，在很多场合、很多时候要受周围他人成败的替代经验的影响。人的许多效能期望来源于观察他人的替代经验。也就是说，尽管自身还没有亲自经历或体验某件事情，但周围人的经历或体验会给自己一些触动和启示。观察者与榜样的一致性和近似性越高，这种替代经验的影响越大。另外，当一个人对自己某方面的能力缺乏现实的判断依据或知识时，也就是对自身能力不清楚时，这种替代经验的影响力最大。

4. 言语劝说。言语劝说实际上就是说服个体相信自己有能力完成某项活动或任务，通过帮助个体回忆自身成功的经验或失败的教训，正确归因，学习他人的替代经验，以及发现个体优势等，使个体相信自己的能力，树立起自信心，进而提高自我效能感。言语劝说包括他人的评价、鼓励、劝说及自我规劝等，因其简便易行、有效而得到广泛应用。值得注意的是，言语劝说的价值取决于它是否切合实际，缺乏事实基础的言语劝说难以令当事人信服，对自我效能感的影响不大。

5. 情绪唤醒。放松警觉状态是最佳的情绪唤醒状态，这时心身统一，平静安宁，思维活跃，精力充沛且又没有威胁和恐惧，因而自我效能感积极而客观。相反，个体在面临某项活动任务时，情绪激动、过度紧张等通常会妨碍行为的表现而降低自我效能感。比如：考试焦虑过度，不仅不会提升对成功应试的信心，反而会增加对应试失败的担忧和恐惧，导致自卑，甚至会出现某些心理、生理反应，影响临场正常水平的发挥。

6. 情境条件。不同的环境提供给人们的信息是大不一样的。当一个人进入陌生而又易引起焦虑的情境中时，其自我效能感水平与强度就会降低。比如，体育比赛的主场与客场对运动员自我效能感的影响是十分鲜明的。大型考试的提前热身、熟悉环境，在很大程度上就是为了降低情境条件对自我效能感的消极影响。

四、增强自我效能感的措施

1. 寻找积累成功经验的机会。积累成功经验可以增强自信，对自己的能力给予积极正面的评价，从而形成较高的自我效能感。如果个体很少经历成功，则会降低自我效能感。所以，采取措施保证成功、减少失败是很有必要的。

（1）任务难度适中、要求恰当。如果难度太高，超出个人目前的能力，则易导致失败。

（2）客观评价任务难易程度。因为评价任务难易度的主观性很大，所以，成功与否的标准是相对的。不同的人对同一任务的难易度有不同的评价标准。如果标准过高，本来的成功也会被视为失败。

2. 提供与个体有相似性的榜样。榜样的力量是巨大的，榜样与观察者越相似，那么榜样的行为结果对观察者自我效能感形成过程的影响就越大。当一个人看到与自己水平差不多甚至还不如自己的示范者取得了成功，就会增强自我效能感，看到与自己能力不相上下甚至比自己还强的示范者遭遇了失败，就会降低自我效能感，觉得自己也不会取得成功。但要注意：过高的榜样对大多数人来说不具备学习的可行性，而那些身边从平凡走向成功的人，更能成为学习的榜样，更能增强观察者的自我效能感。

3. 充分运用语言的暗示和劝说功能。暗示是一种特殊的心理现象，是权威者运用语言、行为及所创建的环境对人的心理产生影响的过程。通过积极的自我暗示和他人暗示可提高自我效能感。当人们被劝说自己拥有完成任务和工作的能力时，他们更有可能投入更多的精力努力坚持下来。

【拓展悦读】

二战期间，美国心理学家在招募的一批行为不良、纪律散漫、不听指挥的新士兵中做了如下试验：让他们每人每月向家人写一封信，说自己在前线如何遵守纪律、听从指挥、奋勇杀敌、立功受奖等内容。结果，半年后这些士兵发生了很大的变化，他们真的像信上所说的那样去努力了。这种现象在心理学上被称为“自我暗示效应”。我们经常说的给某人“戴高帽”，其实就是给某人暗示，贴上正性标签。美国心理学家贝科尔认为：“人们一旦被贴上某种标签，就会成为标签所标定的人。”

要实施积极的自我暗示，除了要制订切实可行的、可分解的学习目标和可操作的学习计划，还要注意以下环节：

1. 按阶段设置暗示语。在实施自我暗示前，必须根据自己的情况设置积极的暗示语言，如“我今天一定行！”“我明天能做得更好！”等。经过一段时间的暗示训练，当你发现自信心有所提高，每天很充实、快乐时，你就该考虑重新设置自我暗示语了。这个阶段的暗示语不必那么具体，但一定要根据现阶段的状况提出更高要求。暗示语设置好之后，要熟练地背下来，牢记于心。

2. 实施积极的自我暗示。早上起床，精神饱满地站在镜子前，感受自己的状态。如果感觉不是很清醒，可以先暗示自己“我感觉非常有精神，状态很好！”然后，看着镜子中的自己一会儿，想象振奋的感觉由内而外散发出来。下一步，伴随一些体态语（可以握紧拳头，挥舞两下，感受自己的力量），大声说出事先想好的鼓励自己的话，声音一次比一次高。每说一次，你会感觉内心的自信和力量就增加一些。这样说几遍后，你会感觉心情畅快、很轻松、很有劲头儿。每天可以连续说3—5遍。刚开始训练时，需要对你的意志进行控制，一旦养成习惯，每天你会自然地去做。这样，你会逐渐成为一个自信、向上的人。

3. 把暗示融入学习、工作及生活中。积极的自我暗示要落到实处，与日常的学习、工作与生活相结合，才能体验到真正的成功与快乐。

4. 唤起积极的情绪。

（1）增加掌控能力。掌控能力指有效地应对环境的挑战而做出合理行为的自控能力，是自我激励的重要因素。人越有掌控能力，对事情就越有把握，就更积极乐观。

（2）提升正面情绪。正面情绪不但可以提高人的掌控能力，更有助于培育积极思想。如：多回忆成功和愉快的经验，能增加人的积极行为。

（3）正向解释。以正面和乐观的思维去理解事情和因果关系，树立积极的人生观。

（4）管理好时间。科学地安排计划、设置目标、分配时间、检查结果等一系列监控活动，可提升对实施行为的自信心，从而提高自我效能感。

第四节 增强自我发展能力

积极的自我概念，是建立在对现实的自我全面客观认知基础上的，是一种积极态度。它意味着一个人对自我的认同和积极接纳，以及一个人对自我的不断完善和发展。

一、正确认识自我

美国心理学家约翰（Jone）和哈里（Hary）提出了关于人自我认知的窗口理论，被称为乔韩窗口理论（见表4-2）。他们认为自我认识是一个不断探索的过程。每个人的自我都有四部分：“公开我”代表自己知道，别人也知道的领域，对自己和他人都是透明的，这是不能隐瞒的，或者是愿意公开的部分。例如，我是某某，我身高一米七；“盲目我”代表别人知道而自己不知道的领域，人们没有意识到或无意识地在别人面前表现出来的部分，比如一些姿态、习惯动作等，可能你说话很快，自己不觉得，别人却很清楚；“秘密我”代表自己知道而别人不知道的领域，这是人们不愿意在别人面前显露出来的，属于个人隐私，例如惭愧的往事、内心的痛楚等；“未知我”代表自己不知道，别人也不知道的领域，属于待开发部分。

人生的成长目标就是不断减少“盲目我”“秘密我”和“未知我”的领域，扩大“公开我”的部分，那样生活会更加真实和有建设性。一个人的盲目领域越小，对自己的认识就越全面，可以更好地发挥出自己的潜能。

表4-2 乔韩窗口理论

	自知	不自知
他知	公开我	盲目我
他不知	秘密我	未知我

人们可以通过以下几个途径来认识自己：

（一）比较法

比较法分两个方面：一是与他人比较，二是与自己比较。

在与他人的比较时，要注意比较中的主观色彩，要思考：和谁比，是选择比自己强的，还是比自己弱的；比什么，是比可改变的，还是比不可改变的。

【心理实验室】

研究者让被试大学生和另一些竞争对手一起讨论参加工作的问题。在讨论前，被试大学生都接受自尊测试。之后，有一半被试大学生看到的是衣冠不整、仪表一般的竞争对手；另一半被试大学生所接触的是仪表端庄、谈吐文雅之士。讨论后，实验者又对被试大学生作自尊测验。

结果显示：接触到仪表比自己强的竞争者的被试大学生自信心明显下降；而看到仪表不如自己的竞争对手的被试大学生，他们的自信心却大大提高。

这项实验说明了他人是反映自我的镜子，与他人交往接触，是个人获得自我认识的重要来源。

除了与他人的比较，我们还可以通过和自己的比较来认识自我。自我包括过去我、现在我和将来我。

心理学家詹姆斯提出一个公式：自尊=成就/目标。“自尊”可以看作是对现在的自我的态度；“成就”是过去活动的结果，因而代表过去的自我；“目标”即自我为自己设定的目标，因而代表将来的自我。这个公式概括了过去我、现在我、将来我三者的关系。如果已取得“成就”与追求的“目标”一致，甚至高于“目标”，自信心就会较强，标志着现在的自我充满自信，自尊感较强。反之，如果“成就”低于自我设定的“目标”，自信心和自尊感都会降低，并对现在我产生不满意的感觉。因此，一个人过去所取得的成功或失败对个人的自我评价有着重要的影响，并通过此评价影响到整个自我的态度。

（二）他人评价法

俗话说“当局者迷，旁观者清”。别人对自己的态度和评价是认识自己的重要依据之一，犹如一面镜子，可以帮助我们纠正自我认识的偏差，形成较为客观的自我概念。

【心理实验室】

研究者让大学生参加10分钟的会谈。在交谈的前两分钟，主试对大学生的态度反应为中性，两分钟后，通过微笑和声调等非言语行为对一部分大学生表现出感情深厚，对另一部分大学生以冷淡的态度对待。会谈后，让大学生评价他们各自的表现。

结果显示：受到热情接待的大学生比受到冷遇的大学生对自己的评价要高。

怎样获得他人对自己的评价？可以请身边的人帮助完成以下内容，真诚地告诉他们希望听到最客观、最真实的想法，不要为了面子只说好听的。

1. 父亲眼中的我：
2. 母亲眼中的我：
3. 兄弟姐妹眼中的我：
4. 同辈亲戚眼中的我：
5. 老师眼中的我：
6. 同学眼中的我：
7. 朋友眼中的我：
8. 他人眼中的我：

9. 自己眼中的我：

10. 自己理想中的我：

把其他人眼中的我和自己眼中的我、自己理想中的我，做一下比较，看一看，你对自己认识全面吗？你能从中发现自己的优点和不足吗？

二、积极接纳自我

在面对“理想自我”与“现实自我”的差距时，我们最重要的是学会自我接纳。“自我接纳”是指个人对自身及特征所持有的一种积极的态度，既能欣然接受现实中的状况，满意于自己某些长处的同时，也允许自己有很多不足。

生活中，怎样才能更好地自我接纳呢？

（一）爱自己

在许多人的印象中，“爱他人”和“爱自己”似乎是截然对立的。实际上，爱自己是爱他人的前提，自爱的人才有空间、有能力去爱别人。

爱自己，就是对自己宽容，为自己感动，为自己流泪，允许自己犯错误。也许你都爱过一位老师，爱过一个婴儿，爱过一朵花、一首歌。其实，只要你把这种爱注入自己的心灵，给自己带来温暖与力量，让生命的活力重新循环流动，你就能获得解脱。

（二）无条件地接纳不完美的自己

完美只是一个概念，每个人都是有缺陷的人，都有长处、有不足，要学会面对不完美的自己，接受有缺憾的自己。一个能接受自己缺陷的人，才有可能接受他人。很多人以为只有具备某种条件，如漂亮的外表、优秀的学习成绩、过人的专长、出色的业绩等，才能获得被自己和他人接纳的资格，因此背上了自卑的包袱。由于曾经被挑剔，也就逐渐习惯用挑剔的眼光看待自己，越看越觉得无法接受。接纳自己就是无条件、无批判地接受自己的现状。自我接纳是人天生就拥有的权利。

（三）停止与自己对立

“停止与自己对立”是指停止对自己的不满和批评。我们要学习站在自己这一边，维护自己生命的尊严和价值。停止苛求自己，允许自己犯错误。但是犯错后要吸取教训，努力做到吃一堑，长一智。

1. 以建设性的态度和方法对待自己的弱点和错误。我们要学会正视自己的弱点，千万不要把时间花在自责和沮丧上，而是把时间集中在怎样改正上，从修正错误中学习，这样就可以少走弯路。

2. 停止否认或逃避自己的负性情绪。先坦然地承认并且接纳自己的负性情绪，不论它是沮丧、愤怒、焦虑、还是敌意。人产生负性情绪是很正常的，它提醒你对现状要有所警觉，是改变现状的先决条件。如果一个人不为自己的成绩差而沮丧，他就不会想努力学习；如果一个人不为和别人的矛盾而苦恼，他就不知道自己的人际交往方式需要调节。在接纳的基础上，想办法解决引起负性情绪的问题，并告诉自己："不论产生什么样的负性情绪，我都选择正视、关注并体验它，我将从中了解自己的思想，并建设性地解决问题。"

（四）做好自己

每个人都是这个世界上独一无二的、最独特的那一个，我们要学会只做自己。如果你拥有一个稀世之宝，你会如何珍惜它呢？你是否想过，你自己本身也是绝无仅有，独一无二的。你的外表、动作、个性和思维都是唯一的，过去没有，现在没有，将来也不会有其他的人跟你一模一样。在这天地之中，你就是你，无人可以取代！我们的遗传、环境、经历和经验造就了我们自己。无论他是什么样子，我们都要接纳他，喜欢他，珍视他。

【拓展悦读】

第十六届美国总统亚伯拉罕·林肯出身于一个鞋匠家庭，而当时的美国社会非常看重门第。林肯竞选总统前夕，在参议院演说时，遭到了一个参议员的羞辱。那位参议员说："林肯先生，在你开始演讲之前，我希望你记住你是一个鞋匠的儿子。""我非常感谢你使我想起了我的父亲，他已经过世了，我一定会永远记住你的忠告，我知道我做总统无法像父亲做鞋匠一样做得那么好。"参议院陷入一阵沉默，林肯转头对那个傲慢的参议员说："就我所知，我的父亲从前也为你的家人做过鞋子。如果你的鞋子不合脚，我可以帮你改正它。虽然我不是伟大的鞋匠，但我从小就跟随我父亲学到了做鞋子的技术。"然后，他又对所有的参议员说："对参议院的任何人都一样，如果你们穿的那双鞋子是我父亲做的，而它们需要修理或者改善，我一定尽力帮忙。但是有一件事是可以肯定的，我无法像他那么伟大，他的手艺是无人能比的。"说到这里，所有嘲笑都化成了真诚的掌声。

林肯不以父亲是鞋匠为耻，而是向参议员们传达了这样的信念：每个人，只要做最好的自己，就值得拥有别人的尊重。也是这样的理念，使林肯最终赢得了大家的赞同与拥护。

三、有效控制自我

（一）建立积极的自我意象

自我意象就是“我属于哪种人”的自我观念，它建立在人们对自身的认知和评价基础上。一般而言，个体的自我信念都是根据自己过去的成功或是失败，他人对自己的反应，特别是童年经验而不自觉地形成的。根据这些，人们心里便形成了“自我意象”。

【拓展悦读】

自我意象——生命走向的指南针

心理学家马尔慈说，人的潜意识就是一部“服务机制”——一个有目标的电脑系统。而人的自我意象，就犹如电脑程序，直接影响这一机制动作的结果。如果你的自我意象是一个失败的人，你就会不断地在自己内心的“荧光屏”上看到一个垂头丧气、难当大任的自我；听到“我是没有出息、没有长进”之类的负面信息，然后感受到沮丧、自卑、无奈与无能，而你在现实生活中便会“注定”失败。相反，如果你的自我意象是一个成功人士，你会不断地在你内心的“荧光屏”上见到一个充满自信、不断进取、敢于经受挫折和承受强大压力的自我；听到“我做得很好，我以后还会做得更好”等鼓舞人心的信息，然后感到喜悦、自尊、快慰与卓越，而你在现实生活中便会“注定”成功。

自我意象的确立是十分重要的，其正性或负性倾向是人们的生命走向成功或失败的方向盘、指南针。高、低自我意象对比见下表4–3。

表4–3　高自我意象与低自我意象的对比

高自我意象	低自我意象
接纳自我	否定自我
喜欢和尊重自己	不尊重和讨厌自己
有安全感、自我肯定	不安全、怀疑自己
清楚个人的能力	不清楚个人的能力
独立自主、自律	依赖他人、情绪化
对自己的行为负责	逃避责任

（续表）

高自我意象	低自我意象
对自己有恰当的期望	没有恰当的期望
有勇气开放、表达自己	羞怯、不敢表达自己
对自己的成就感到自豪	害怕成功

（二）克服影响自我意识发展的不良心理因素

1. 过分追求完美。每个人都希望自己是完美的，也都不同程度地追求自我完美。追求完美是人类健康向上的本能，它是一种进步的推动力，但过分追求完美则会引起自我适应的障碍。其一，过分追求完美的人对自己持有过高的要求，期望自己完美无缺，却不考虑自己的实际情况，因而完美的期望必然遭受挫折，从而增加了适应的困难。其二，过分在意自己“不完美”的地方，甚至把一种普遍存在的问题看成是自己不完美的表现而过于苛求自己，从而严重影响了自己的情绪和自信心，使自我适应和认识更加困难。克服“完美主义”的方法和途径：

（1）树立正确的认知观念。人无完人，不可能十全十美。一个人应该接纳自己，并肯定自己的价值，既不自以为是也不妄自菲薄。

（2）建立合理的评价参照体系和立足点。不同程度的自我评价（相符的、过高的、过低的）可以激发或者压抑人的积极性。以弱者为参照会自大，以强者为标准会自卑。因而人应该选择合适的标准，更重要的是以自己为标准，按照自己的条件评定自己的价值。

（3）合理恰当。日标符合自己的实际能力，不苛求自己，不被他人的要求所左右。必须明确自己的期望是什么，以及这种期望的来源是自我的本身能力和需要，还是从满足他人的期望出发。只有明确这一点，才可以真正地认清自己，规划正确的发展方向，最终建立独立的自我。

2. 自卑。自卑是在对自己过低的、不切实际的评价基础上形成的一种消极的、否定的情感，往往是自尊屡屡受挫的结果。这类人自我认识不客观，只看到自己的缺点而忽略了自己的长处，不喜欢自己，不能容忍自己的缺点和不足，否定、抱怨、指责自己，看不到自己的价值，感到处处低人一等，丧失信心，严重的还可能由自我否定发展为自我厌恶甚至走向自我毁灭。过高的自尊心和过强的自卑感是密切联系，互为一体的。那些自尊心表现越外显、越强烈的人往往是非常自卑的人。摆脱自卑心理的困扰，我们可以从以下几个方面来克服：

（1）认识自卑的危害，有改变自己的勇气和决心。自卑心理对人的发展有非常消极的影响，它是潜藏在人的内心、吞噬人心灵的恶魔，我们一旦被自卑所侵扰，心灵便没有了晴天，潜力的发挥会受阻，难以适应环境的变化，躯体症状就会找上门来。因此，我们要充分认识自卑心理的危害，拿出勇气和决心改变自己。

（2）坦然面对自己的不足和缺陷。只有坦然面对自己的不足和缺陷，才能从内心进行自我调整和改变。如个子矮小的人，往往对自己的身材不满意，总觉得矮人一截。诚然，矮子变高已不可能，挺起胸膛做人却是可以做到的事。一个心地善良、作风正派的人，其轩昂的气宇与良好的精神面貌，足以弥补身材不高或某种生理上的不足。贝多芬只有一米六三，并没有影响他成为一代乐圣；康德只有一米五二，也没有影响他成为一代哲学大师。因此，对于身材矮小或生理有缺陷的人，只要不执著于自己这些生理上的不足，就可以极大地减轻这种心理负担。

（3）运用积极的自我暗示。暗示是用含蓄的间接方式，对别人和自己的心理及行为产生影响。发明大王爱迪生曾说：“假如心中一直想要做某一件事，那么，最后一定能随心所欲地去做这件事。”自我暗示或自我鼓励，往往能产生意想不到的效果。如果一个人总是有“我不如别人”“我不行，是个差劲的家伙”这些消极的想法，就会对其行为产生不良影响。相反，如果随时对自己进行“这难不倒我，我一定能做得到”“别人行，我也行”的积极暗示，则会信心倍增。实践证明，积极的自我暗示对于提高自信心，克服各种心理不适有非常重要的作用。

（4）进行积极的自我评价。自卑的本质就是自我评价过低，而且这种评价往往是歪曲的、不合理的，表现为在某一事件失败的基础上对自己的能力和价值作出普遍性的否定。正确的做法应是全面、客观、辨证地看待别人和自己，力求认识到人无完人、不可能十全十美。人不应该以自己的弱项与别人的强项比。除此之外，还应该对某一行为进行具体、积极的分析和评价，不能以偏概全。

（5）充分利用补偿作用。一个人如果在某些方面自觉不足，他可以发奋努力，通过取得另一方面的成就进行补偿，这就是所谓的“失之东隅，收之桑榆”的补偿作用。这种作用尤其对那些因长相或身体残疾等不可改变的现实条件而产生自卑感的人有较好的效果。他们可以将注意力转移到自己感兴趣、也最能体现自己才能的活动中，强化自己的优势以增强自信，用成就使倾斜的心理天平恢复平衡。

3. 自我中心。所谓自我中心，即人在观察事物或考虑问题时，以个人主观想法去对待有关事物，不能考虑他人观点和内心需求的一种心理状态。

以自我为中心的人常自以为具有无穷的力量，自己是完全正确、无所不能的，完全有能力按照自我的设想来改造社会和世界，使之达到理想的境界。凡事从自我出发，不能设身处地进行客观思考，只关心自己，不顾及他人的感受和需要，喜欢把自己的意志强加于人。因此，人际关系大多不和谐，做事难以得到别人的帮助，易遭挫折。以下一些方法可以帮助克服自我中心：

（1）摆正自己的位置，既重视自己也不贬抑他人，自觉地把自己和他人、集体结合起来，走出自我的小天地。

（2）实事求是、恰如其分地评估自己，既不妄自菲薄，也不高抬自己。

（3）学会共情，设身处地从他人的角度思考问题，尊重他人感受，关心他人。

【自我探索】

测验一　自我和谐量表（SCCS）

下面是一些个人对自己看法的陈述，填答时，请您看清每句话的意思，然后选择一个答案，以代表该句话与您现在对自己的看法相符合的程度。每个人对自己的看法都有其独特性，因此答案是没有对错的，您只要如实回答就行了。

A. 完全不符合　B. 比较不符合　C. 不确定　D. 比较符合　E. 完全符合

1. 我周围的人往往觉得我对自己的看法有些矛盾。

2. 有时我会对自己在某方面的表现不满意。

3. 每当遇到困难，我总是首先分析造成困难的原因。

4. 我很难恰当表达我对别人的情感反应。

5. 我对很多事情都有自己的观点，但我并不要求别人也与我一样。

6. 我一旦形成对事物的看法，就不会再改变。

7. 我经常对自己的行为不满意。

8. 尽管有时得做一些不愿做的事，但我基本上是按自己的愿望办事的。

9. 一件事情好就是好，不好就是不好，没有什么可以含糊的。

10. 如果我在某件事上不顺利，我就往往怀疑自己的能力。

11. 我至少有几个知心的朋友。

12. 我觉得我所做的很多事情都是不该做的。
13. 不论别人怎么说，我的观点决不改变。
14. 别人常常会误解我对他们的好意。
15. 很多情况下我不得不对自己的能力表示怀疑。
16. 我的朋友中有些是与我截然不同的人，这并不影响我们的关系。
17. 与别人交往过多容易暴露自己的隐私。
18. 我很了解自己对周围人的情感。
19. 我觉得自己目前的处境与我的要求相距太远。
20. 我很少去想自己所做的事是否应该。
21. 我所遇到的很多问题都无法自己解决。
22. 我很清楚自己是什么样的人。
23. 我能很自如地表达我想表达的意思。
24. 如果有了足够的证据，我也可以改变自己的观点。
25. 我很少考虑自己是一个什么样的人。
26. 把心里话告诉别人不仅得不到帮助，还可能招致麻烦。
27. 在遇到问题时，我总觉得别人都离我很远。
28. 我觉得很难发挥出自己应有的水平。
29. 我很担心自己的所做所为会引起别人的误解。
30. 如果我发现自己在某些方面表现不佳，总希望尽快弥补。
31. 每个人都在忙自己的事情，很难与他们沟通。
32. 我认为能力再强的人也可能会遇上难题。
33. 我经常感到自己是孤立无援的。
34. 一旦遇到麻烦，无论怎样做都无济于事。
35. 我总能清楚地了解自己的感受。

计分办法及结果解释：

计分办法：各分量表的得分为其包含的项目分直接相加（A、B、C、D、E分别记1、2、3、4、5分，反向积分题目为A、B、C、D、E分别记5、4、3、2、1分），三个分量表包含的项目及题号如下表所示：

表4–4

	包含题目	大学生常模	自测分数
自我与经验的不和谐	1、4、7、10、12、14、15、17、19、21、23、27、28、29、31、33，共16项。	46.13 ± 10.01	
自我的灵活性（反向计分）	2、3、5、8、11、16、18、22、24、30、32、35，共12项。	45.44 ± 7.44	
自我的刻板性	6、9、13、20、25、26、34，共7项。	18.12 ± 5.09	

结果解释：

1. 自我与经验的不和谐：反映的是自我与经验之间的关系，包含对能力和情感的自我评价、自我一致性、无助感等，它所产生的症状更多地反映了对经验的不合理期望。

2. 自我的灵活性：与敌对和恐怖有显著相关，可以预示自我概念的刻板和僵化。

3. 自我的刻板性：不仅同质性信度较低，而且与偏执有显著相关。

三个分量表的得分相加，得分越高自我和谐度越低。在大学生中，低于74分为低分组，75～102分为中间组，103分以上为高分组。

测验二　测测你的自控力

指导语：请在你所选的答案上画“√”，然后按计分表计算自己的得分，看看你属于哪一类人，应当怎样改进。

1. 我常常会无缘无故地自言自语。（　　）

A. 常常如此　　B. 偶然如此　　C. 从不如此

2. 无论是学习、工作、饮食或外出游览，我总是（　　）。

A. 匆匆忙忙，不能尽兴　　B.介于AC之间　　C. 从容不迫

3. 在度假时，我更喜欢参加一个画家写生班，而不愿听人家辩论。（　　）

A. 是的　　B. 不一定　　C. 不是的

4. 在需要当机立断时，我总是（　　）。

A. 镇静地运用理智　　B. 介于AC之间　　C. 常常紧张兴奋

5. 在嘈杂喧闹中，我仍然可以做到不受干扰，专心工作。（　　）

A. 是的　　　　　　　　B. 不一定　　　　　　　　C. 不是的

6. 当朋友声明他要在家休息时，我仍设法使他同我一起到外面游玩。(　　)

A.是的　　　　　　　　B. 不一定　　　　　　　　C. 不是的

7. 即使有人和我意见不和，我仍能跟他搞好团结。(　　)

A. 是的　　　　　　　　B. 不一定　　　　　　　　C. 不是的

8. 有两份工作：一份工资较高但不一定有保障，另一份工资低但有保障，我宁愿选择前者。(　　)

A. 是的　　　　　　　　B. 不一定　　　　　　　　C. 不是的

9. 在参加讨论会时，我能把握住自己的立场。(　　)

A. 总是　　　　　　　　B. 经常如此　　　　　　　C. 必要时才能如此

计分方法：

1，2，6，8题选A得“0”分，选B得“1”分，选C得“2”分；3，4，5，7，9题选A得“2”分，选B得“1”分，选C得“0”分。

结果说明：

总分13—18分：通常言行一致，能够合理支配自己的感情、行动，为人处事能保持自尊心，赢得别人重视。有时则太固执己见。

总分9—12分：基本上能做到言行一致，但有时不免做出自相矛盾的事，要学会把握自己。

总分0—8分：通常不能克制自己，又不能尊重礼俗，更不能考虑别人的需要。充满矛盾，却又无法解决。要努力克制自己的不良行为。

【训练与体验】

训练一　小小动物园

目的：促进了解自我和他人，学习接纳每个人的独特性。

形式：分组，每组8—12人。

材料：彩色卡片、笔。

过程：

1. 每人在卡片上写下一种能代表自己的动物名称。

2. 所有人写完后，同时出牌，先看看在这个小小动物园里都有哪些动物，哪些与自己相似，哪些不同，体验自己在这个动物园的感受。

3. 小组成员轮流介绍自己为什么会选出这个动物代表自己。其他人可以有不同的回应，以促使当事人进一步思考。

4. 团体分享：

（1）你在这个小小动物园中的感受如何?

（2）对他人的代表动物有何感想？你能够接受吗?

训练二　自画像

目的：促进自我认识和自我觉察。

形式：两人为一组。

材料：图画纸、彩水笔或油画棒。

过程：

1. 每人1张图画纸，中间对折；一半代表现实中的自己，画在纸的一边；另一半代表理想中的自己，画在另一边；展开比较，觉察二者有何不同。两人之间分享。

2. 每人1张图画纸，中间对折；一半代表自己心目中的自我，画在纸的一边；另一半代表别人眼中的自己，画在另一边；展开比较，觉察二者有何不同。两人之间分享。

3. 团体分享：通过自画像，你认为自己今后应该如何完善自我?

训练三　团体心理绘画分析

目的：帮助个体认识和觉察自己在团体里的表现，学会理解、接纳和感恩别人。

形式：分组，每组4人。

材料：图画纸、彩水笔或油画棒。

过程：

1. 第一次绘画。

（1）每人挑选一只彩色的笔，注意中间不能再换；

（2）4人同时在一张纸上绘画，注意不能交流；

（3）分享：4人轮流解释自己画的内容和用意，对其他3人给予感谢和赞赏（注意不能批评）。

（4）取名字：4人共同商议，为小组作品取一个满意的名字。

2. 第二次绘画。

（1）同上，但可以重新挑选彩笔。

（2）分享：两次画的内容有什么不同？你有哪些变化？你更喜欢哪一幅？为什么？

3. 团体分享：每个小组选一名代表分享体会和感受，领导者简单讲解。

4. 第三次绘画。

（1）同上，但可以重新挑选彩笔。

（2）分享：这次与前两次画的内容有什么不同？你有哪些改变？

【阅读与欣赏】

成长的苹果树

一棵苹果树，终于结果了。

第一年，它结了10个苹果，9个被拿走，自己得到1个。对此，苹果树愤愤不平，于是自断经脉，拒绝成长。第二年，它结了5个苹果，4个被拿走，自己得到1个。“哈哈，去年我得到了10%，今年得到20%！翻了一番。”这棵苹果树心理平衡了。

但是，它还可以这样：继续成长。譬如，第二年，它结了100个果子，被拿走90个，自己得到10个。

很可能，它被拿走99个，自己得到1个。但没关系，它还可以继续成长，第三年结1000个果子......

其实，得到多少果子不是最重要的。最重要的是，苹果树在成长！等苹果树长成参天大树的时候，那些曾阻碍它成长的力量都会微弱到可以忽略。真的，不要太在乎果子，自我成长是最重要的。

启示：

你是不是一棵自断经脉的“苹果树”？

刚开始工作的时候，你才华横溢，意气风发，相信“天生我才必有用”。但现实很快敲了你几个闷棍，或许，你为单位做了大贡献没人重视；或许，只得到口头重视却得不到实惠；或许……总之，你觉得就像那棵苹果树，结出的果子自己只享受到了很小一部分，与你的期望相差甚远。

于是，你愤怒、你懊恼、你牢骚满腹……最终，你决定不再那么努力，让自己的所做匹配自己的所得。几年过去后，当你反省，发现现在的你，已经没有刚工作时的激情和才华了。

“老了，成熟了。”我们习惯这样自嘲。但实质是，你已停止成长了。

这样的故事，在我们身边比比皆是。之所以犯这种错误，是因为我们忘记生命是一个历程，是一个整体，我们觉得自己已经成长过了，现在到了该结果子的时候。我们太在乎一时的得失，而忘记了成长才是最重要的。

好在，这不是金庸小说里的自断经脉。我们随时可以放弃这样做，继续走向成长之路。

切记：

如果你遇到了不懂管理、野蛮管理或错误管理的上司或单位，那么，一定要提醒自己：千万不要因为激愤和满腹牢骚而自断经脉。不论遇到什么事情，都要做一棵永远成长的苹果树，因为你的成长永远比每个月拿多少钱重要。

【电影赏析】

《跳出我天地》

影片简介：1984—1985年，在英国矿工大罢工时期，12岁的英格兰北方小男孩比利·艾略特的家人是英国的底层矿工。他们参加罢工，挣扎在贫困的生活中，并认为比利应该学些男人的拳术。比利本来每周都去一次拳击班，因为一次小意外，比利发现了潜意识中对芭蕾舞的热爱；挑剔世故的芭蕾舞老师威尔金森无意中发现了比利极具芭蕾天赋。二人一拍即合，威尔金森把全部心思放在培养小比利上。可是比利的家庭全然不理解儿子为何爱上女生的玩意。因为家人的反对，比利站在一个十字路口，选择着他的人生……

心灵分享：《跳出我天地》是一部极佳的励志影片，演绎了一个小男孩对芭蕾艺术执著的爱，克服重重困难，最终战胜贫困和偏见，实现自我的故事。影片中有很丰富的跳舞镜头，有小男孩在大街上奋力跳动，使劲地踏击街道，双手快速地拍击铁栏杆，奏出活泼的生命律动。比利开始学习芭蕾舞时，就是从基本的原地转圈开始练习的，于是比利刚学时不断跌倒、摔跤，甚至在狭窄的浴室中他也练习转圈。这么多的转圈、跳跃的镜头，也是因为生活就是不断地绕圈圈，不断地想超越自己，跳出自己的框架。比利的家庭并没有让他受到良好的文化教育，面对英国皇家芭蕾学院主考官们的提问：“你在跳舞的时候，有什么感受？”紧张的比利用干燥生涩的声音说：“我不知道。”直到最后一刻，鼓起勇气的他才说：“觉得很好，有一点僵硬，但只要一跳舞，我就会忘记全部事情，一切都消失了，感觉身体在改变，有一把火在里面，我像一只鸟一样在飞翔。”比利的奋力舞动，再加上天赋，使之最终成为第一位进入英国皇家芭蕾舞学院的男生。

第五章　管理情绪与压力

生气的骆驼

沙漠中，一只骆驼缓慢地走着，时值中午，太阳火辣辣地烤着，烤得它饥渴难耐，焦躁万分，骆驼因此而积累了不少火气，不知道如何发泄。

偏偏就在这时，骆驼的脚掌被一小块儿玻璃瓶的碎片硌了一下，一肚子怒火无处发泄的骆驼顿时爆发了。它怒气冲冲地抬起脚，狠狠地把碎片踢了出去，结果不小心将脚掌划开了一道深深的口子，它的鲜血顿时染红了沙砾。

骆驼心里更火了，它一瘸一拐地走着，一路的血迹引来了空中的秃鹫。秃鹫叫着，在骆驼上方的天空中盘旋，骆驼心里一惊，想赶快逃跑。于是不顾伤势狂奔起来，在沙漠上留下一条长长的血痕。终于跑到沙漠边缘时，浓重的血腥味道引来了附近沙漠里的狼，骆驼疲惫无力，加之流血过多，只得像只无头苍蝇般东奔西跑，仓皇中，骆驼躲到了一处食人蚁的巢穴附近，鲜血的腥味儿又惹得食人蚁倾巢而出，黑压压地向骆驼扑过来。眨眼间，就像一块黑色的毯子一样把骆驼裹得严严实实的。不一会儿，可怜的骆驼就倒在了地上，鲜血淋漓。

临死前，这个庞大的骆驼后悔不已："我真是愚蠢啊，竟然跟一块小小的碎玻璃过不去，白白送了自己的性命！"是啊，何必生气呢？

"我们来此一生，就是要喜悦地活出自己。你可知道，原来情绪是指引我们活出自己，活出喜悦的关键。每一个情绪，都是实现自我、获得幸福成功的契机。"在埃斯特·希克斯和杰瑞·希克斯夫妇的《情绪的惊人力量》一书中，非常鲜明地指出了情绪在人生命中的重要性。身为大学生，要能正确认知、有效管理和控制自己的情绪，这样才能在快节奏、强压力的社会生活中，保持稳定的情绪、处变不惊、游刃有余，才能与快乐为伴，与成功为伍。

第一节　情绪概述

情绪在我们的生活中随处可见，我们所有的心理活动都伴随着一定的情绪状态，有时平静，有时起伏；有时放松，有时紧张；有时烦恼，有时快乐……直接影响着我们的生活质量和身心健康。

一、情绪及构成

（一）情绪的概念

俗语说：“人非草木，孰能无情。”人的一切活动无不打上了情绪的印迹，每个人都会有喜、怒、哀、乐的情绪体验。所谓情绪是指个体对客观事物是否符合自己的需要而产生的态度体验。

人们在进行认识和活动的过程中，总要和客观事物发生各种各样的联系，并对它们产生不同的态度，这种态度又以带有独特色彩的体验形式表现出来。例如，考试取得好成绩使人感到轻松、愉快，失去亲人则会悲哀、痛苦，遭人打骂会感到愤怒、敌意，处境危急时则感到焦虑、恐惧。这些喜、怒、悲、惧等，都是带有独特色彩的态度体验，是由人对事物的不同态度决定的。

人对客观事物采取何种态度，要看它是否符合和满足人的需要。与人的需要毫无关系的事物，不会引起任何细微的情绪体验；只有那些与人的需要紧密相连的事物，才能令人产生种种情绪和情感体验。凡是能够满足人的需要或符合人的愿望的事物，就使人产生肯定的态度，引起积极的体验，如愉快、喜悦、满意、爱慕、尊敬等；反之，凡是不符合需要或与意愿相违背的事物，则会使人产生否定的态度，引起消极的体验，如不愉快、愤怒、憎恨、恐惧、悲哀、羞耻等。

有时，即使是同一件事物，由于不同人的需求不一样，也可能引起不同的内心体验。如同是一轮圆月，恋爱中的情侣看到它时，体会到愉悦、爱慕的美好情感，而独在异乡的游子却被勾起无尽的思乡愁绪。此外，由于客观事物和人的需要的复杂性，一件事物可以其不同的方面与人的需要同时处于不同的关系之中，因而产生诸如百感交集、悲喜交加等复杂甚至矛盾的情绪和情感体验。

（二）情绪的构成成分

情绪不同于认知。感知、记忆、思维等认知活动反映了人或事物的属性及其联系；而情绪不是对活动的反映，它是一种主观体验。情绪是人对反映内容的一种特殊的态度，它是由主观体验、外部表现和生理唤起构成的。

1. 主观体验。主观体验是个体对不同情绪和情感状态的自我感受。每种情绪都有不同的主观体验，它们代表了人们不同的感受，构成了情绪的心理内容。情绪引起的主观感受具有两极性的特点，表现为积极的和消极的、紧张的和轻松的、激动的和平静的。积极的主观感受可以提高人的活动能力，如愉快的主观感受驱使人积极的行动；消极的主观感受则会使人的活动能力下降。

2. 外部表现（表情）。情绪具有独特的外部表现形式，即表情，具体指面部表情、体态表情和言语表情。表情在情绪活动中具有独特作用，是情绪本身不可分割的发生机制，也是传递情绪信息的外在表现。如有的人遇到伤心、悲痛的事就捶胸顿足、呼天抢地，遇到高兴的事就手舞足蹈。

面部表情是各种表情中最丰富的。心理学家艾克曼的实验证明，人脸的不同部位具有不同的表情作用。例如，眼睛对表达忧伤最重要，口部对表达快乐与厌恶最重要，而前额能提供惊奇的信号，眼睛、嘴和前额等对表达愤怒情绪很重要。林传鼎的实验研究证明：口部肌肉对表达喜悦、怨恨等情绪比眼部肌肉重要；而眼部肌肉对表达忧愁、惊骇等情绪则比口部肌肉重要。汤姆金斯假定存在八种原始的情绪：兴趣、欢乐、惊奇、痛苦、恐惧、羞愧、轻蔑、愤怒，并假定每种情绪都是在先天性的皮层下神经（丘脑）的控制下出现的一种面部肌肉反应，因而有相应的面部表情模式（见表5-1）。

表5-1　　情绪与面部模式

情绪	面部模式
兴奋	眉眼朝下、眼睛追踪着看、倾听
欢乐	笑、嘴唇朝外朝上扩展、眼笑（环形皱纹）
惊奇	眼眉朝上、眨眼
痛苦	哭、眼眉拱起、嘴朝下、有泪有韵律的啜泣
恐惧	眼发愣、脸色苍白、脸出汗、发抖、毛发竖立
羞愧-羞辱	眼朝下、头低垂
轻蔑-厌恶	冷笑、嘴唇朝上
愤怒	皱眉、眼睛变狭窄、咬紧牙关、面部发红

3. 生理唤起。生理唤起是指伴随着情绪而产生的生理反应。它的表现形式多种多样，包括皮肤电反应（如皮肤的觉醒水平、温度、活动水平）、循环系统的反应（如脉搏、血管容积的变化、血压）、呼吸（如呼吸比率、呼吸次数）、脑电波、生化指标的变化等。在不同的情绪体验和情绪强度下，其生理唤起的水平会有所差异。在对生理唤起的综合使用中，人们研制出了各种生理记录仪来记录人体的生理变化，其中非常典型的代表就是测谎仪，为案件审理提供辅助参考。

二、情商（EQ）

（一）认识情商

情商，即情绪智力，是在觉察、识别、认识、理解、调节、控制和运用自我情绪（喜怒哀乐）和他人情绪的过程中所表现出来的智慧——有节有度。“情商”概念的提出最早可追溯到20世纪60年代的情绪智力，简称为EI（情智）。1995年，由时任《纽约时报》的科学记者丹尼尔·戈尔曼出版的《情商：为什么情商比智商更重要》一书，引起了全球性的EQ研究与讨论，因此，丹尼尔·戈尔曼被誉为“情商之父”。此书于1997年被引入中国，引发全国大讨论，“情商”成为耳熟能详的一个名词。丹尼尔·戈尔曼认为情绪智商包含五个主要方面：

1. 认识自身情绪的能力。认识情绪的本质就是自我觉知，是情感智商的基石。当人们出现了某种情绪时，应该承认并认识这种情绪，而不是躲避或推脱。只有对自己的情绪有更大的把握性时才能成为生活的主宰，才能更好地指导自己的人生，更准确地决策婚姻、职业等大事；反之，不了解自身真实情绪的人，必然沦为情绪的奴隶。

2. 妥善管理情绪的能力。情绪管理是指能够自我安慰，能够调控自己的情绪，使之适时、适地、适度。这种能力具体表现在通过自我安慰和运动放松等途径，有效地摆脱焦虑、沮丧、愤怒、烦恼等消极情绪的侵袭，不使自己陷于情绪低潮中。这方面能力较匮乏的人常需与低落的情绪交战；而这方面能力高的人可以从人生挫折和失败中迅速走出，重整旗鼓，迎头赶上。

3. 自我激励的能力。自我激励的能力是指能将情绪专注于某项目标上，为了达到目标而调动、指挥情绪的能力。任何方面的成功都必须有情绪的自我控制——延迟满足、控制冲动、统揽全局。拥有这种能力的人能够集中注意力、自我把握、发挥创造力、积极热情地投入工作，并能取得杰出的成就。缺乏这种能力的人，则易半途而废。

4. 认识他人情绪的能力。认识他人情绪的能力即移情的能力，是指在自我认知的基础上发展起来的最基本的人际技巧。它是最基本的人际关系能力。具有这种能力的人，能通过细微的社会信号敏锐感受到他人的需要与欲望，能分享他人的情感，对他人处境感同身受，又能客观理解、分析他人情感。此种能力强者，特别适合从事监督、教学、销售与管理的工作。

5. 人际关系的管理能力。人际关系的管理能力实际上就是管理他人情绪的艺术，是调控与他人的情绪反应的技巧。这种能力包括展示情感、富于表现力与情绪感染力，以及社交能力（组织能力、谈判能力、冲突能力等）。它可以强化一个人的受欢迎程度、领导权威、人际互动的效能等。能充分掌握这项能力的人，常是社交中的佼佼者；反之则不易与人协调合作。因此，一个人的人缘、领导能力及人际和谐程度，都与这项能力有关。

（二）情商的重要作用

情商的高低与大学生的成才、发展关系密切。20世纪初，心理学家特曼进行了一项大规模的追踪调查研究。他用测查智商的方法，选出了1500名平均智商为 151的超常儿童，对他们连续进行了30年的追踪研究。结果发现，许多智商很高的孩子，长大后一无所成。之后他从男性受试者中各抽出150名成就最大的和成就最小的进行比较，分析发现，两部分人的智力水平没有明显的差别，差别就在于情绪智力的高低。美国心理学家曾对伊利诺伊州一所中学几十位优秀毕业生进行过跟踪研究，这些学生的平均智商（即语言和逻辑分析能力）是全校之冠，学习成绩也都很好。但是，他们年近30岁时大都表现平平，中学毕业十年后，只有1/4的人在本行业中达到同龄最高阶层，甚至很多人的表现远远不如同行。研究表明，这些高智商者失败的最重要原因还是情绪智力的缺乏。大量实证研究表明，情绪智力对个体的人生成就有重大影响。

戴尔·卡耐基有句名言：“一个人事业的成功，只有15%取决于你的智力因素，85%取决于你的情绪智力。”因此，当代大学生要努力提高自己的情商水平。

我国国内学者认为高情商的大学生具有以下特点：

1. 了解自己的情绪：能及时察觉自己的情绪，了解产生情绪的原因。

2. 控制自己的情绪：掌握情绪调节的各种方法，善于摆脱消极情绪，消除刺激情绪的根源。

3. 学会自我激励：懂得整理情绪，确定切实可行的目标，并朝着一定的目标努力，培养克服困难的信心和能力，善于自我鼓励、自我监督、自我教育。

4. 了解别人的情绪：理解别人的感觉，察觉别人的真正需要，具有同情心。

5. 维系融洽的人际关系：能够理解并适应别人的情绪，理解、包容、大度，积极处理人际交往中的问题，主动与人沟通。

6. 正确面对挫折：认识挫折的普遍性，能够理智地面对、归因挫折，掌握对应挫折的基本技能。

第二节　情绪与健康

一、情绪健康的标准

健康的情绪是健全人格的必要条件之一，情绪好坏直接影响心理健康。所谓情绪上的成熟，是指一个人的情绪的发展、反应水平和自我控制能力符合年龄和社会的要求，为社会所接受。

对大学生来说，情绪健康具体表现为：情绪的基调是积极、乐观、愉快、稳定的，对不良情绪具有自我调控能力，情绪反应适度；高级的社会情感（理智感、道德感、美感等）能得到良好的发展。

积极情绪是情绪的重要维度，它与个体的心理健康有着密切的关系。心理学实证研究认为，体验到较高程度积极情绪的人有以下表现：在对自己和他人的正面知觉方面，态度更积极，自尊更高；在社会性和活动性方面，有开放和外向的人格特质，社会活动中的优越性、亲密性高，更易获得成功的社会关系；在亲社会行为方面，更倾向于利他、慷慨和慈善；在工作生活方面，工作质量较高，更易得到上级和同事的认同。由此可见，积极情绪对各方面的成功产生了实在的影响。

二、情绪与健康的关系

情绪作为一种内在的心理体验，不仅会影响一个人的认知和行为，而且会影响人的身心健康。情绪能致病，早在两千多年前的《黄帝内经》中就有记载，怒伤肝、喜伤心、思伤脾、忧伤肺、恐伤肾、悲伤胃等。心理学以科学的根据论证了情绪变化能影响内脏活动和内分泌腺的活动。胃受情绪影响的变化尤为明显，称心如意，胃口就好，不如意时，胃口就不佳。

由于紧张、抑郁、忧虑、愤怒、恐惧等情绪而引起的疾病在临床上屡见不鲜，比如：偏头疼、神经官能症、癔病、胃溃疡、结肠炎、糖尿病等多种疾病都受情绪的影响，临床还发现，长期不良的情绪状态与癌症有关。为了防止不良情绪对身体健康的影响，人们要注意控制情绪变化，要有乐观的情绪与情感，要保持良好的心境。美国医生辛德在《天天都有好日子》一书中写道："每个人身体内部都有人所共知的最有助于身体健康的力量——良好的情绪力量。"可见，情绪与健康关系极为密切。

三、不良情绪及表现

不良情绪是指负性的情绪反应对自己及他人带来不良影响甚至伤害的消极情绪状态。负性情绪是指那些不愉快甚至引发人痛苦、愤怒的情绪体验。负性情绪能够使人及时感受到自己的心理不适，促使人们主动调整自己的积极功能，所以，负性情绪不等于消极的不良情绪。不良情绪具有如下表现：

1. 负性情绪持续时间过长。例如，当一个人长期处于悲观、失落的情绪状态，而自己又无法调整时，就会形成一种抑郁的心境，导致身心的危害，严重的还可表现为抑郁症等严重心理疾病。

2. 负性情绪超过了自己所承受的强度，自己却不能控制，致使自己行为失常或感到被伤害。例如，一些学生在考试中过度焦虑，无法正常思考，导致考试发挥失常。

3. 负性情绪出现了恶性循环不能自拔的状态。例如，某一大学生面对学习上的压力，感到焦虑不安，影响了自己的学习效率，对此自己不能接受，又无法解脱，导致失眠、食欲下降，焦虑越来越强烈，不能自控。

4. 情绪状态已经构成了对自己及他人的影响或伤害。例如，对自己所爱慕的人与其他异性交往而产生的嫉妒情绪，一般来讲，它并非是不良情绪，而只是一种爱情专一性和排他性的正常心理反应。但是当这种嫉妒情绪已经导致猜疑甚至限制对方的行为，使自己或对方感到被伤害时，就已经成为一种不良的情绪反应了。

5. 由于情绪适应不良导致严重的情感障碍、人格障碍等心理疾病。例如，表现出退缩、孤独、怀疑、抑郁等行为，都是情绪适应不良的表现行为。

四、常见的情绪困扰

情绪困扰是一种心理状态，是个体受到外界事物、事件等客观环境的影响或个体内部发生矛盾、冲突而又无法及时有效解决时，产生的一种负面的、消极的情绪体验。常见的情绪困扰主要表现为：

（一）自卑

自卑是自我情绪体验的一种形式，是个体由于某种生理或心理上的缺陷或其他原因所产生的对自我认识的态度体验，表现为对自己的能力或品质评价过低，轻视自己或看不起自己，担心失去他人尊重的心理状态，同时可伴有一些特殊的情绪体验，诸如害羞、不安、内疚、忧郁、失望等。

大学生获得自信的几点建议：

1. 永远不要无缘无故地把自己说得一无是处。做错事不表示笨拙，有缺点不等于没有价值。

2. 了解自己的优点和缺点。准备两种颜色的小卡片，一种代表优点，一种代表缺点，在每张卡片上写一个优点或缺点；然后检验哪个优点没有得到充分的发挥，怎样去发挥，哪个缺点可以不在乎且可以忽略，把它们丢掉。你会发现自己的优点比缺点多，并真正实现扬长避短。

3. 试着坐在人群的中心位置。害羞的人常喜欢躲在角落，假设“没人关心自己”，让别人有机会注意你、关心你。

4. 有话大声说。把你的音调提高，你就会有更多的话语权。

5. 别人跟你讲话时，眼睛要看着对方。当然不必瞪着对方，但要让对方知道你在倾听。

6. 别人没有应答你的话时，要再重复一遍。不要替自己找理由，认为别人对你的话不感兴趣。

7. 别人打断你的话时，要想办法继续把话说完。

心动不如行动，只要去做，你就会越来越自信。

（二）愤怒

愤怒是由于客观事物与主观愿望相违背，或愿望一再受阻、无法实现时产生的激烈的情绪反应，程度可以从不满、生气、愠怒、激愤到暴怒，特别是当人们认为所遭受的挫折是不公正、不合理的，或是被恶意中伤时，最易产生愤怒情绪。愤怒对人的身心有极为不利的影响。通常当人发怒时，出现心跳加速、心率失常，严重时可导致心脏停搏甚至猝死；发怒还会使人丧失理智、意识狭窄，导致损物、伤人，甚至犯罪。

节制愤怒的八条措施：

1. 当感觉到自己要发脾气时，赶快提醒自己：暂时离开现场。

2. 当你遇到不可避免要生气的情景时，不妨试试延缓10秒钟再爆发。

3. 应慎重考虑，愤怒给你的目标带来什么不良后果。

4. 要随时提醒自己，别人有权选择他自己的事，就像你有权坚持自己的选择一样。

5. 找一个可信任的人帮助你，请他在你失去控制时及时提醒你。

6. 对你生气的缘由，做一番认真的反省。

7. 在你生气的最初几秒钟，判断一下你是什么感觉，并预测对方将会是什么感觉。

8. 在你冷静的时候，跟最常挨你骂的人恳切地谈一谈。

【拓展悦读】

海格力斯的仇恨袋

希腊神话故事中有位力大无穷的英雄叫海格力斯。一天，他走在坎坷不平的路上，看见有个袋子样的东西躺在路边，虽然不影响他走路，却看着碍事，便狠狠地踢了它一脚。谁知那东西不但没被踢破，反而膨胀起来。海格力斯被激怒了，他顺手抄起一根碗口粗的木棒，砸那个东西，没想到那东西越来越大，把路都堵死了。

这时，一位老者走到海格力斯跟前，和颜悦色地说："朋友，快别动它了，它叫仇恨袋，你不犯它，它便小如当初；你若侵犯它，它就会膨胀起来，与你敌对到底。"

仇恨与敌意如同一面不断增长的墙，宽容与善良则像不断拓宽的路。世界上最宽阔的是海洋，比海洋更宽阔的是天空，比天空还宽阔的是人的胸怀。

（三）抑郁

抑郁是一种感到无力应付外界压力而产生的消极情绪，常常伴有痛苦、自怨自责、羞愧、自卑等情绪体验。处于抑郁状态中的大学生，对什么事都缺乏兴趣，常常感到精力不足、注意力难集中、思维迟钝，自我评价偏低，对前途悲观失望。长期处在抑郁情绪状态，会使大学生的学习、工作和生活受到极大影响，体验不到生活的乐趣；学习效率大大降低，常常认为自己无能无用，愧对父母师友，对生活失去信心，甚至产生自杀的念头和行为。持久的严重抑郁情绪还可能导致抑郁性神经症、肿瘤、胃溃疡、结肠炎等多种身心疾病。

由于大学生心理和社会性发展的不成熟，因而在遇到挫折时，往往对认为不该发生偏又落到自己头上的事难以接受，在对社会、他人和自我进行评价时，容易片面化、极端化，如把生活看成非黑即白、非好即坏，且多看其消极、黑暗面，因而极易陷入悲观沮丧、情绪低落的抑郁状态中。遭受重大不幸事件和灾难，如亲人亡故、罹患重病、家境贫困、负担过重，以及长期努力却不能得到相应回报，也是导致抑郁情绪的原因。此外，性格内向孤僻、敏感多疑、依赖性强、易悲观的大学生较其他同学更易陷入抑郁情绪。

抑郁情绪的调节，最根本有效的方式是扩大自己获得快乐的途径和方法。比如，与朋友聚会、旅游等，与家人团聚，发展业余爱好，这些都可以让人们体会到乐趣。此外，通过主动帮助别人的方式，让自己体会人生的价值与快乐，感受到生命的意义。当然，如果是重度抑郁，需要及时就医治疗。

（四）焦虑

焦虑是十分常见的现象，是一种类似担忧的反应或是自尊心受到潜在威胁时产生担忧的反应倾向，是个体主观上预料将会有某种不良后果产生的不安感，是紧张、害怕、担忧、焦急混合交织的情绪体验。焦虑是人处于应激状态时的正常反应，适度的焦虑可以唤起人的警觉、集中注意力、激发斗志，是有利的。例如，考试对大学生而言，是紧张的，因而引起焦虑反应是正常的。教育心理学的研究表明：中等程度的焦虑最有利于考生水平和能力的发挥，而过高程度的焦虑或无焦虑则不利于考生能力的正常发挥。所以说，只有不适当的焦虑才会影响大学生的学习和生活，对身心健康造成不利影响。

被焦虑感困扰的大学生内心感到紧张、着急、惶恐害怕、心烦意乱，注意力难以集中，思维迟钝、记忆力减弱，同时常常伴有头痛、心律不齐、失眠、食欲不振及胃肠不适等身体反应。

减轻焦虑的方法：

1. 如果你的担忧是“如果……怎么办”，把你的答案列在一张清单上，写出有助于问题解决的可操作性行为和方案。

2. 把想法写下来，不要在脑海中反复思考。

3. 学会忍受不确定性，从容面对意外情况。

4. 持续接触让你害怕的场景以减轻回避行为。

5. 练习渐进式肌肉放松。

6. 超过20分钟的有氧运动或心肺锻炼，并持之以恒。

（五）冷漠

冷漠是一种情绪反应强度不足的表现，表现为对人或事漠不关心的消极状态。大学生正处于感情丰富、兴趣广泛、情感体验深刻强烈的时期，有些大学生的表现却与这一时期的特点明显不符合，他们对学习应付了事、缺乏兴趣，对成绩高低也不甚在意，对集体和同学态度冷淡，大多独来独往，十分孤僻，整天昏昏欲睡，对一切都仿佛无动于衷。

冷漠状态对大学生的身心危害极大，它往往是个体压抑内心愤懑情绪的一种表现。他们表面冷漠，内心却倍受痛苦、孤独、寂寞和不满、愤恨的煎熬，有强烈的压抑感。由于没有宣泄途径，巨大的心理能量无法释放，便会破坏心理平衡，导致各种疾病和心理障碍。

大学生克服冷漠，要充分认识到冷漠情绪的危害，积极行动起来。分析冷漠产生的原因，勇敢地面对；发现自我价值和生活的意义，改变以往形成的对人生的消极看法；从行为上，积极投身到各种有意义的活动中，融入集体中，打开封锁的心灵，体验生活的丰富多彩；正确认识自我与他人，个体与社会的关系，并不断矫正自己的非理性观念。

第三节　情绪管理艺术

一、情绪管理的内涵

大仲马曾说：生活是由无数烦恼组成的一串念珠，但得微笑着数完它。情绪就像一个人心理活动的晴雨表，对一个人的心理成长与发展有着极大的影响。大学生要管理情绪、调节情绪、做自己情绪的主人，不仅是维护身心健康的需要，也是自我成熟与个性完善的重要标志。

情绪管理就是善于掌握自我，善于调节情绪，对生活中矛盾和事件引起的反应能适可而止地排解，能以乐观的态度、幽默的情趣及时地缓解紧张的心理状态。情绪管理主要涉及以下两个方面：

一是察觉自己的情绪。这是管理情绪的基础。不能正确辨识自己处在什么情绪，对情绪的管理就成了空谈。

二是调整自己的情绪。这是情绪管理的最终目标。我们要通过自己的努力，通过合理的方式控制自己的情绪，而不是被情绪左右。

管理不良情绪，关键不是去“堵、塞、压”，而是要进行合理的疏导。了解和掌握自己的情绪，尝试改变自己对事物的认知与感觉，不断增强自信，可以帮助个体快乐健康地活出真正的自我。

二、保持良好情绪状态的方法

（一）培养幽默感

幽默是思想、学识、智慧和灵感的结晶，是人类高尚气质、文明和睿智的体现。得体的幽默往往可以使尴尬、紧张、不利的局面转化为轻松、诙谐、有利的局面，是个体以机智的头脑、渊博的知识，巧妙地揭露事物的不合理成分，既一语道破，又使人容易接受，缓解冲动，弱化矛盾，体现乐观豁达的优良品质。

【拓展悦读】

有一天，萧伯纳正在一条狭窄的小路上散步，迎面遇到一个对他不满的同行，那人不但毫无让路的打算，还出言不逊：“我从来不给傻瓜让路！”萧伯纳听了，非但没有生气，反而主动让到一边，面带笑容，幽默地说：“我恰恰相反！”

（二）学会恰当地表达情绪

好的情绪要与人分享，坏的情绪要与人分担。这有助于我们增加对情绪的敏感度并加深对自我的认识。负面情绪的表达尤其重要，它不仅有助于我们缓解当时的紧张情绪，而且可以避免坏情绪的积压。“就事论事、对事不对人”是表达负面情绪的基本原则。

如何恰当地表达情绪呢？第一，要察觉并分析自己的情绪。学会整理复杂的情绪，是精确表达情绪的前提。第二，选择情绪表达的时机。如果为了保留隐私，或避免别人受伤，可以选择不表达。第三，使用“我信息”表达情绪。如“我觉得很失望”“当你告诉我不能来时，我感到伤心”等，更容易获得对方的理解，避免冲突。

【拓展悦读】

晚上，读大学的女儿去参加同学聚会，母亲等到半夜三更，女儿没有回家也没有打电话报平安。母亲怀着焦灼、担心、生气的情绪，等到女儿回来了，母亲该怎么说?

如果母亲说：“你看看现在几点钟了？你总是让人不放心，你要是不想回家就不要回来。”这样说属于“你信息”。女儿不但体会不到妈妈的担心和害怕，反而觉得受到了指责，引发逆反心理，和母亲争执起来。

如果母亲说：“这么晚还没有看到你回家，我心里很担心害怕，我想我要是能接到报平安的电话，我会放心一点。”这样说属于“我信息”。母亲清楚合理地表达了自己的真实感受，向女儿表达了害怕、担心、难过、生气等感觉，还告诉女儿正确的做法是什么，可引发女儿诚挚的回应，她可能会向妈妈道歉，进一步解释晚归的原因，并知道应该主动向妈妈报平安，等等，这样既能宣泄不良的负性情绪，又能有效地增进情感交流。

（三）用积极的态度看待事物

莎士比亚说过：“世事无好坏，思想使之然。”任何事物都有积极的一面和消极的一面，问题就在于我们用怎样的心态去对待它们。很多看起来使人悲伤、痛苦的事情，都有其积极的意义。乐观者总能够从危难中看到机会，而悲观者却总在机会中看到危难，如果你总想着事情糟糕的一面，那你永远也快乐不起来。我们改变不了事情，但可以改变对这个事情的态度。

（四）积极参加人际交往

情绪智力的高低与一个人人际关系的好坏有直接的关系，情绪智力是人际关系的“润滑剂”。情绪智力高的个体往往具有较高的人际交往能力，表现在善于观察和倾听；读懂他人的面部表情和肢体语言；注重合作；喜欢解决冲突或设计解决方案；能够推测别人的想法和动机；愿意结交新朋友；无论独处还是与许多人在一起时都能怡然自得。较高的人际交往能力不是天生的，这些能力的培养和提高，需要在人际交往实践中，特别是人际交往挫折中慢慢实现。

（五）积极的自我暗示

自我暗示，从心理学角度讲，就是个人通过语言、形象、想象等方式，对自身施加影响的心理过程。这个概念最初由法国医师库埃于1920年提出。他的名言是“我每天在各方面都变得越来越好”。积极自我暗示，是在不知不觉中对自己的意志、心理以至生理状态产生影响，令我们保持好的心情、乐观的情绪和自信心，从而调动人的内在因素，发挥主观能动性。

我们可以利用语言的指导和暗示作用，来调适心理的紧张状态，使不良情绪得到缓解。心理学实验表明，当个人静坐时，默默地说“勃然大怒”“暴跳如雷”“气死我了”等语句时心跳会加剧，呼吸也会加快，仿佛真的发起怒来。相反，如果默念“喜笑颜开”“兴高采烈”“把人乐坏了”之类的语句，那么他的内心会产生一种乐滋滋的体验。由此可见，言语活动既能唤起人们愉快的体验，也能唤起不愉快的体验；既能引起某种情绪反应，也能抑制某种情绪反应。因此，当我们在生活中遇到情绪问题时，我们应当充分利用语言的作用，用内部语言或书面语言对自身进行暗示，缓解不良情绪，实现心理平衡。

三、应用合理情绪理论调控情绪

我们常常会听到有人抱怨：“为什么我就这么倒霉，所有的不幸都找上门来，我想逃都逃不了。”“我不想生气，但这件事无法让人不生气。”“我也希望快乐，但那么多烦心事我怎么会快乐？”是的，生活中似乎总有那么多令人烦恼和生气的事。但是不难看到，面对同样的事件，有些人更容易烦恼。说明真正决定我们情绪的不是客观事物本身，而是源于个人对事件的看法。个体可以通过了解自己的个性特征和情绪年龄、成长经历及早期经验，或者测试自己的情绪状态，然后对情绪状态做一个客观的评估。

（一）合理情绪理论

合理情绪理论又称为ABC理论，认为情绪不是由某一诱发事件本身直接引起，而是由经历这一事件的个体对这一事件的解释和评价所引起的。其中A是指诱发性事件；B是指个体遇到诱发性事件之后产生的相应信念，即他对这一事件的想法、解释和评价；C是指在特定的情景下，个体的情绪及行为的结果。例如有一名大学生，某一次重要考试不及格（A），如果他的信念是“我是一名出类拔萃的好学生，每一次考试都必须优秀”（B），他会因此变得沮丧（C）。如果他的信念是“尽管我是一名出类拔萃的好学生，但是未必每次考试都是优秀的”（B），那么（C）就会改变。

（二）引发不良情绪的非理性信念

人的信念有合理与不合理之分。合理的信念会引起人们对事物的适度的情绪反应；而不合理的信念则会导致不适度的情绪和行为反应。当人们坚持某些不合理的信念时，就会受到不良情绪的困扰。

【拓展悦读】

从前，有两个秀才一起去赶考，路上他们遇到了一支出殡的队伍。看到那黑乎乎的棺材，甲秀才心里立即“咯噔”一下，凉了半截，心想：完了，赶考的日子居然碰到了倒霉的棺材。于是，心情一落千丈，走进考场后，那个“黑乎乎的棺材”一直挥之不去，结果文思枯竭，最后名落孙山。

乙秀才看到棺材时心里也“咯噔”了一下，但转念一想：棺材棺材，有“官”又有“财”，好兆头。他十分兴奋，情绪高涨，走进考场后，文思泉涌，最终金榜题名。

同样是遇见一口棺材，两秀才赶考的结果为什么截然不同？可见，棺材让两个秀才产生了不同的情绪，进而造成了两种不同的结果，而情绪的产生取决于人们对事情的看法。

一般来说非理性信念有三个特征：要求绝对化、过分概括化和糟糕至极。

要求绝对化是指人们以自己的意愿为出发点对某一事物怀有认为其必定会发生或不会发生的信念，通常与“必须”“应该”等词连在一起。例如，我必须获得成功，别人必须对我很好，等等。事实上，客观世界以及人们自己的身体心理，都有一定的规律，不可能按某一个人的意志为转移。刻意要求，只会给自己带来情绪上的困扰。

过分概括化是一种以偏概全、以一当十的不合理的思维方式。如一次失败就认为自己“一无是处”“一钱不值”等，常常会导致自责自罪、自卑自弃心理的产生，进而产生焦虑、抑郁情绪；别人稍有差错就认为他很坏、一无可取等，一味地责备他人从而导致敌意、愤怒等情绪的产生。

糟糕至极是认为事物可能发生非常可怕、非常糟糕的后果，甚至是一种灾难性的后果。事实上，没有一种事情可被定义为百分之百的糟糕透顶，坚持这种观念的人容易陷入极端不良的情绪体验中，难以自拔。

【拓展悦读】

非理性信念检核表

你同意以下看法吗？请在右侧相应的字母上划上“√”。（A：同意；B：不同意）

1. 一个人应该被周围的每一个人所爱与称赞。　　A　B
2. 一个人必须非常能干、完美及成功，如此他才有价值。　　A　B

3. 有一些人是不好的、邪恶的、卑鄙的，他们应该被惩罚。 A B

4. 期待的不能得到，或计划不能实现，是一件可怕的灾祸。 A B

5. 任何问题都有正确、完善的解答，我们必须找到它，否则结果可怕。

A B

6. 历史是现实的主宰，过去的经验对现实的影响无法消除。 A B

7. 人应该依赖他人，尤其是依赖强者。 A B

8. 人应该为别人的问题与困扰而感到难过。 A B

9. 逃避困难及责任，比面对它们容易。 A B

10. 不幸或不快乐是由外界引起的，我们无法控制。 A B

11. 人应该时刻警惕是否有危险、可怕的事情将要发生。 A B

评分：

选A得1分，选B得0分，将11道题的得分相加，你的总分是（ ）。

以上11种对人、事的看法是不合理的信念，在许多人的脑海里已经生根。你的得分越高，说明你的不合理信念越多。在现实生活中，持有这些想法的你就越容易被情绪困扰，觉得心情不舒畅。你的得分越低，就越不容易受不合理信念的困扰，情绪问题也相对较少。

下面分析一下这11种非理性信念的不合理之处，用合理的信念来替代。

1. 一个人应该被周围的每一个人所爱与称赞。（×）

一个人只要不被周围所有的人否定和排斥，就可以肯定自己是受欢迎的。（√）

2. 一个人必须非常能干、完美及成功，如此他才有价值。（×）

人的精力是有限的，能在某些方面上有所成就，人生就是有价值的。（√）

3. 有一些人是不好的、邪恶的、卑鄙的，他们应该被惩罚。（×）

人人都有可能犯错误，对那些犯错误的人要宽容以待。（√）

4. 期待的不能得到，或计划不能实现，是一件可怕的灾祸。（×）

受挫是很正常的事情，没有什么可怕的。不喜欢某事可以试着去改变它，如果无能为力那就试着接受它。（√）

5. 任何问题都有正确、完善的解答、我们必须找到它，否则结果可怕。（×）

并不是所有的问题都有正确、完美的答案，我们努力寻找解决问题的可行方法，而对没有确定答案的问题不苛求。（√）

6. 历史是现实的主宰，过去的经验对现实的影响无法消除。（×）

过去的经验是重要的，但产生过去经验的条件与现在的情况不同，所以过去

的经验对现在的影响是有限的。（√）

7. 人应该依赖他人，尤其是依赖强者。（×）

我们应该独立并勇于承担责任，但并不拒绝别人的帮助。（√）

8. 人应该为别人的问题与困扰而感到难过。（×）

我们尽力帮助那些遇到困难的人，若无效，也会接受现实。（√）

9. 逃避困难及责任，比面对它们容易。（×）

逃避只是暂时摆脱了情绪困扰，但不能真正解决问题。只要认真对待，困难和责任并非想象中的那么难。（√）

10. 不幸或不快乐是由外界引起的，我们无法控制。（×）

情绪由我们对事情的知觉、态度和评价所产生，是可以改变和控制的。（√）

11. 人应该时刻警惕是否有危险、可怕的事情将要发生。（×）

对危险可怕的事情要有一定的心理准备，但是不可过分忧虑。（√）

（三）合理情绪理论的应用步骤

1. 首先将引发不良情绪的事件和认识一一列出。

2. 找出引发不良情绪的非理性信念。

3. 通过对非理性信念的认识和矫正，找出合理的观念。

4. 通过建立合理的信念，做出情绪感受的改变。

譬如上面的例子，把旧认识“我是一名出类拔萃的好学生，每一次考试都必须优秀”改为“我是一名出类拔萃的好学生，希望每一次考试都优秀”。这样，当成绩不如意时，会失望、遗憾，但是不会产生很大的情绪困扰。

当我们遇到情绪困扰时，掌握合理情绪的理论和方法，可以帮助我们认识和摆脱不良情绪的困扰，更重要的是，能使我们保持一种客观、正确的认知心态，避免不良情绪的发生。

四、掌握合理宣泄情绪的途径

当一个人受到挫折后，用意志力量压抑情绪，虽能缓解不良情绪，却会给身心带来伤害。学会合理宣泄情绪，还是非常有用和必要的。

（一）向亲朋好友倾诉

敞开心扉，向知心朋友、老师和家长倾诉内心的郁闷、烦恼等，获得他们的理解、建议，重新达到心理平衡。

（二）急走或跑步

人在情绪低落的时候往往不爱动，越不爱动，情绪越低落，形成恶性循环。解决的办法是急走、跑步或者猛做一件体力活儿等，以此来释放激动情绪带来的能量。

美国一位名叫斯诺格拉斯的心理学家曾提出一个非常简单的方法，改变走步姿势，昂首阔步走几圈。他招募了79名大学生来做实验，分成三组：一组大步走，一组小步走，一组平常速度走。结果发现，昂首挺胸大步走的一组，精神、心理呈现出亢奋、愉悦、精力充沛的状况。他认为昂首挺胸走几圈，可以使情绪不佳的人的心境得到改善，精神得以振奋。具体做法是：加大步幅，双手摆幅加大，频率加快，挺胸抬头。事实证明：体育运动可以改变情绪状态，而情绪状态也可以反过来影响身体活力。

（三）转移注意力

情绪不佳时，通过做一些自己喜欢的事或者换一种环境，如出去散散步、听听音乐或找朋友玩等，转移自己的注意力，可以摆脱不良情绪的困扰，使人心情舒畅。

（四）放声大哭

我们在电影上经常能看到这样的镜头，亲人突然去世时，有的人反倒不哭了。于是人们劝他“哭出来，大声地哭出来心里就会痛快一些，憋在心里更难受”。哭对人的身体有利也有害，哭能扰乱人体的生理功能，使人心跳、呼吸不规律，导致吃不好，睡不好。但是美国心理学家研究表明：“哭对人体有利的一面在于，它是宣泄悲痛、释放情绪的一种手段。”人在悲伤的时候不哭，是有害于自身健康的，该哭的时候就哭，不要强行压抑自己。所以大声哭泣是发泄情绪的方法之一，尤其是对突如其来的打击所造成的高度紧张，极度痛苦，可以起到缓解作用，防止痛苦越积越深，不能自拔。

（五）踢皮球、摔东西

在自己最气愤的时候，将足球往墙上狠踢几脚，或使劲拍桌子出出气都可以。我们在电视、电影上经常看到这样的镜头：侦查员在极度气愤时用拳头使劲击打沙袋，战士在极端悲伤时冲天空放几枪，人们听到亲人病故时使劲干活儿……都是释放闷气的好方法。但是有的同学在不良情绪面前失去理智，不顾后果，轻者冲同学乱发脾气，重者与同学发生冲突，甚至打架斗殴，这样做会为自己招惹更大的麻烦，使境遇雪上加霜，这是大学生应该努力避免的。

（六）放声大喊、高声歌唱

心情憋闷时，放声大喊可以释放心中的郁闷；雄壮的歌曲可以振奋人的精神，情绪不佳时放声高歌可以提高士气；做做鬼脸，自我解嘲，甚至转转舌头都会起到释放消极情绪的作用。俄国文学家屠格涅夫曾劝那些爱打架的人，在谈话前，把舌头在嘴里转10圈。这虽然是文学中的一种戏谑性语言，但从情绪爆发的生理机能上讲，这个简单的动作会将吵架的激情抑制住或释放掉。

请同学们注意：这里谈的释放情绪、发泄怨气的方法，和放纵自己的情绪，任性、野蛮地“骂人”“哭闹”等做法是根本不同的。这里所说的宣泄，也绝不是一般的发脾气、耍脾气。合理的情绪宣泄都是在不干扰他人、不伤害他人的前提下进行的能量释放，目的在于帮助个体缓解强烈的不良情绪。

第四节　认识压力

【拓展悦读】

谁都有压力

有一个人，他觉得做人实在太累了，要承受各种各样的压力，一辈子有忙不完的事。一点都不自由、不快乐。于是他就找到上帝，说他不想做人了，做人太累。上帝问他：“那你想做什么呢？”这个人想了想说：“我想变成一条鱼，在大海里自由自在地遨游。”于是上帝把他变成了一条鱼。

小鱼在水里自由自在地玩耍，可不一会儿，就有鲨鱼要吃它，它拼命地逃，好不容易躲过了一劫，可刚一扭头，就进了鲸鱼的肚子。

它想尽办法逃了出来，赶快去找上帝，小鱼惊魂未定，气喘吁吁地说：“太可怕了，太可怕了，我不当鱼了，那么多大鱼要吃我，我受不了了！”小鱼要求上帝把它变成一只鸟，可以在天上自由飞翔。上帝答应了它的请求。

可是没过几天，小鸟又来诉苦：“上帝啊，当鸟的日子也不好过啊！老鹰要抓我，毒蛇要咬我，猎人还天天举着枪要打死我，要不就是把我关在笼子里当宠物，要不干脆把我当菜吃，做人虽苦，但至少没有生命危险。”

于是上帝把他变回了人，并对他说："谁都有烦恼，有压力，不要纯粹羡慕他人的自由快乐，要知道快乐和痛苦是并存的。认认真真地做你自己，才是最快乐的事！"

对每个人来说，压力无处不在：工作、恋爱、婚姻、亲子关系、个人职业发展……每个人都有自己的生活，自己的喜怒哀乐，但是很多人往往只看到自己的压力和痛苦，别人的轻松和快乐，其实人人都一样，谁都有压力。

上大学对青年人来说是生活中的重大转折，每一个人都将结交新朋友、适应新环境、学习新课程、面对新挑战并且拥有新体验。大多数学生是怀着期待、兴奋和焦急的心情去适应的，有一些情况会让学生产生心理压力，如果压力超过了其承受能力，那么压力就可能变成危机。大多数危机可以在几周内顺利解决，但有一些危机会逐步增强，最终导致人际关系和学习问题的产生。最严重的是，有些危机会使学生产生自伤或伤人的想法。认识压力，掌握摆脱困境的方法，可以增进心理健康。

一、压力及其作用

（一）压力

压力是心理压力源和心理压力反应共同构成的一种认知和行为体验过程。当人们面临压力时会产生一系列心理、生理的反应。这些反应在一定程度上是机体主动适应环境变化的需要，它能够唤起和激发机体的潜能，增强抵御和抗病能力。但是，如果反应过于强烈或持久，超过了机体自身调节和控制能力，就可能导致心理、生理功能的紊乱而致病。

（二）压力反应过程

人们对压力的反应通常经历三个不同的阶段：

第一阶段为冲击阶段。如果刺激过大，就会使人感到眩晕，表情麻木呆板，不知所措，亦可称为"类休克状态"。如突然听到亲人死亡的消息后大多数人会表现出发呆、惊慌或歇斯底里，只有少数人能保持冷静与镇定。

第二阶段为安定阶段。这时，当事人会努力恢复心理上的平衡，控制焦虑和情绪紊乱，恢复受到损害的认识功能，而后采用各种心理防御机制或争取亲人、朋友的支持。

第三阶段为解决阶段。当事人将自己的注意力转向产生压力的刺激，并努力设法处理它。可能采取逃避行为远离压力源；也可能提高自己的应对技能，改变策略和行为，直接面对刺激，减小压力。

（三）压力的作用

人们对压力的反应有显著的个体差异，也就是说相同的刺激对不同的人所引起的反应是不同的，这取决于个体的认知、评价以及起调节作用的个性心理特征、个性倾向性和社会支持、个体健康状况等因素。压力是由刺激引起的，不仅有害的、侵略性的刺激会带来压力，就连愉悦的、受欢迎的刺激也会带来压力。

压力是生活的一部分，我们需要压力，就像需要食物与水一样。生活中如果没有压力，我们就无法正常地成长。承受压力并非都是坏事。适度的压力是维持人们正常的心理功能和生理功能的必要条件，同时有助于人们适应环境、提高能力。当生活中没有足够的刺激来引发生理激活状态时，我们通常会觉得厌烦，就会去寻找一些能造成压力的刺激，如爬山、竞赛等。假如工作、学习缺乏压力，也会使我们感到厌烦，难以保持适当的效率。但是，如果在持续一段时间内有太多的压力，身体的细胞、组织与器官就会发生变化，生理与心理便会出现不同程度的混乱甚至致病。因此，我们需要学会处理生活、学习之中的压力。

二、压力源

压力产生的原因可称为压力源（Stressor），或称应激源。压力源广泛存在于我们的生活之中。有些压力源是稍纵即逝的，它引起瞬间的兴奋和欢欣。有些压力源则持之以日、周或月，造成习惯性的高压反应，使人经常处于一种戒备状态，甚至导致心理失衡。我们所遇到的压力源可能源于自身，也可能源于环境。自身的压力源包括痛苦、疾病、记忆、罪恶感、不良的自我概念等，称为“内因性压力源”；环境的压力源包括热、冷、噪声，其他任何无机性的刺激和有机性的刺激，称为“外因性压力源”。人际关系是人类压力的最主要来源。如果把造成压力的各种因素作一个大致分类，可以划分为躯体性、心理性、社会性和文化性四大类压力源。

（一）躯体性压力源

躯体性压力源是指经由人的躯体直接发生刺激作用的刺激物，包括各种物理的、化学的、生物的刺激物，如过高过低的温度、酸碱刺激、微生物、变质食物等。这一类刺激是引起生理压力和生理反应的主要原因。

（二）心理性压力源

心理性压力源是指来自人们头脑中的紧张性信息。例如，心理冲突与挫折、不切实际的期望、不祥预感，以及与工作责任有关的压力和紧张等。心理性压力源与其他压力源的显著不同之处在于，它直接来自人们的头脑中。费德曼与罗森门两位学者在对心脏病的长期研究中，找出一种特殊的性格称为A型性格，指出这种性格比其他性格更容易导致心脏受损。A型性格者经常都是努力工作的高成就者，事业十分成功，却由于压力过大或无法处理压力而赔上了自己的健康。

（三）社会性压力源

社会性压力源是指造成个人生活样式上的变化，并要求人们对其作出调整或适应的情境和事件。这里的生活样式是指组成一个人日常生活方式的许多“经验和事件”，包括居住地及居住环境，工作类别及工作场所的环境条件、饮食情况，个人生活习惯、娱乐活动的种类与时间，体力活动的程度、社会联系等。比如，家庭中常常存在导致大量的持续性压力的因素，像照顾年长的双亲、配偶或夫妻关系恶化等。

（四）文化性压力源

文化性压力源，最为常见的是“文化性迁移”，如由一种语言环境进入另一种语言环境，或由一个民族聚居区迁入另一个民族聚居区。在这种情况下，一个人将面临一种全新的环境、生疏的生活方式、陌生的风俗，从而不得不改变自己原有的生活方式与习惯，以适应新的变化。例如，出国留学是众多学子期盼的深造机会，但一些学生对文化环境的改变缺乏充分的心理准备，在异文化背景下难以适应，压力过大而引发疾病、中断学业的事例时常发生。

三、压力的形成

形成压力至少要有两个因素：一是客观因素，就是外界的刺激或自身能力的差距；二是主观因素，就是自己的觉察或认识，这两者缺一不可。压力既不是一个单纯的事件（如考试挂科、失恋、家庭变故等），也不是简单的反应（如焦虑、消化不良、情绪失控等），而是个体受到多种因素影响的动态过程（详见图5-1）。

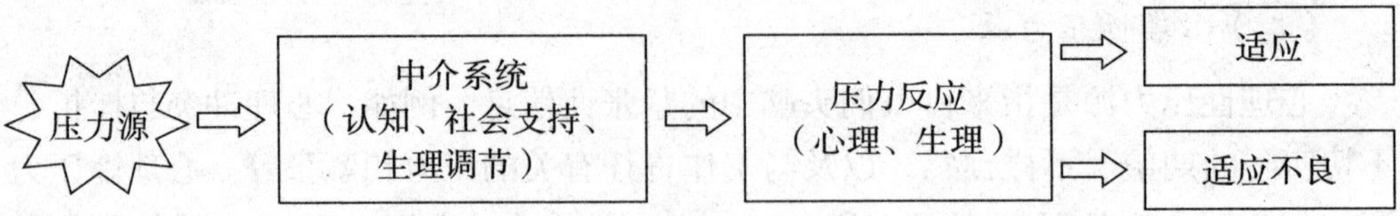

图5–1　压力示意图

这个过程中，压力源（即让我们产生压力的事情）并不直接引发我们的压力反应（即生理、心理及行为各方面的反应）。它们之间还隐藏着一个经常被我们忽略的、造成压力增加或消减的中介系统。同样是与同学发生矛盾，A和B的反应不同：A难过了一星期，B则继续学习、活动。可以说A和B具有不同的中介系统。由此可见，如果不通过个人的中介系统（个人对于压力事件的解释和理解），人是不会感受到压力的。可见，外部事件的刺激是经过了你的允许，才把压力传递给你。

四、压力的内省体验

压力源的存在、个体的生理状态、心理背景和社会生存环境，都是产生压力的必要条件，但是这些条件本身并不是心理形式的压力。我们体验到的压力，实际上是另一种心理历程，即人的心理冲突。从这个意义来说，心理学中所说的压力，是人的内心冲突及与其伴随的强烈情绪体验。

我们生活在充满矛盾的世界里，随时都会面对各种各样的、互不相容的、甚至针锋相对的事物，我们的内心就会形成动机冲突、目的冲突，产生左右为难、无所适从的心态。当一个人处于此种境遇时，便会体验到苦恼和焦躁不安，此时，我们说他正体验着压力。

心理学家按照冲突的形式，将内心冲突分为四类：

（一）双趋冲突

当两件有强烈吸引力，但两者又互不相容的事物出现时，就会出现“鱼和熊掌不可兼得”的难以取舍的心理冲突，这种双趋冲突的局面如果夹带着情绪色彩，体验到的压力就越发严重，痛苦就越大。如：有的大学生身兼学生会主席职务，工作非常出色，但是学习成绩受到明显影响，甚至两门课不及格。如果专心学习，学生会工作又受到很大影响，左右为难！

（二）趋避冲突

大学生对某个目标，一方面想达到，但达到该目标又有极大危险，所以试图避开，这时，便进入了极为矛盾的趋避冲突境界。如：有的大学生想多参加社会活动，锻炼和发展能力，同时又担心占用时间太多，影响学习。

（三）双避冲突

大学生往往面临两个希望避开事物之间的选择的冲突，自己对两个事物都不感兴趣，甚至厌恶，但都不能避开，于是出现“两者必居其一”的心理冲突。如：一些大学生既不想用功读书（觉得读书苦），又怕考试不及格（因成绩不及格很丢人），于是出现学习被动的情况。

（四）双重趋避冲突

大学生有时面临的冲突相当复杂，面临的目标各有利弊，既想达到，又试图避开。如：某一大学生同时面临两个异性追求时，可能陷入这种心理冲突。

【拓展悦读】

没有压力，何来安全

美国科学家摩德尔斯把一灰一白两只小老鼠放在约500平方米仿真自然环境中，并把小白鼠的“压力基因”全部抽取出来。结果：小灰鼠走路或觅食总是小心翼翼，生活了十几天，没有出现任何意外，甚至开始储蓄过冬的粮食。用了近4天的时间才把整个仿真空间熟悉，最高只是爬上盛有食物的仅高2米的吊篮。小白鼠从一开始就生活在兴奋之中，只用一天的时间就把500平方米的全部空间大摇大摆地逛了一遍。第三天，爬上高13米的假山，在通过一块石头时不幸摔下来，死了。其实，如果小白鼠谨慎一些，可以安全通过这块石头。

在世人眼里，压力只会带来痛苦、失望、遗憾、沮丧……所以，最好和压力绝缘。然而，如果压力不再，粗心大意就会来拜访，灾难、麻烦也会随之而来。其实，假如一个人足够明智的话，就不要把“压力先生”拒之门外。

五、压力与身心疾病

压力是每个人生活中不可避免的，压力产生的紧张状态可以使人提高警觉，适当的压力是健康所必备的条件。但是压力过于强烈、持久、超过个人的耐受能力，就会破坏人的身心平衡，影响人的学习与工作，损害身心健康，这是压力的有害方面。

研究发现，身心疾病是由多种因素引起的，但更多的是由个人遭到的紧张刺激以及生活境遇所决定的，因紧张刺激而引起的生理变化最终导致自我损害是身心疾病发病的重要原因之一。也就是说，如果心理性、社会性、文化性的压力引起的紧张状态过于强烈、持久，就会通过生理渠道导致躯体病变或直接导致心理疾病。

常见的身心疾病一般可表现在以下方面：

心血管系统：原发性高血压、冠心病、心律失常、心动过速或过缓等。

呼吸系统：支气管哮喘、过度换气综合征、血管舒缩性鼻炎等。

消化系统：消化性溃疡、溃疡性结肠炎、神经性厌食、神经性呕吐等。

内分泌系统：肥胖症、糖尿病、甲状腺功能亢进等。

肌肉骨骼系统：痉挛斜颈、类风湿关节炎、口吃等。

神经系统：紧张性头痛和偏头痛等。

泌尿生殖系统：性功能障碍、月经失调等。

皮肤系统：神经性皮炎、瘙痒症、过敏性皮炎、斑秃、荨麻疹等。

其他：癌症、自身免疫系统疾病等。

第五节　压力管理战略

个体在环境中受到各种因素刺激的影响而产生的一种紧张情绪就是压力，这种情绪会正向或负向地影响到个体的行为。压力管理是对感受到的挑战或威胁性环境的适应性反应。

一、压力管理的原则

适度的压力可以使人集中注意力、提高忍受力、增强机体活力、减少错误的发生。压力可以说是机体对外界的一种调节需要，而调节则意味着成长。在压力情境下学会应对的有效方法，可以使应对能力不断提高，工作学习效率也会随之上升，所以压力是提高人的动机水平的有力工具。大学生在把握压力的“度”时，要熟知压力管理的基本原则。

（一）对压力有觉察

有两种压力可能使机体调节失常：一是突如其来的过大压力，二是持续不变的低量压力。前一种压力使人压力调节机制瓦解，后一种压力可能逃避正常的肌体反应，造成压力的蓄积。肌体对压力往往有一种天生的吸收——缓冲机制，一般的生活压力会被身体转化成活力与激情。

如果一个人生活在流动、不停变化的压力丛中，他的肌体不仅可以是健康的，也是充满能量的。压力过小的生活让人消沉，昏昏欲睡，肌体懈怠，思维变慢。

（二）生理和心理平衡的原则

躯体与精神两种压力就像跷跷板——躯体压力大，精神压力也会慢慢增大，反之亦然。通过放松来释放躯体压力，精神的压力也会得到释放。当我们集中心智工作太久，或者长期处在竞争的状态中，可以通过肌体的放松来释放内心压力。当我们懈怠太久，无所事事之时，可通过肌体的运动来增强精神的活力。

（三）应用处理压力的技术

对于压力的处理因人而异，管理好各类压力有很多可以操作的好方法，包括写压力日志、生物反馈、肌肉放松训练、冥想与想象、倒数放松、自我催眠、一分钟放松技巧等。比如，写压力日志能记录每天的压力源和相应的控制方法，可以记录压力管理战略成功或失败的地方，检查自己为什么能够（或者不能够）有效地处理压力，甚至可以倾吐和抱怨自己遭遇的压力。

（四）保持积极心态

良好的心态提高人们应对压力的能力，不良的心态本身就像一团乱麻，干扰人的内心。更主要的是要对压力有正确的观念，压力并不可怕，可怕的是我们对压力有不恰当的观念与反应。越怕压力的人每天都生活在压力的恐惧中，喜欢压力的人在任何压力面前都会游刃有余。

二、压力管理与心理调适

压力是生活中不可回避的一部分，它从多个方面影响着大学生的身体、心理以及生活。学习压力管理，提高心理调适能力是必修内容。那么如何应对来自生活、学习中的过度压力呢？

（一）认识来源，调整态度

虽然压力有一部分是由已经发生或即将发生的生活事件引起的，如未完成的任务、必须面对的冲突等，但是，每个人所感受压力的大小，并不源于生活事件本身，而是源于我们怎样看待它。如果认为压力是一种挑战和机会，在征服它的过程中可以获得满足感和成就感；如果认为压力是对自身的威胁和打击，就会焦虑、愤怒、悲伤。因此，压力是个体主观认知评估的结果，而不是取决于造成生活改变或习惯改变的事件。正确认识压力的来源，调整对压力的态度，既要认识到压力是生活的组成部分，又要认识到压力是可以控制的，以积极的情绪和态度对待压力。

（二）记录日志，评鉴压力

要解决自身的压力问题，首先应当清楚生活中究竟哪一部分是失控的，哪一部分处理得很好。寻找压力来源的最好方法，就是写压力日志。

第一步：记录每天出现在你的生活和工作中的压力源。如人际关系不和谐、学习方面的困难等。

第二步：记录自己为什么会感觉到压力，如何感觉到的，什么时候感觉到的。

第三步：评价你所感受到的压力的大小。可以0—10分对压力进行赋值。

第四步：写出你对该压力的控制程度，有控制、缺乏控制、还是有限的控制。

第五步：写出你应对该压力的方法，积极的还是消极的，采取了哪些具体行动。

通过压力日志，可以判断自己所承受的压力状况。如果得分在5分以上的压力源，你对它的控制程度较低，或采取的是消极的应对方法，引起了负性的情绪体验，则说明个体处于“高压状态”，需要调整。

（三）社会支持系统完善，主动求助

越来越多的研究显示，亲密的和可信任的关系是压力的有效缓冲器。平时要重视良好社会支持系统的建立，良好的社会支持系统一方面可以在物质上给予帮助，具体地支持当事人；另一方面可以帮助当事人认识、理解事件的性质和强度，与当事人一起策划应对方式，给予精神支持，增强应对事件的信心，稳定情绪。压力面前，必要时主动求助，才能更好地应对压力。

（四）方法健康，正确减压

掌握应对压力的健康方法，避免应对压力的不健康方法。

应对压力的不健康方法包括：抽烟，酗酒，暴饮暴食或者过度节食，长期看电视或者上网，远离朋友、家庭和活动，依赖药物或者毒品，睡眠时间过多，拖

延，逃避，向他人发泄压力（抨击、发脾气、暴力），以上方法可以暂时减轻压力，但从长远看会导致更多危害。

应对压力的健康方法是指良好的生活方式和适度娱乐、放松。良好的生活方式包括：① 有规律地锻炼。有氧运动是有效的减压方法，每天锻炼30分钟，每周3次。② 健康的饮食。平衡营养和适量进食。③ 减少咖啡因和糖的摄入量。④ 远离烟、酒和毒品。⑤ 充足睡眠，适度娱乐、放松。包括设定固定的休息时间，不要被其他事情打扰；与积极的人建立连接；每天做一些喜欢的事情；保持幽默感；学习使用深呼吸技术，等等。

（五）科学管理，有效减压

借助科学合理的方法和经验，尝试从避免（Avoid）不必要的压力、改变（Alter）环境、适应（Adapt）压力源、接受（Accept）不能改变的事情四个方面入手，即采用4A策略积极进行压力管理。

1A——避免不必要的压力：① 学会说“不”。了解自己的责任范围，婉拒超出责任范围且超出能力的事情。② 回避给自己造成极大压力的人。③ 控制生活环境。例如，负面新闻让自己忧虑，就远离它们。④ 避免争议话题。尽量不要谈及让自己心烦的话题，或者在他人讨论时走开。⑤ 减少待办事项。按轻重缓急排序，删除确实不必做的事情。⑥ 暂时离开带来压力的环境。

2A——改变环境：① 表达自己的感受而不是隐藏。如果某人或某事正在烦扰自己，以友善和礼貌的方式表达自己的感受。② 乐于妥协。③ 更加进取。正面处理问题，尽最大努力预见和预防问题。④ 更好地管理时间。提前计划，适当安排任务。⑤ 分派工作。当工作任务繁重或面临自己不熟悉不擅长的任务时，寻求他人帮助。⑥ 转移注意力。从事体育活动、做别的事情或者家务。

3A——适应压力源：① 重新审视问题。从积极的视角看待压力。② 用全局和长远的眼光看问题。③ 调整标准。不过分追求完美，目标合理就好。④ 保持积极心态，如关注自己的积极品质和优势资源。

4A——接受不能改变的事情：① 不要试图控制自己不能控制的事情。② 将问题和挑战看成磨炼自己的机会，在教训中成长。③ 向家人、朋友诉说自己的感受。表达自己的想法和忧虑，即便什么都不能改变。④ 学会原谅。接受不完美和错误，学会放下，远离负能量。

（六）正确认识自我，合理定位

当代大学生大都没有经历过艰苦生活的磨炼，社会阅历不够丰富，他们往往对自我的认识与评价不到位，要么高估，要么低估。他们一般有极其强烈的成就动机，总想出人头地，因而对自己的目标定位过高。但是，社会环境非常复杂，面对激烈的竞争压力，大学生缺乏迎接困难与挫折的心理准备，常常在压力面前表现得信心不足、迷茫无措，情感表现得敏感、脆弱。因此，大学生必须正确认识自我和评价自我。

正确认识自我和评价自我，是指大学生应根据自己的学习要求、成长要求，恰当地分析自身的长处和不足，对不足有充分的理解，这样才能扬长避短、取长补短，实现自我价值。要根据自己外部条件和内在条件的变化及时调整期望水平、抱负水平，避免一些无谓的“碰壁”和压力。例如，考试原本可以取得好成绩，可是由于身体不好或试题偏难，没有达到预期目标。这时就要做好两种心理准备，一是自己超常发挥，如期取得好成绩；二是无法克服困难，难以实现预期目标，学会原谅自我。

（七）自我言语，缓解压力

面对压力时，个人的思考与压力的缓解有密切关系。积极的思考可以缓解紧张、安定情绪，帮助你从焦虑的生理反应中解脱出来，使身体放松。

步骤是这样的：准备可以随身携带的卡片或记事本，列出个人用来应对压力的自我言语，把它背下来，当面临压力时，就可以用它来帮助自己克服焦虑。

下面是帮助你积极思考的一些例子：

面对压力前：

一切都会很顺利的。

没有什么好担心的。

我相信我可以面对它。

感到紧张害怕时：

深呼吸。

没什么大不了的。

以前遇到过更糟糕的情况，还不是度过了。

这件事没那么可怕。

面对压力情境时：

一步一步慢慢来，不要慌。

只要尽力就好，问心无愧。

深呼吸可以帮助我放松。

注意：最有效的自我言语是你自己写的，当句子失去效力时就应该更换，随时保证它对你具有意义。当成功地克服压力时，别忘了给自己说一些鼓励的言语。

（八）培养高雅的生活情趣

一个只知道拼命学习、工作而无任何业余爱好，只知道无私奉献而不知道娱乐和享受休闲时光的人，对待压力的反应就会强烈得多。因此，培养高雅的生活情趣，如：欣赏音乐、栽花养鱼、阅读优秀文学作品、集邮、书法、摄像摄影、棋牌活动、外出登山旅游等，可以让紧张的心情得以适当放松。

【自我探索】

测验一　情绪稳定性测试

指导语：下面是情绪稳定性测验项目，你若想知道自己的情绪状况，可以针对下列各种情况做出你的选择。

1. 看到自己最近一次拍摄的照片，你有何想法？（　　）

A. 觉得不称心　　B. 觉得很好　　C. 觉得可以

2. 你是否想到若干年后会有什么使自己极为不安的事？（　　）

A. 经常想到　　B. 从来没想过　　C. 偶尔想到

3. 你是否被朋友、同事、同学起过绰号，挖苦过？（　　）

A. 这是常有的事　　B. 从来没有　　C. 偶尔有过

4. 你上床以后，是否经常再起来一次，看看门窗是否关好、炉子是否封好等？（　　）

A. 经常如此　　B. 从不如此　　C. 偶尔如此

5. 你对与你关系最密切的人是否满意？（　　）

A. 不满意　　B. 非常满意　　C. 基本满意

6. 你在半夜的时候，是否经常觉得有什么值得害怕的事？（　　）

A. 经常　　B. 从来没有　　C. 极少有这种情况

7. 你是否经常因梦见什么可怕的事而惊醒？（　　）

A. 经常　　B. 没有　　C. 极少

8. 你是否曾经有多次做同一个梦的情况？（　　）

A. 有　　B. 没有　　C. 记不清

9. 有没有一种食物使你吃后呕吐？（　　）

A. 有　　B. 没有　　C. 记不清

10. 除去看见的世界外，你心里有没有另外一种世界？（　　）

A. 有　　B. 没有　　C. 记不清

11. 你心里是否时常觉得你不是现在的父母所生？（　　）

A. 时常　　B. 没有　　C. 偶尔有

12. 你是否曾经觉得有一个人爱你或尊重你？（　　）

A. 是　　B. 否　　C. 说不清

13. 你是否常常觉得你的家庭对你不好，但是你又确知他们的确对你好？（　　）

A. 是　　B. 否　　C. 偶尔

14. 你是否觉得没有人十分了解你？（　　）

A. 是　　B. 否　　C. 说不清楚

15. 你在早晨起来的时候最经常的感觉是什么？（　　）

A. 秋雨霏霏或枯叶遍地　　B. 秋高气爽或艳阳天　　C. 不清楚

16. 你在高处的时候，是否觉得站不稳？（　　）

A. 是　　B. 否　　C. 有时是这样

17. 你平时是否觉得自己很强健？（　　）

A. 否　　B. 是　　C. 不清楚

18. 你是否一回家就立刻把房门关上？（　　）

A. 是　　B. 否　　C. 不清楚

19. 你坐在小房间里把门关上后，是否觉得心里不安？（　　）

A. 是　　B. 否　　C. 偶尔是

20. 当一件事需要你做决定时，你是否觉得很难？（　　）

A. 是　　B. 否　　C. 偶尔是

21. 你是否常常用抛硬币、玩纸牌、抽签之类的游戏来测凶吉？（　　）

A. 是　　B. 否　　C. 偶尔

22. 你是否常常因为碰到东西而跌倒？（　　）

A. 是　　B. 否　　C. 偶尔

23. 你是否需用一个多小时才能入睡，或醒得比你希望的早一个小时？（　　）

A. 经常这样　　B. 从不这样　　C. 偶尔这样

24. 你是否曾看到、听到或感觉到别人觉察不到的东西？（　　）

A. 经常这样　　B. 从不这样　　C. 偶尔这样

25. 你是否觉得自己有超越常人的能力？（　　）

A. 是　　B. 否　　C. 不清楚

26. 你是否曾经觉得因有人跟你走而心里不安？（　　）

A. 是　　B. 否　　C. 不清楚

27. 你是否觉得有人在注意你的言行？（　　）

A. 走　　B. 否　　C. 不清楚

28. 当你一个人走夜路时，是否觉得前面潜藏着危险？（　　）

A. 是　　B. 否　　C. 偶尔

29. 你对别人自杀有什么想法？（　　）

A. 可以理解　　B. 不可思议　　C. 不清楚

计分说明：

以上各题的答案，选A得2分，选B得0分，选C得1分。请将得分统计一下，算出总分。得分越少，说明你的情绪越佳，反之越差。

结果解释：

总分0—20分，表明情绪稳定，自信心强，具有较强的美感、道德感。你有一定的社会活动能力，能理解周围人们的心情，顾全大局。你一定是个性情爽朗、受人欢迎的人。

总分21—40分，说明情绪基本稳定，但较为深沉，对事情的考虑过于冷静，处事淡漠消极，不善于发挥自己的个性。你的自信心受到压抑，办事热情忽高忽低，瞻前顾后，踌躇不前。

总分在41分以上，说明情绪极不稳定，日常烦恼太多，使自己的心情处于紧张状态。

如果得分在50分以上，则是一种危险信号，务必请心理医生进一步诊断。

测验二　抑郁自评量表

指导语：下面有20条内容（见表5–2），请仔细阅读每一条，把意思弄明白，然后根据你最近一星期的实际情况来进行评分，数字1、2、3、4的顺序依次为从无、有时、经常、持续。

表5–2

题目	从无1	有时2	经常3	持续4
1. 我感到情绪沮丧，郁闷				
*2. 我感到早晨心情最好				
3. 我要哭或想哭				
4. 我晚上睡眠不好				
*5. 我吃饭和平时一样多				
*6. 我与异性密切接触时和以往一样感到愉快				
7. 我发觉我的体重在下降				
8. 我有便秘的苦恼				
9. 我的心跳比平常快				
10. 我无缘无故地感到疲乏				
*11. 我的头脑和往常一样清楚				
*12. 我做事情和平时一样不感到困难				
13. 我坐卧不安，难以保持平静				
*14. 我对未来感到有希望				
15. 我比平时更容易激怒				
*16. 我觉得决定什么事都很容易				
*17. 我感到自己是有用的和不可缺少的人				
*18. 我的生活很有意义				
19. 假若我死了，别人会过得更好				
*20. 平时感兴趣的事我仍旧感兴趣				

计分说明：

指标为总分。把带星号*的题目反向计分，即按4、3、2、1计分，将20个项目的分数相加，即得粗分。标准分等于粗分乘以1.25后的整数部分。总粗分的正常上限为41分，标准总分为53分。

结果分析：

分数越高，抑郁程度越高。如果标准分超过53分，请马上咨询学校的心理咨询师或者专业医院的心理医生。

测验三　焦虑自评量表

指导语：下面有20条内容（见表5–3），请仔细阅读每一条，把意思弄明白，然后根据你最近一星期的实际情况来进行评分，数字1、2、3、4的顺序依次为从无、有时、经常、持续。

表5–3

题目	从无1	有时2	经常3	持续4
1. 我觉得比平时容易紧张或着急				
2. 我无缘无故地在感到害怕				
3. 我容易心里烦乱或感到惊恐				
4. 我觉得我可能将要发疯				
*5. 我觉得一切都很好				
6. 我手脚发抖打颤				
7. 我因为头疼、颈痛和背痛而苦恼				
8. 我觉得容易衰弱和疲乏				
*9. 我觉得心平气和，并且容易安静坐着				
10. 我觉得心跳很快				
11. 我因为一阵阵头晕而苦恼				
12. 我有晕倒发作，或觉得要晕倒似的				

（续表）

题目	从无1	有时2	经常3	持续4
*13. 我吸气呼气都感到很容易				
14. 我的手脚麻木和刺痛				
15. 我因为胃痛和消化不良而苦恼				
16. 我常常要小便				
*17. 我的手脚常常是干燥温暖的				
18. 我脸红发热				
*19. 我容易入睡并且一夜睡得很好				
20. 我做噩梦				

计分说明：

指标为总分。把带星号*的题目反向计分，即按4、3、2、1计分，将20个项目的分数相加，即得粗分。粗分乘以1.25后取整数，即得标准分。

结果分析：

低于50分者为正常；50—60分者为轻度焦虑；61—70分者为中度焦虑；70分以上者为重度焦虑。如果你的标准分超过70分，可以考虑去咨询学校的心理咨询师或者专业医院的心理医生。

测验四　心理承受力测试

对下列题目做出“是”或“否”的回答。

1. 自己是个弱者。　是　否
2. 你喜欢冒险和刺激。　是　否
3. 你生活在使你感到快乐和温暖的班级里。　是　否
4. 如果现在就去睡，你担心自己会睡不着。　是　否
5. 生病时你依旧乐观。　是　否
6. 你认为家人需要你。　是　否
7. 晚睡两小时会使你第二天明显的精神不振。　是　否
8. 看完惊险片后很长一段时间内，你一直觉得心有余悸。　是　否

9. 你常常觉得生活得很累。　是　否

10. 你有一些无话不说的知心朋友。　是　否

11. 当考试成绩不理想时，你会感到非常沮丧。　是　否

12. 你认为自己健壮。　是　否

13. 当你与某个同学闹意见后，你一直会无法消除相处时的尴尬。　是　否

14. 大部分时间你对未来充满信心。　是　否

15. 有一个关心、爱护你的家。　是　否

16. 当你在课堂上回答不出问题时，你在课后还会久久地感到烦恼。　是　否

17. 每到一个新地方，你常常会出些问题，比如吃不下饭、睡不着觉、拉肚子、头晕等。　是　否

18. 即使在困难时，你还是相信困难终将过去。　是　否

19. 你明显偏食。　是　否

20. 当你与父母发生不愉快时，你曾想离家出走。　是　否

21. 你每周至少进行一次你所喜欢的体育运动，如登山、打球、游戏等。　是　否

22. 你觉得自己有些神经衰弱。　是　否

23. 你的老师喜欢你。　是　否

24. 心情不痛快时，你的饭量和平时差不多。　是　否

25. 你看到苍蝇、蟑螂等讨厌的东西，感到害怕。　是　否

26. 你相信自己能战胜任何挫折。　是　否

27. 你常常与同学们交流自己的看法。　是　否

28. 你常常因为想心事而躺在床上久久不能入睡。　是　否

29. 在人多的场合或陌生人面前说话，你会感到窘迫。　是　否

30. 你受到的挫折与其他人相比，根本算不了什么。　是　否

计分说明：

第2、3、5、6、10、12、14、15、18、21、23、24、26、27、30题，答“是”记1分，答“否”记0分。其余各题答“是”记0分，答“否”记1分。各题得分相加，统计总分。

结果解释：

0—9分：你的心理承受能力差。遇到困难容易灰心，经常有挫折感。

10—20分：你的心理承受能力一般。能轻松地承受一些小的压力，但遇到大

的打击时，还是容易产生心理危机。

21—30分：你的心理承受能力强。你能在各种艰难困苦面前，保持旺盛的斗志。

【训练与体验】

训练一　梳理情绪

目的：帮助学生梳理自己的情绪，了解自己的主导情绪特点，并正确理解情绪对个体社会生活和身心健康所具有的意义。

形式：6—8人一组。

材料：笔、A4纸、放松音乐、播放器。

过程：

1. 冥想放松：伴随舒缓的音乐，选择舒适的姿势，学生放松肌肉，回想近期生活中发生的事件，并注意自己情绪的变化。

2. 纸笔练习：发给学生每人一张A4纸，要求成员完成下列句子。

（1）最近让我感觉高兴的事情是（　　），当时我的心情是（　　），现在想起这些事，我的心情是（　　）。

（2）最近让我感觉不高兴的事情是（　　），当时我的心情是（　　），现在想起这些事，我的心情是（　　）。

（3）每当心情好的时候，我会觉得（　　）。

（4）每当心情糟的时候，我会觉得（　　）。

（5）我的心情总是（　　）。

3. 小组内交流各自的主导情绪，以及不同情绪体验对生活、行为、健康的影响。

4. 老师讲述生活中与情绪有关的小故事，启发学生思考，引导学生认识到积极情绪的重要性，要做情绪的主人，主动构建快乐心情。

分享：

1. 经过刚才的活动，你的感受是什么？

2. 在情绪管理方面，你打算做哪些调整？

训练二　发现快乐

目的：学会发现生活中的快乐。

形式：6—8人一组。

材料：彩色卡纸、笔。

过程：

1. 回想最近两周令自己开心的事情，在彩色卡纸上列出自己的“快乐清单”；或者回忆、归纳使自己快乐的秘密武器，在卡纸上列出自己的“快乐武器”。

2. 小组内交流各自的快乐清单或快乐武器。

3. 每小组派一名代表在小组间分享小组的快乐清单或快乐武器。

分享：

1. 听到他人的快乐清单或快乐武器，你有什么感想？

2. 在今后的生活中，你会怎样运用这些快乐武器呢？

训练三　认识自我压力——动物星球

目的：

1. 通过活动，探索自我概念，促进对自我压力状态的了解；

2. 促进学生对压力状态的相互宣泄，彼此获得心理上的相互支持；

3. 加深相互的了解，尽快彼此熟悉。

活动时间：大约50分钟。

活动道具：将不同颜色的彩色大卡纸（圆形或椭圆形）剪成8—10张大小接近但形状不同的纸片（拼合后仍可复原成一张）、记号笔若干。

活动场地：宽敞的室内。

活动顺序：

1. 活动开始时，请每位学生随意拿一张纸片和一支记号笔。

2. 请学生思考：“假如我是一只动物，一只最能代表自我的动物，我希望自己是什么，为什么？”并将动物名称写在纸上（只能写一个）。

3. 学生拿着写好的纸，寻找同色卡纸片的“动物”同伴形成新组合。

4. 新组合学生要迅速将不同形状的纸片拼合复原，最先完成组合的“动物星球”将获得奖励，最后完成的要表演节目。

5. 小组交流，集体分享。组内交流，以“我希望……因为……”的方式自我介绍，并解释选择代表“动物”的理由，然后小组派代表向所有人介绍本“动物星球”的成员。

交流分享：

1. 开展上述活动的每个程序中有什么感想？

2. 交流过程中看到、听到了什么？有何体验？

3. 为什么会选择这样的动物，是否反映了你此时的心理状态？

注意事项：

1. 活动能够反映出每个成员潜意识中对自我的评价，因此，老师要注意倾听，以便重点提问，深入挖掘个性特质。

2. 老师要鼓励学生发表自己的看法，也可以将“同种动物”引出，鼓励推荐自己、了解他人。

3. 每张彩色卡纸在剪裁前先在一面做记号，这样能保证每个人在同一面上写动物名称。剪裁的张数要与每组人数设定相符。

训练四　释放自我，舒缓压力——兔子舞放松操

目的：

1. 帮助学生舒缓压力；

2. 在音乐和娱乐活动中学会宣泄，释放压力。

时间：大约20分钟。

活动准备：快节奏音乐和音响设备。

活动场地：空地或大会场。

活动顺序：

1. 事先分组，每组10—15人，人数不宜过多。

2. 让小组成员站成一列纵队，要求后面的成员双手搭在前面成员的双肩上。

3. 老师站在一边为他们发号施令：左脚跳两下，右脚跳两下，双腿合并向前跳一下，向后跳一下，再连续向前跳两下……全体成员听从统一口令，全神贯注地做出统一动作。

4. 伴随着音乐，全体成员共同跳兔子舞，体验放松操放松的感觉。

交流分享：

1. 在游戏的过程中，什么时候会出现步调不一致？为什么会出现这种情况？

2. 当出现步调不一致时，你的心理感觉如何？

3. 游戏后是否感觉到了放松？

注意事项：

1. 除了老师需要技巧，学生也需要加入很多的注意力，不仅注意倾听老师的命令，还要注意前后伙伴的动作，免得踩到别人的脚。这是一个很重要的问题，一个人的不专心可能影响到他前后几个人的情绪，甚至扰乱他们的步伐。因此，作为老师，发现这种情况时，要及时用幽默的语言提醒那个走神的人，以保持整

个团队的游戏效果。

2. 游戏一开始的时候可以由老师发号施令，随着游戏的推进，老师可以将权力交给某个学生，让他左右大家的步伐。这样会增加游戏的难度，因为老师站在旁观者的角度有利于把握全局，说出的命令会照顾到所有人。当这个权力转交给学生时，他只能凭感觉感受大家的需要，难免会出现不协调的命令，这种更有难度的方法，会更有利于帮助成员体会协调与合作的重要性。

【阅读与欣赏】

情商（EQ）的实用价值

成功100% = 智商（IQ）20%+情商（EQ）80%。

情绪控制技能具有普遍的实用价值，对企业雇佣员工，父母培养自己的孩子，学校教育学生都是有用的。以下介绍几个与人事管理及预测有关的“情商”实验案例。

1. “软糖实验”。该实验通过观察四岁儿童对果汁软糖的反应预见他们的未来。实验方法是，研究人员将孩子们带到一间陈设简单的房间，告诉每个孩子：“你可以马上得到一颗果汁软糖。但是如果你能坚持20分钟后再吃，就奖励1颗软糖，你就可以得到两颗软糖。”然后，科学追踪研究这些孩子成长的过程。

这些孩子上中学时，就表现出某些明显的差异。对这些孩子的父母及教师的一次调查表明，那些在四岁时能以坚持换得第二颗软糖的孩子，通常成为适应性较强，冒险精神较强，比较受人喜欢，比较自信，比较独立的少年；而那些在早年经不起软糖诱惑的孩子则更可能成为孤僻、易受挫、固执的少年，他们往往屈从于压力并逃避挑战。学术能力倾向测试的结果表明，那些在软糖实验中坚持时间较长的孩子的平均得分更高。

2. 乐观测试。保险业在美国是一个影响比较大的行业，但是总面临两个难题：其一，由于保险从业人员必须有百折不挠的勇气才会成功，所以流动性特别大，几乎所有的保险公司每年都要招聘大量的新员工。这些新招聘来的员工中，不到一年时间就会流失很多，单单培训费一项每年就要损失很多。如美国著名的大都会保险公司每年都会招聘5000名左右的新员工做保险销售，在新员工的培训期间，公司对每个新员工的投入大约在3万多美元。但往往在一年之后，就有约一半以上的员工辞职，到了第四年的时候，留下的新员工就没有多少了，大量的培训费就打了水漂。其二，许多保险销售员容易患上抑郁症，这不仅影响了这些人之后的生活，同时也影响了保险行业的声誉。于是，大都会保险公司的总裁求助于心理学家马丁·塞利格曼。

塞利格曼研究后发现，保险行业是一个与人打交道的行业，推销员每天都要面对不同职业、性格、年龄、文化等特点的个体。在此过程中，这些保险推销员必然会经历多次的拒绝，有时甚至还会挨骂（有统计显示，保险推销员每打10个电话可能只有1个人愿意坐下来谈谈，而且还不一定购买保险）。许多员工在遭受这样的打击之后，自信心荡然无存，就会失去进一步努力的动机，业绩自然也就会下降。当他的业绩不好之后，他就会觉得自己不适合这个行业，跳槽成为必然的选择。因此，塞利格曼认为只有具有乐观型解释风格的人，才更适合做保险销售工作。

于是，塞利格曼和大都会保险公司合作，在1985年为公司挑选了新员工。为了检验自己的假设是否正确，塞利格曼对当时参与面试的1.5万名应聘人员进行了两次测试：一次是大都会保险公司安排的职业测试（即公司以前挑选员工的做法），另一次是塞利格曼自己安排的乐观测试。同样，录用新员工时也采用两种标准，一种是按该公司之前的标准——职业测试分数的高低录用，一共录用了1000人，同时对这些人进行乐观测试，并根据测试分数筛选出乐观风格组和悲观风格组，另外一种是挑选出职业测验不合格，但其乐观测验分数较高的人，按这个标准共录用了129人。通过两年的追踪发现：在1000人组中，具有乐观风格的推销员所做的业绩要比悲观者高——第一年高出8%，第二年则高出31%；129人组（职业测试分数低但很乐观的人）与1000人组中的悲观者相比，两年期间的业绩差异更为显著——第一年高出21%，而第二年则高出57%。这些结果充分证明乐观型解释风格在保险销售行业中的重要性。

3. 企业人事管理者对“情绪商”的认识案例。在美国企业界，人事主管们普遍认为，“智商使人得以录用，而情绪商使人得以晋升”。一个著名的案例是，被誉为新泽西聪明工程师思想库的贝尔实验室（at&t）一位经理受命列出他手下工作绩效最佳的人。从他所列出的名单看，那些被认为工作绩效最好的人不是具有最高智商的人，而是那些情绪传递得到回应的人。这表明，与在社会交往方面不灵、性格孤僻的天才相比，那些良好的合作者和善于与同事相处的员工更可能得到为达到自己的目标所需的合作。

另一个案例是，美国创造性领导研究中心的大卫·坎普尔及同事在研究“出轨的主管人员”（昙花一现的主管人员）时发现，这些人之所以失败不是因为技术上的无能，而是因为人际关系方面的缺陷。

通过以上案例，人们不难看到“情商”研究对于个人成功及改进组织人事管理的实用价值。

快乐的钥匙

著名专栏作家哈理斯和朋友在报摊上买报纸，那朋友礼貌地对报贩说了声“谢谢”，但报贩冰冷着脸，没发一言。

“这家伙态度很差是不是？”他们继续前行时，哈理斯问。

“是啊，他每天都这样的。”朋友回答。

“那么你为什么还对他那么客气？”

“为什么我要让他决定我的行为呢？”朋友说。

每个人心中都有把“快乐的钥匙”，人们却常在不知不觉中把它交给别人掌管。

一位女士抱怨道：“我活得很不快乐，因为先生常出差不在家。”她把快乐的钥匙放在先生的手里。

一位妈妈说：“我的孩子不听话，让我很生气！”她把钥匙交在孩子手中。

男人可能说：“上司不赏识我，所以我情绪低落。”这把快乐钥匙又被塞在老板手里。

这些人都做了相同的决定，就是让别人来控制自己的情绪。

当我们容许别人掌控自己的情绪时，我们便觉得自己是受害者，于是抱怨与愤怒成为我们唯一的选择。我们开始怪罪他人，并且传递一个信息：“我这样痛苦，都是你造成的，你要为我的痛苦负责！”

这样的人把自己的责任推给了他人。

一个成熟的人能握住自己快乐的钥匙，他不期待别人使他快乐，反而把自己的快乐和幸福带给周围的人。

我们身处的地方，不论是环境、人、事、物都很容易影响自己的情绪，可是千万别忘了，决定快乐的钥匙，只在你自己手中！

歇一歇

某公司老总，整天忙于业务，没有时间休息，长期下来，他感觉压力越来越大，自己很疲惫，几乎不能够支撑下去。

于是他找到了一位减压大师请教减压方法。大师给他一杯水，问他：“你能把这杯水举一分钟吗？”那老总说：“太简单了，一杯水这么小，小孩子都可以做到。”一分钟很快过去了，老总并不觉得累，接着，大师还是拿着那杯水，问他：“你能把它举一小时吗？”老总虽面有难色，但还是说：“应该可以吧！”一个小时过去了，老总累得手臂酸痛，抬都抬不起来了。大师又问他：“你能把这杯水这样举一天吗？”老总连忙摆手：“不行了，不行了，没想到小小一杯水这么重，要是举一天，那我的胳膊肯定难以承受。”这时这位大师说：“其实这杯水的重量并没有改变，你举得时间越长，就会越觉得重。但是如果你把它放下，休息一会儿，再举，然后再休息一会儿，接着再举，那么你就会持续很长时间。”

与我们承担的压力是同一个道理，压力没有加重，但是你一直背着它不肯放下，时间越久，压力越大，最终会把人压垮。所以这里有一个重要的问题，那就是休息，放下压力，歇歇，然后接着走。人的精力是有限的，该休息时必须休息，不要使自己太过疲惫，你要走的路还很长很长，要给自己一个养精蓄锐的时间。

【电影赏析】

《心理游戏》

影片简介：一个身家上亿的富翁事业如日中天，他却有一个不幸的童年。童年的心理创伤挥之不去，使他常常心情郁闷、脾气古怪，致使妻子和弟弟都离开了他，职员们对他敬而远之。48岁生日那天，弟弟康拉德送给他一张“消费者康乐卡”，使他无意中参加了一个游戏。经历了被戏弄、被欺骗、被追杀甚至被抛弃到墨西哥荒凉墓地的体验，并且被夺取了他引以为豪的全部财富后，他气急败坏，在与那些整治他的人面对面的抗争和报复时，却误伤了弟弟。于是他学着父亲的样子跳下了楼。跳楼的那一刻，他已经通过亲身经历治愈了童年的心理创伤，将情感从死去的父亲身上转移到面前所有的亲朋好友身上。最终他获得了重生，从父亲坠楼的阴影中走了出来，与前妻冰释前嫌，与胞弟重归于好。

心灵分享：影片中的主人公总是心怀消极情绪，并任其左右自己的思想和行为，也因此使自己逐步陷入绝境。该影片间接告诉我们一个道理：要做自己情绪的主人，时刻驾驭、调控自己的情绪，才能有幸福的生活。

《贫民窟的百万富翁》

影片简介：来自孟买的街头小青年贾马尔，遭到印度警方的审问与折磨。原因是贾马尔参加了一档印度版的《谁想成为百万富翁》电视直播节目，在他面对最后一个问题之前，主持人却揭发他作弊。警方想要搞清楚，为什么一个从没受过正规教育的服务员居然能答对目前为止的几乎所有问题。在解释为什么能完美答对每道题的同时，他讲起了认识的一位好莱坞明星，在一起宗教冲突中丧生的母亲，以及他与哥哥沙里姆如何认识了拉提卡，他一生的挚爱。贾马尔的生活由此徐徐展开……

心灵分享：人们通常以为创伤事件一定会造成心理创伤，用这个观点去看贾马尔，他早就该是一个严重的心理障碍患者。贾马尔所经历的重大创伤事件俯拾皆是，他居无定所、饥寒交迫；妈妈在5岁的他面前因宗教纷争被棍棒打死；他险些被挖去双眼……但贾马尔在那么多悲惨事件组成的人生中，最常忆起的却是一个无比美好的画面：阳光下、月台上，身着鹅黄色裙衫的女孩儿拉提卡仰脸微笑注视着他，那样的明媚而灿烂，那样的满怀信心和憧憬。

这就是贾马尔最与众不同的地方——具有极高的复原力，不论遇到什么样的不幸和挫折，心中始终有坚定的希望和信心。复原力（Resiliency，又译坚韧性）是心理资本的四要素之一，指一种能够从逆境、不确定、失败以及某些无法抗拒的灾难中自救、恢复甚至提升自身的能力。一个人的复原力是在他遭遇巨大不幸的时候才会表现出来的。但是它的生成，取决于这个人平时怎样看待并应对他日常生活中的不幸。贾马尔具备了高复原力的三个基本特征：一是接受并战胜现实的能力，二是在危难时刻寻找生活真谛的能力，三是随机应变想出解决办法的能力。

第六章　和谐交往

穿行在沙漠中的两个人

在阿拉伯传说中，有一对好朋友在沙漠中穿行，两人发生了激烈争执，其中的一个人扇了另外一个人一记响亮的耳光。被扇耳光的人什么话也没有说，只是在沙子上写道："今天，我最好的朋友在我的脸上打了一耳光。"他们继续行走，终于发现了一个绿洲，两人迫不及待地跳进水中洗澡，很不幸，被扇耳光的那个人深陷泥潭，眼看就要被溺死，他的朋友舍命相救，终于脱险。被救的人什么话也没有说，在石头上刻下一行字："今天，我最好的朋友救了我的命。"打人和救人的这个人问："我打你的事，你记在沙子上；我救你的事，你刻在石头上，为什么？"另一个人答道："当你有负于我的时候，我把它记在沙子上，风一吹，什么都没有了；当你有恩于我的时候，我把它刻在石头上，什么时候都不会忘记。"

朋友间相处，伤害往往是无心的，帮助却是有心的。忘记无心的伤害，铭记真心的帮助，你会发现很容易交到朋友。

戴尔·卡耐基认为，一个人的成功，只有15%是由于他的专业技术，而85%要靠人际关系和他的为人处世能力。

第一节　大学生人际交往概述

良好的人际交往能力是大学生成长与发展的助力器，促进大学生的社会化过程。大学生的人格等特质就是在与人交往的过程中得以完善和发展的。正常的人际交往和良好的人际关系是一个人身心健康发展、人格保持健康和生活幸福的必要前提。研究显示，人际交往问题已经成为大学生生活中经常遇到的主要困惑之一。

一、人际交往

人际交往是指社会上人与人，人与群体以及群体与群体之间，运用语言和非语言符号交换信息与思想，交流经验与技能，表达情感和需要，从而在心理和行为上产生相互影响的动态过程，它实现了人与人的相互认识、理解、合作与促进。

二、人际交往的意义

亚里士多德认为："能独自生活的人，不是野兽，就是上帝。"人是社会的人，很难想象一个人在社会上离开了与其他人的交往，生活将会怎样。若想在社会上生存与发展，必须进行不同程度的人际交往。

（一）人际交往是个体生存与发展的需要

马斯洛认为，个体在发展过程中赖以生存的五种需要包括：生理需要、安全需要、归属和爱的需要、尊重的需要、自我实现的需要。它们构成了不同的等级或水平，并成为激励和指导个体行为的力量，其中前三种为最基本的需要。每个人都需要别人的关怀、帮助、爱护、同情，需要一种稳定的安全感，它表现为人们追求稳定、安全的环境，希望得到保护，能够免除恐惧和焦虑等。

心理学的研究结果表明，儿童与其照看者之间通过积极的交往形成的稳定的亲密关系，是其心理乃至身体正常发展不可缺少的条件。如果儿童缺乏与成人的正常交往及由此建立起来的亲密关系，不仅性格发展会出现问题，连智力也会出现明显障碍。交往是个性发展与人格健全的必经之路。个体只有通过与其他个体发生联系，才能学习社会知识、技能与文化。离开社会的交往环境，离开与他人的合作，个体无法成为一个合格的社会人。

【拓展悦读】

狼孩的故事

1920年10月，一位印度传教士辛格（Singh，J. A. L.）在印度加尔各答的丛林中发现两个狼哺育的女孩。大的女孩约8岁，小的1岁半左右。据推测，她们可能是在半岁左右时被母狼带到洞里去的。辛格给她们起了名字，大的叫卡玛拉（Kamala）、小的叫阿玛拉（Amala）。辛格把她们送进了米梅纳普尔市孤儿院。据辛格讲，这两个孩子刚回到人类社会之初，具备狼的特点，有明显的动物习性：吞食生肉，四肢爬行，喜暗怕光，白天总是蜷缩在阴暗的角落里，夜间则在院内外四处游荡，凌晨1时到3时像狼一样嚎叫。给她们穿衣服，她们却粗野地把衣服撕掉。她们目光炯炯，嗅觉敏锐，但不会说话，没有人的理性。

辛格牧师夫妇俩为使两个狼孩能转变为人，做出了各种各样的尝试。阿拉玛到第2个月，可以发出“波、波”的音，诉说饥饿和口渴了。遗憾的是，第11个月，阿玛拉就死去了。卡玛拉4年后掌握了6个单词，将近5年的时间学会了两脚步行，但快跑时又会用四肢。经过5年，她能照料孤儿院幼小儿童了。她为自己想做的事情（如解纽扣儿）做不好而哭泣。卡玛拉一直活到17岁。但她直到死时也没有真正学会说话，智力只相当于3、4岁的孩子。

狼孩由于错过了与他人交往的最佳时期，失去了其作为人的成长的环境，即使后来回到人类社会，也很难成为一个正常的人了。“物以类聚，人以群分”，人有交往的需要，有合群的倾向。人生在世，通过与他人交往来进行社会信息交流、情感沟通。困难时，他人一句温暖的话语、一个真诚的关怀，会令你倍感亲切、慰藉；成功时，与他人分享你的快乐与喜悦亦会令你开心、畅快，并因此提升生命的价值感。

（二）人际交往帮助大学生正确认识自我，完善自我

认识自我的途径有两种：自我观察和通过他人了解自己。大文豪苏轼写道：“不识庐山真面目，只缘身在此山中。”自己认识自己有时候比较难，一般来说，当局者迷，旁观者清。周围的人对自己的态度和评价能帮助人们更好地认识自己、了解自己。

唐太宗曾说：“我好比山中的一块矿石，矿石在深山是一块废物，但经过匠人的锻炼，就成了宝贝。魏征就是我的匠人！”唐太宗在位期间，魏征经常直言进谏，让唐太宗当面难堪，但的确帮唐太宗更正确地处理了很多问题。魏征是和唐太宗李世民的名字紧紧连在一起的。作为一代明君，唐太宗以自己的雄才大略开创了贞观盛世。而作为一代贤相，魏征在“贞观之治”中起着举足轻重的作用。魏征死后，唐太宗极为伤感地对众臣说：“以铜为鉴，可以正衣冠；以古为鉴，可以知兴替；以人为鉴，可以明得失。今魏征逝，一鉴亡矣。”通过魏征的忠直谏言，唐太宗能更好地明了自己的得失正误。

任何人都希望别人喜欢自己，认同自己，大多数人会排斥与自己意见相左的人，因此没有唐太宗的贤明大度，就不会有魏征的直言进谏，二人相互衬托，相辅相成。虽然他人的批评，会让人听了很难受，但无疑别人客观的评价更有利于

人们完善自我。甚至有人说，真正成就我们，把我们推上领奖台的是我们的“敌人”。所以在生活中，大学生要多交“诤友”，更有利于成长。

（三）人际交往影响着大学生的心理健康

新精神分析学家霍妮认为，神经症是人际关系紊乱的表现。人类的心理病态，主要是由于人际关系失调而来的。也就是说，人际关系紧张的人，不但事业会受阻，而且心情不好，陷入极大的痛苦之中。

研究表明，如果一个人长期缺乏与别人的积极交往，缺乏稳定的良好人际关系，那么这个人往往有明显的性格缺陷。在心理健康教育实践中，人们也注意到，绝大多数大学生的心理危机是与缺乏正常人际交往和良好人际关系相联系的。在同宿舍里，同伴之间的心理交往状况，往往决定了一个大学生是否对大学生活感到满意。那些生活在没有形成友好、合作、融洽的人际关系的宿舍中的大学生，常常表现出压抑、敏感、难于合作的特点，情绪的满意程度低。在融洽的宿舍里生活的大学生，则注重学习与成就、乐于与人交往和帮助别人。可见，人的心态与性格状况，直接受到与别人交往和关系状况的影响。

心理学家曾从不同角度做过大量研究，结果表明：健康的个性总是与健康的人际交往相伴随的。心理健康水平越高，与别人的交往就越积极，越符合社会的期望，与别人的关系也越融洽。心理学家奥尔波特发现个性成熟的人，都同别人有良好的交往与融洽的关系，他们可以很好地理解别人，容忍别人的不足和缺陷，能够对别人表示同情，具有给人以温暖、关怀、亲密和爱的能力。马斯洛发现高水平的“自我实现者”，对别人有更强烈、更深刻的友谊与更崇高的爱。有的研究结果表明，那些高心理健康水平的优秀者，往往来自于人际关系良好的家庭，这也从一个侧面提供了人际交往状况影响个体心理健康的佐证。

（四）人际交往有利于大学生成才

大学时期是走向成人的关键时期，也是面临各种各样复杂人际关系的时期，大学生在这一段时期的交往经验将会对其今后的成长产生重要影响。21世纪是人才竞争的时代，但对于一个事业成功的佼佼者来说，若想在人才竞争中脱颖而出，一方面要有出众的才华，另一方面要有良好适应社会生活的能力、良好的人际协调的能力。在科技日新月异的时代，知识的更新换代极为频繁，每个人都需要不断地进行知识的补充与更新。但是，单个人的能力是有限的，光靠书本上的知识很难适应社会发展的实际需要，而积极的人际沟通与交往，是他获取新知识的有效途径。“独学而无友，孤陋而寡闻。”对于大学生而言，他们思想活跃、成就动机强，但是，由于社会经验的不足、知识的局限，他们在看问题时难免会出现偏差。大学生彼此间的畅所欲言、互通有无，会使他们在思想碰撞中产生新的火花，增长他们对事业、人生、成功的积极看法。纵观科学发展史，不难发现：科学家间的彼此合作，很有可能出现科学的奇迹。控制论之父维纳，在建立控制论早期，曾组织过一个科学方法讨论班，参加的人有数学家、物理学家、工程师、医生等。他们分别从不同角度对新理论进行发难、质疑、补充、完善，使原来许多问题得以澄清。在现代社会，各门学科间的相互渗透越来越强，单靠一门学科的知识很难有大的成就。对于大学生来说，应该学会与不同学科人才进行交流的能力，从而在心灵上相互沟通、行为上相互协调，共同促进、共同提高。

三、大学生人际交往的特点

大学生渴望友谊，渴望结交更多的朋友、交流更多的信息、接受更多的新思想。在这种心理的作用下，大学生的人际交往呈现出前所未有的开放式交往趋势，表现在：

（一）交往范围扩大

交往对象由以前的亲戚、朋辈交往转向更广泛的社会交往群体。除了同性交往，异性交往也是大学生交往的重要内容。

（二）交往频率提高

交往由偶尔的相聚、互访发展到频繁聊天、聚会，参加社团活动、体育活动、娱乐活动以及其他集体活动。

（三）交往手段多元化

大学生虽然主动追求开放式的人际交往，但由于时间、精力、生活环境、经济条件等方面的限制，交往的主要场所仍然是校园和寝室。现代通信、网络的发展，为大学生提供了更加广阔的交往空间，使大学生的人际交往变得更方便、更快捷。

第二节 人际交往的相关理论

一、人际关系的发展过程

奥特曼和泰勒认为，良好的人际关系的建立和发展，从交往由浅入深的角度来看，一般需要经过定向、情感探索、情感交流和稳定交往四个阶段。

（1）定向阶段：包括对交往对象的注意、选择及初步沟通等方面的心理活动。

（2）情感探索阶段：双方探索彼此在哪些方面可以建立感情联系。随着沟通越来越广泛，就会有一定程度的情感卷入。

（3）情感交流阶段：双方的信任感、安全感开始建立；沟通的深度和广度有所发展，并有较深的情感卷入。双方会提供评价性的反馈信息，进行真诚的赞许或批评。

（4）稳定交往阶段：双方在心理相容性方面进一步拓展，已允许对方进入自己的私密性领域，自我暴露广泛而深刻。此时，人们已经可以允许对方进入自己高度私密性的个人领域。

二、PAC人际交往理论

PAC人际交往理论又叫人际交往分析理论，由加拿大心理学家伯恩（Eric Berne）于1964年在《人们玩的游戏》（*Game People Play*）一书中提出。这种分析理论认为，个体的个性是由三种比重不同的心理状态构成，这就是“父母（Parent）”“成人（Adult）”“儿童（Child）”状态。这三种状态在每个人身上都交互存在，也就是说这三者是构成人类多重天性的三部分。

1. “父母”（Parent，简称P）状态以权威和优越感为标志。通常表现为统治、训斥及责骂等权威式的作风。当一个人的人格结构中P成分占优势时，他的行为表现为：凭主观印象办事，独断专行，滥用权威。这种人讲起话来总是“你应该……”“你不能……”“你必须……”

2. “成人”（Adult，简称A）状态表现为注重事实根据，善于进行客观理智的分析。这种人能从过去存储的经验中，估计各种可能性，然后作出决策，表现出客观与理智。其行为表现为：待人接物冷静，慎思明断，对自己负责，对他人尊重。其语言特征是："我个人认为……""我个人的想法是……"

3. "儿童"（Child，简称C）状态像婴幼儿的冲动，表现为服从和任人摆布。其行为表现都是即兴的，喜怒无常，感情用事，一会儿天真可爱，一会儿乱发脾气，自我中心，不管他人。这种人讲起话来总是"我是……""我想……""我不知道……""我不管……"

在P、A、C三种成分中，P、C具有盲目性、被动性与两面性。而A具有自觉性、客观性与探索性，致力于弄清事物真相、事物间的关系与变化规律，能够站在别人的角度审视自己，具有反省能力。

根据PAC理论，不同的心态可以构成不同的交往组合。当交往双方的相互作用构成一种平行关系时，交往就是可持续的，对话可无限制地继续下去。这种交往有六种具体形式：P–P、A–A、C–C、C–P、A–P、C–A。在这六种交往形式中，P–P双方都自以为是，这不顺眼，那也不好，双方谈得很投机，但都在指责别人。这样的两个人长久交往会互相助长偏激苛求的性格。C–C交往则有些"同流合污"的味道，两人一拍即合，但都不负责任。C–P、A–P、C–A，均属于互补型的交往，我期望对方的，刚好是对方回应的。这种交往因为互补，所以能够持续，却潜藏着不平等与依赖，长此以往，也不利于交往双方的发展。只有A–A交往是最健康的，大家都本着负责与尊重的原则，尽量合情合理地解决问题。

三、人际交往的四种模式

美国著名心理学家爱利克·伯奈依据自己和对他人所采取的基本生活态度，提出了人际交往的四种模式。

1. 我不好——你好（我不行，你行）。人在生命的初始阶段是依赖于周围的人而生存的，与周围的成人相比，儿童常常感到自己的无能，因而从小就有自卑感，潜意识中形成了"我不行，你行"的心理模式。人的成长过程也就是逐渐克服这种心态的过程。有的人由于在个体社会化过程中，尚未完全摆脱儿时的这种心理行为模式，长大后就容易放弃自我或顺从他人，这些人喜欢以百倍的努力去赢得他人的赞赏。

2. 我不好——你也不好（我不行，你也不行）。不喜欢自己也不喜欢别人，既看不起自己也看不起别人，既不会去爱他人，也不能理解和接受他人，常常陷入绝境，极端孤独和退缩。

3. 我好——你不好（我行，你不行）。常常表现为充满优越感，骄傲自大，自以为是，总以为自己是对的，别人是错的，自己对别人好，而别人对自己不好，并为此感到愤愤不平，把人际交往失败的原因都归咎于他人。导致固执己见，唯我独尊。

4. 我好——你也好（我行，你也行）。具有这种心态的人相信自己也相信他人、爱自己也爱他人。他不是十全十美的人，却能客观地悦纳自己和他人。正视现实，并努力去改变自己能够改变的事物，善于发现自己、别人和外部世界的光明面，从而使自己保持一种积极、乐观、进取、和谐的精神状态。这是一种成熟、健康的人际交往的心理模式。

前三种交往模式都会阻碍人际交往的进行，并且不利于心理健康。

四、萨提亚五种沟通模式

五种沟通模式是由维琴尼亚·萨提亚（Virginia Satir，1916—1988）女士提出来的。她是美国最具影响力的首席心理治疗大师，被美国著名的《人类行为杂志》（*Human Behavior*）誉为“每个人的家庭治疗大师”。萨提亚所建立的一套心理治疗方法，最大特点是着重提高个人的自尊、改善沟通及帮助人活得更“人性化”，而非只求消除“症状”，治疗的最终目标是个人达到“身心整合，内外一致”。

萨提亚认为冲突不可避免，尤其是亲密关系的人们之间，就更多见而棘手。冲突往往跟双方在乎的事情有关系，跟自己是不是被爱，是不是受到尊重有关。不同的人，沟通模式也不同，这是理解他人也是理解自己的一把钥匙。萨提亚把沟通模式分为五种：

（一）讨好型

此类型的人忽略自己的感受和需求，内在价值感比较低，言语中经常流露出“这都是我的错”“我想要让你高兴”之类的意思。行为上则过度和善，习惯于道歉和乞怜。

（二）指责型

此类型的人常常忽略他人的感受和需求，习惯于攻击和批判，将责任推给别人，“都是你的错”“你到底怎么搞的”是他们的口头语。指责型的人通常是孤单的、失败的，但他们宁愿与别人隔绝以保持权威。

（三）超理智型

此类型的人极端客观，只关心事情合不合规定，是否正确，总是逃避与个人情绪相关的话题。他们告诫自己："人一定要有理智""不论代价，一定保持冷静、沉着，决不慌乱"。这类人表面上很优越，行为举止合理化，而实际上，他们内心很敏感，有一种空虚和疏离感。

（四）打岔型

此类型的人永远抓不着重点，习惯于插嘴和干扰，不直接回答问题或根本文不对题，借以逃避问题。他们内心焦虑、哀伤，精神状态混乱，没有归属感，不被人关照，还常被人误解。

以上四种表现都可以归结为与自我的不一致。"不一致"沟通的问题在于，都在掩饰、压抑或扭曲自己的情感，不愿坦露自己的感受，试图用自以为高明的办法去掩饰它。例如，当一个人做了一件让你愤怒的事，你无法直接说"你这种做法让我感到愤怒"，却要转变成一个指责者说："你怎么什么事都做不好！"

不一致的沟通事实上伤害了我们和别人建立情感连结的能力，我们试图掩盖真相，装作对不喜欢的事情若无其事，将情绪积压在心中，然而不幸的是，这种累积迟早会爆发。长期下去甚至会造成严重的躯体疾病，例如头痛、胃溃疡等。

（五）表里一致型

此类型是萨提亚所倡导的目标，这种模式建立在高自我价值的基础上，意味着承认自己所有的情感，能很好地表达自己的想法，同时顾及他人的感受，且考虑到情境。在表里一致的行为和关系中，我们可以不带任何评判地接纳并拥有自己的感受，并且以一种积极、开放的态度来处理它们。

一致性沟通的四个步骤：

1. 我的五感（眼耳鼻舌身）——当我听到、看到……

2. 我的感受——表达感受：喜、怒、悲、惧、忧……

3. 我的解释——对感受的解释。

4. 我的期望——使用合理的应对方式。

萨提亚曾描述过这样一个现象：在人群中，无论人们的真实感受和想法如何，总有50%的人（讨好型）回答"是"；30%的人（指责型）回答"不是"；15%的人（超理智型）既不回答"是"，也不回答"不是"，也不会给出他们真实感受的任何线索；还有0.5%的人（打岔型）会表现得若无其事、毫无知觉。最后只有4.5%的人（表里一致型）是真实的，他们是表里一致的。

一般来说，沟通模式源自我们的原生家庭，在原生家庭里用何种生存姿态，到了学校、工作单位或者另组新家庭，也会用相似的沟通模式与别人相处。

第三节 构建和谐人际关系

大学生在人际交往过程中，常常受主观认知、情绪、人格等心理因素和客观因素的影响，出现因自我中心、自卑、自负、嫉妒、猜疑而致的人际交往问题。因此，大学生了解人际交往中常用的技巧和策略，对于提高自身的人际交往水平具有重要的现实意义。

一、克服社会知觉中的认知偏差

（一）首因效应与近因效应

在心理学中，首因效应也叫“第一印象”效应。第一印象，是在短时间内以片面的资料为依据形成的印象。心理学研究发现，与一个人初次会面，45秒钟内就能产生第一印象。

首因效应本质上是一种优先效应，当不同的信息结合在一起的时候，人们总是倾向于重视前面的信息。即使人们同样重视了后面的信息，也会认为后面的信息是非本质的、偶然的，人们习惯于按照前面的信息解释后面的信息，即使后面的信息与前面的信息不一致，也会屈从于前面的信息，以形成整体一致的印象。在生活节奏如同飞快奔驰的列车的现代社会，很少有人会愿意花更多的时间去了解、证实一个留给他不好第一印象的人。

近因效应是指在多种刺激依次出现的时候，印象的形成主要取决于后面出现的刺激，即交往过程中，我们对他人最近、最新的认识占了主体地位，掩盖了以往形成的对他人的评价，因此，也称为“新颖效应”。与“首因效应”相对，如多年不见的朋友，在自己脑海中的印象最深的就是临别时的情景，这就是一种近因效应的表现。

一般情况下，对于陌生人，首因效应的作用比较大；对于熟悉的人，近因效应的作用比较大。

【心理实验室】

1957年，美国心理学家卢钦斯做了这样一个实验。他编撰了两段文字，描写一个名叫吉姆的男孩的生活片段。第一段文字将吉姆描写成热情、外向的人，说吉姆与朋友一起去上学，他走在撒满阳光的马路上，与店铺里的熟人说话，与新结识的女孩子打招呼等；另一段文字则相反，把他描写成冷淡而内向的人，说吉姆放学后一个人步行回家，他走在马路的背阴一侧，没有与新近结识的女孩子打招呼等。在实验中，卢钦斯把两段文字加以组合：

第一组，描写吉姆热情外向的文字先出现，冷淡内向的文字后出现。

第二组，描写吉姆冷淡内向的文字先出现，热情外向的文字后出现。

第三组，只显示描写吉姆热情外向的文字。

第四组，只显示描写吉姆冷淡内向的文字。

卢钦斯让四组人分别阅读一组文字材料，然后回答一个问题："吉姆是一个什么样的人？"结果发现，第一组中有78%的人认为吉姆是友好的，第二组中只有18%的人认为吉姆是友好的，第三组中认为吉姆是友好的人有95%，第四组只有3%的人认为吉姆是友好的。

第一组和第二组条件下，相同的内容，只因顺序不同，人们对吉姆的印象差别竟然如此之大！也就是说，信息呈现的顺序影响了对人的整体看法，先呈现的信息比后呈现的信息有更大的影响作用。这个现象叫作首因效应，也叫第一印象效应，它是指第一次接触陌生人或事物形成的印象对人们后来的认识起到了先入为主的作用。

更有意思的是，卢钦斯的实验并没有就此中止，他改变了实验条件。首先，告诉参加实验的人不要受第一印象的误导，要全面地进行评价，然后，将描述吉姆不同特征的两段文字隔开呈现。在此人念完第一段文字后就做一些无关的工作，如做数学题、听故事等，然后再将另一段呈现给他们。在这种条件下，大部分人都会根据后面一段的描述对吉姆进行判断。也就是说，总体印象形成过程中，新近获得的信息比原来获得的信息影响更大，这个现象就叫近因效应。

社会心理学家艾根（1977年）根据研究得出：同陌生人相遇时，按照SOLER模式表现自己，可以明显地增加别人对我们的接纳性。

S（Stand）：表示坐姿或站姿要面对别人。

O（Open）：表示姿势要自然开放。

L（Lean）：表示身体要微微前倾。

E（Eye-contact）：表示目光接触。

R（Relax）：表示放松。

SOLER模式传达出“我很尊重你，对你很有兴趣，我内心是接纳你的，请随便”的信息，能轻松地给对方留下良好的第一印象。

卡耐基在其名著《怎样赢得朋友，怎样影响别人》一书中，总结了给人留下良好第一印象的六条途径，即真诚地对别人感兴趣，微笑，多提别人的名字，做一个耐心的倾听者，鼓励别人谈自己，交流别人感兴趣的话题。

（二）晕轮效应

晕轮效应最早是由美国著名心理学家爱德华·桑戴克于20世纪20年代提出的。他认为，人们对人的认知和判断往往只从局部出发，扩散而得出整体印象，也即常常以偏概全。一个人如果被标明是好的，他就会被一种积极肯定的光环笼罩，并被赋予一切都好的品质；如果一个人被标明是坏的，他就被一种消极否定的光环所笼罩，并被认为具有各种坏品质。

【心理实验室】

美国心理学家凯利以麻省理工学院的两个班级的学生分别做了一个试验。上课之前，实验者向学生宣布，临时请一位研究生来代课。接着告知学生有关这位研究生的一些情况。其中，向一个班的学生介绍这位研究生具有热情、勤奋、务实、果断等品质；向另一班的学生介绍的信息除了将“热情”换成了“冷漠”之外，其余各项都相同。下课之后，前一个班的学生与研究生一见如故，亲密攀谈；另一个班的学生对他却敬而远之，冷淡回避。可见，仅介绍中的一词之别，竟会影响到整体的印象。学生们戴着这种有色镜去观察代课者，这位研究生就被罩上了不同色彩的晕轮。

晕轮效应的最大弊端就在于以偏概全。其特征具体表现在这样三个方面：

1. 遮掩性。有时我们抓住的事物的个别特征并不能反映事物的本质，我们却仍习惯以个别推及一般、由部分推及整体，势必牵强附会地误推出其他特征。随意抓住某个或好或坏的特征就断言这个人或是完美无缺，或是一无是处，都犯了片面性的错误。年轻人恋爱中的“一见钟情”就是由于对象的某一方面符合自己的审美观，往往对思想、情操、性格诸方面都视而不见，觉得对象是“带有光环的天仙”，样样都尽如人意。

2. 表面性。晕轮效应往往产生于自己对某个人的了解还不深入，也就是还处于感觉、知觉的阶段，因而容易受感觉的表面性、局部性和知觉的选择性的影响，从而对于某人的认识仅仅专注于一些外在特征上。有些个性品质或外貌特征之间并无内在联系，我们却容易把它们联系在一起，断言有这种特征就必有另一特征，也会以外在形式掩盖内部实质。外貌堂堂正正，未必正人君子；看上去笑容满面，未必面和心慈。简单把这些不同品质联系起来，得出的整体印象必然是表面的。

3. 弥散性。对一个人的整体态度，还会连带影响到跟这个人的具体特征有关的事物上。成语中的“爱屋及乌”“厌恶和尚，恨及袈裟”就是晕轮效应弥散的体现。《韩非子·说难》中讲过一个故事。卫灵公非常宠幸弄臣弥子瑕。有一次弥子瑕的母亲病了，他得知后就连夜偷乘卫灵公的车子赶回家去。按照卫国的法律，偷乘国君的车子是要处以刖刑（把脚砍掉）的，卫灵公却夸奖弥子瑕是个孝子。又有一次，弥子瑕与卫灵公同游桃园，他摘了个桃子吃，觉得很甜，就把咬过的桃子献给卫灵公尝，卫灵公又夸他爱君之心。后来，弥子瑕年老色衰，不受宠幸了。卫灵公因不喜爱他的外貌而不喜爱他的其他品质了，甚至以前被他夸奖过的两件事，后来也成了弥子瑕的“欺君之罪”。

（三）刻板效应

所谓刻板效应，又称为刻板印象、定性效应，是指对某一类人产生的一种比较固定的、类化的看法。还没有进行实质性的交往，就对某一类人产生了一种不易改变的、笼统而简单的评价，这是人们认识他人时经常出现的现象。有些人总是习惯于把人进行机械的归类，把某个具体的人看作是某类人的典型代表，把对某类人的评价视为对某个人的评价，因而影响正确的判断。刻板印象常常是一种偏见，人们不仅对接触过的人会产生刻板印象，还会根据一些不是十分真实的间接资料对未接触过的人产生刻板印象，例如：老年人是保守的，年轻人是爱冲动的；北方人豪爽，南方人善于经商；家庭社会地位高的学生傲气、不好相处等，这种刻板印象容易形成先入为主的定性效应，妨碍人们正常人际关系的形成。

刻板效应主要有三个特征：其一，对社会人群的简单化的分类方式和泛化概括的认识；其二，同一社会人群中刻板印象具有很大的一致性；其三，与事实不符，甚至有时完全错误。

它常常是造成人们认知偏差或偏见的主要原因，但在某些条件下有助于把现实中的人们加以归类进行概括性认识。

克服刻板效应的具体方法有：一要善于用“眼见为实”去核对“偏听之词”，有意识地重视和寻求与刻板印象不一致的信息；二要深入到群体中去，与群体成员广泛接触，并重点加强与群体中有典型化、代表性的成员沟通，不断地检索验证原来刻板印象中与现实相悖的信息，最终克服刻板印象的负面影响而获得准确的认识。

（四）定势效应

定势效应是指以前的心理活动会对以后的心理活动形成一种准备状态或心理倾向，从而影响以后心理的活动。在对陌生人形成最初印象时，这种作用特别明显。

人们在一定的环境中工作和生活，久而久之就会形成一种固定的思维模式，使人们习惯于从固定的角度来观察、思考事物，以固定的方式来接受事物。

【心理实验室】

俄国社会心理学家包达列夫曾做过这样一个实验：他向两组大学生出示了同一个人的照片。在出示之前，向第一组说，将要出示的照片中的人是一个十恶不赦的罪犯；向另一组说照片中的人是一位大科学家。然后让两组大学生用文字描绘照片上的人的相貌。第一组的评价是：深陷的双眼证明内心的仇恨，突出的下巴证明沿着犯罪的道路走到底的决心等；第二组的评价是：深陷的双眼显示思想的深邃，突出的下巴表明在知识道路上克服困难的意志力等。这个实验有力地说明了定势效应的作用。

【拓展悦读】

还有一个脑筋急转弯的问题也说明了定势效应的存在。一位公安局长在路边同一位老人谈话，这时跑过来一位小孩，急促的对公安局长说：“你爸爸和我爸爸吵起来了！”老人问：“这孩子是你什么人？”公安局长说：“是我儿子。”请你回答：这两个吵架的人和公安局长是什么关系？

针对这一问题的测试结果显示，100名被试者中只有两人答对。后来对一个三口之家问这个问题，父母没答对，孩子却很快答了出来：“局长是个女的，吵架的一个是局长的丈夫，即孩子的爸爸；另一个是局长的爸爸，即孩子的外公。”

为什么成人对如此简单问题的解答不如孩子呢？这就是定势效应。按照成人的经验，公安局长应该是男的，从男局长这个心理定势去推测，自然找不到答案；而小孩子没有这方面的经验，也就没有心理定势的限制，因而很容易就找到了正确答案。

二、掌握人际交往的原则

（一）相互原则

从心理学上讲，每个人都是天生的自我中心者，个体都希望别人能承认自己的价值，支持自己，接纳自己，喜欢自己。由于这种寻求自我价值被确认和安全感的倾向，在社会交往中，更重视自己的自我表现，注意吸引别人的注意，希望别人能接纳自己，喜欢自己。阿伦森的研究表明，人际关系的基础是人与人之间的相互重视、相互支持，对于真心接纳自己，喜欢自己的人，人们也更愿意接纳对方，愿意同他们交往，并建立和维持关系。

福阿夫妇（1975）研究表明，任何人都有着保护自己心理平衡的稳定倾向，都要求自身同他人的关系保持某种适当性、合理性，并依此对自己与他人的行为给以解释。这样，当别人对自己表示出友好、接纳和支持时，人们也感到应该对别人报以相应的友好，这种“应该”的意识会使人们产生一种心理压力——接纳别人，否则自己的行为就显得不合理。与此同时，如果人们友好的行动被别人接纳后，自己也希望别人做出相应的回答；如果别人的行动偏离了自己的期望，人们会认为别人不通情理，从而产生一种不愉快的情绪体验，产生心理排斥。同样，对于排斥与拒绝自己的人，人们很可能报之以排斥与否定，否则难以达到心理平衡。可见，我国古人所讲的“爱人者，人恒爱之”“己所不欲，勿施于人”是有心理学基础的。

（二）功利（互惠）原则

心理学家霍曼斯（1961）提出，人与人之间的交往本质上是一个社会交换过程，人们希望交换对自己来说是值得的，希望在交换过程中得至少等于失，不值得的交换是没有理由去实施的，所以人们的一切交往行动及人际关系的建立与维持都是根据一定的价值观进行选择的结果。对于那些对自己来说值得的，或得大于失的人际关系，人们倾向于建立和保持；对自己来说不值得，或失大于得的，人们就倾向于逃避、疏远或终止。

我国心理学家研究发现，随着人们的价值观倾向不同，人际交往中存在着不同的社会交换机制。对重内在情感价值的人而言，他们在人际交往中个人情感卷入更多，因而有明显的重情谊、轻物质的倾向，与别人的交换倾向于“增值交换”。他们在人际交往中感到欠别人的情分，因此在回报时，往往也超出别人的期望，这种过程的循环往复，就使得双方都感到得大于失，关系就会越来越好。与此同时，对于重利轻友的人而言，他们在人际交往中个人的情感卷入少，倾向于用物质来衡量自己的得失，经常感到付出的多回报的少，所以，与别人的交换倾向于“减值交换”，当感到“利少”时，关系就会渐行渐远。

（三）自我价值保护原则

自我价值保护原则，是指人为了保护自我价值，心理活动的各个方面都有一种防止自我价值遭到否定的自我倾向。

自我价值保护是个体对自身价值的意识与评价。自我价值保护是一种自我支持的心理倾向，其目的是防止自我价值受到贬低和否定。由于自我价值是通过他人的评价而确立的，个人对他人的评价极其敏感。对肯定自我价值的他人，个体对其认同和接纳；而对否定自我价值的他人则予以疏离，与这种人交往时，可能激活个体的自我价值保护动机。

（四）增减原则

【心理实验室】

美国社会心理学家阿伦森与林德邀请了许多被试者，将他们分为四组参加一项实验，其中一位被试者实际上是研究者的助手，即假被试者。研究者安排这名假被试者担当真被试者的临时负责人。在每次实验的休息时间，这名助手就会到研究主持者的办公室汇报情况，其中一项是汇报对其他被试者的印象和评价。真被试者的休息室与研究主持者的办公室只有一墙之隔，假被试者与心理学家假装压低声音不让真被试者听到，其实真被试者每次都能清楚地听到助手对自己的评价。

助手对其他被试者的评价分为四类：① 肯定。让第一组被试者始终得到好的评价。② 否定。对于第二组被试者，假被试者从始至终都对他们持否定态度。③ 提高。对第三组的评价，前几次是否定的，后几次则由否定逐渐转向肯定。④ 降低。对第四组的评价，前几次是肯定的，后几次则从肯定逐渐转向否定。

然后，研究者分析所有被试者对这个助手的喜欢程度，并让他们在-10到

+10的量表上表示出来。结果发现，对这名助手喜欢程度的平均分：第一组为+6.42，第二组为+2.52，第三组为+7.67，第四组为 +0.87。这便是心理学上的“评价增减效应”实验。

这一实验揭示了人际关系中的“增减原则”：人们对原来否定自己而最终变得肯定自己的对象喜欢程度最高，明显高于一直肯定自己的交往对象；而对于从肯定到否定的交往对象喜欢程度最低，大大低于一直否定自己的交往对象。所以，每个人都喜欢对自己喜欢程度不断增加的人，而讨厌对自己喜欢程度不断降低的人。

（五）适时适度原则

交往的时间要适度。在人的社会性需要中，除了交往、友谊，还有工作、劳动、学习、事业等重要内容。交往的程度要适度。有的人在交往中，关系好时形影不离，不分你我；一朝不和，即互相攻击，老死不相往来，这对双方的心理健康都不利。正常的人际交往，应该疏密有度，把握一定的交往程度，才能建立健康良好的人际关系。

三、了解影响人际吸引的因素

（一）熟悉与邻近

熟悉能增加吸引的程度，因为人们对陌生的事情容易产生紧张感。此外，如果其他条件大体相当，人们会喜欢与自己邻近的人。处于物理空间距离较近的人们，见面机会较多，容易熟悉，彼此的心理空间就容易接近，使得相互喜欢。但交往频率与喜欢程度的关系呈倒U型曲线，过低与过高的交往频率都不会使彼此喜欢的程度提高，中等交往频率时，彼此喜欢程度较高。

【心理实验室】

1968年，扎琼克进行了这方面的实验。他将12张陌生者的照片，随机分成6组，每组2张，按以下方式出示给被试者：第一组看一次，第二组看两次，第三组看五次，第四组看十次，第五组看二十五次。当被试看完10张照片以后，实验者又把另外两张陌生照片编为第六组，与前五组照片混合给被试者看，并要求他们按照喜欢程度将照片排出顺序。结果发现，照片被看得次数越多，排在最前面的机会也越大。

（二）相似性

人们往往喜欢那些和自己相似的人。相似性包括：① 信念、价值观及人格特征相似；② 兴趣、爱好等方面的相似；③ 社会背景、地位相似；④ 年龄、经历相似。这里值得注意的一点是，实际相似性重要，双方感知到的更重要。

【心理实验室】

为调查朋友关系是如何结成的，美国心理学家菲斯廷加等人对大学生入住宿舍后6个月的情况做了一次跟踪调查。被测者是初次见面的17名男生，他们在入住之前接受了政治态度和宗教态度方面的调查。进一步跟踪调查表明，最初是房间邻近的人关系友好（近因效应），但随着时间的推移，态度相似的人渐渐形成了群体。都说好朋友在性格上非常相似，调查的结果确实如此。但人们有时也把这种相似看得超出了实际水平，尤其是对于那些自认为理想的性格特征更是这样。

（三）互补

人们喜欢那些与自己相似的一面，也喜欢那些与自己个性品质相反的一面。双方不同的心理品质，可以使对方得到心理上的补偿。增强吸引力的互补包括：需要的互补；社会角色的互补；人格某些特征的互补，如内向与外向。

当双方的需要、角色及人格特征都呈互补关系时，所产生的吸引力是非常强大的。例如，具有强烈支配性格的人不容易与性格相同的人相处，但他们可能与具有顺从性格的人和睦相处，甚至建立起密切关系。日常生活中常有急性子和慢性子的人合作得很好，爱听的和爱说的成了朋友，正说明了这种“刚柔相济”关系的特点。这种关系往往发生在交情较深的个人之间。

相似性和互补性看上去似乎是矛盾的，实际上二者有时也是一致的。例如，在恋爱、婚姻中往往支配型的男性和顺从型的女性彼此有吸引力。这是因为他们对男女关系中的男女角色看法一致，认为男性应起支配作用，女性应顺从。弗里德曼概括地说，相似性原则在喜欢中起重要作用，但有时候，当两个人的角色作用不同时，互补性原则起重要作用。在这些场合人们喜欢那些行为与角色相符合的人。由于他们的角色不同，行为也就是互补的，而不是相似的。

（四）外貌

大量的研究表明，外貌魅力会引发明显的“辐射效应”，即光环效应，使人们对高魅力者的判断具有明显的倾向性。容貌、体态、服饰、举止、风度、行为等因素在人际情感上起很大作用。人们喜欢美的东西，这是一种自然倾向。外貌美容易形成一种好的印象，人们很容易“以貌取人”。

【心理实验室】

对于外貌美的标准，人们通常有大体一致的看法，但也存在文化差异、时代差异、个体差异与关系差异。研究表明：外貌美的人，有很强的刻板印象，即“美就是好”。戴恩（K.Dion）及其同事在实验室向大学生被试者出示三张外表吸引力不同的照片，并请他们对照片上的三个人在27项特质上打分，并预测未来的幸福程度。结果表明：大多数被试者对外貌好的给予较高的评价与预测，一般觉得外貌好的人聪明、有趣、独立、会交际、能干等。

（五）人格品质

人格品质是影响吸引力的最稳定因素，也是个体吸引力最重要的因素之一。美国学者安德森（N.Anderson，1968）研究了影响人际关系的人格品质。研究结果表明，排在最前面、受喜爱程度最高的六个人格品质是：真诚、诚实、理解、忠诚、真实、可信。它们或多或少、直接或间接地同真诚有关；排在最后、受喜爱水平最低的几个品质如说谎、假装、不老实等。安德森认为，真诚受人欢迎，虚伪则令人厌恶。

（六）才能

一个人的能力大小与受他人喜欢程度的高低有密切关系。一般来说，在其他条件相当时，一个人越有能力就越受人喜欢。但是，能力与喜欢并不永远成正比。

【心理实验室】

阿伦森等人的实验研究揭示了能力与吸引之间的关系。实验中让每一组被试者听一个录音。录音带有4种，显示出4种不同能力条件的人：① 能力超凡的人；② 能力超凡但是犯了错误的人；③ 能力平庸的人；④ 能力平庸而又犯了错误的人。结果发现，最受人喜欢的并不是能力非凡的超人，而是有着非凡的能力但也犯了错误的人；对仅仅是具有非凡能力的人的喜欢处在第二位；第三位是能力一般的人；最不受喜欢的当然是能力平庸而又犯了错误的人。犯错误导致了人们对有能力的人的更加喜欢，这叫作“犯错误效应”。这或许是人们感到犯了错误的有能力的人，比起那些十全十美的人更加亲近，这种人是可望也可及的，同自己有“相似性”。另外，在完美的人面前，或许会使自己感到自惭形秽，降低了自我形象。

另外的一些研究表明，男性更喜欢犯了错误的能力非凡的男人，个别女性喜欢没有犯过错误的能力非凡的人，而不考虑此人是男性还是女性。“犯错误效应”与自尊心有着某种联系，有着中等自尊心的男性更喜欢犯过错误的有能力的人，而自尊心低的男性则更加喜欢没有犯过错误的能力非凡的人。

四、建立良好人际关系的途径

（一）塑造良好形象，增进个人魅力

社会交往中，个体的知识水平与涵养直接影响着交往的效果，塑造良好的个人形象应从点滴开始，从善如流，“勿以善小而不为，勿以恶小而为之”。

1. 提高心理素质。人与人之间的交往是思想、能力、知识及心理的整体作用，哪一方面的欠缺都会影响人际关系的质量。有些人在人际交往中存在着社交恐惧、胆怯、羞怯、自卑、冷漠、孤独、封闭、猜疑、自傲、嫉妒等不良心理，这些都不易建立良好的人际关系。因此，应加强自我训练，提高自身的心理素质，以积极的态度进行交往。

2. 提高自身人格魅力。每个人都有其内在的人格魅力，它是一个人综合素质在社交生活中的体现，这就要求人们不断丰富自己的内心世界，从仪表到谈吐，从形象到学识，多方位提升自我。心理学研究表明，初次交往中，良好的外表会给对方留下深刻的印象，而随着交往的深入，学识、修养、个性和价值观更占主导地位。

（二）善用社交技巧

1. 换位思考。经常站在对方的角度去理解和处理问题，良好的人际交往就会变得简单易行。一般而言，善于交往的人，往往善于发现他人的需要，懂得尊重他人，愿意信任他人，对人宽容，能容忍他人有不同的观点和行为，不斤斤计较他人的过失，在可能的范围内帮助他人而不是指责。懂得“你希望别人怎么对待你，你就应该怎样对待别人”的人际交往“黄金法则”；更懂得“别人希望你怎样对待他们，你就怎样对待他们”的人际交往“白金法则”。

2. 专注于倾听。在人际交往中，倾听是一种对他人的尊重。倾听的关键是设身处地，怀着“同理心”聆听。倾听的技巧包括：其一，全身心地倾听。观察和觉察对方的非语言行为；通过联系对方生活的整个环境，理解对方的言语

信息；留意对方表达中流露出来的可供利用的信息和不够完善的地方。其二，倾听的言语技巧。要求对方补充说明；适当提问；指出共同的经历或意见；多描述，少评论；给予肯定的回答；保持耐心，让对方把话说完；复述对方的内容；阐述自己的见解；解释对方的意图。其三，倾听的非言语技巧。身体前倾，积极关注对方，保持目光接触，尽量做到相对的放松，积极利用面部表情和头部运动。

专注于倾听，才能听到“话外之音”，因为非语言沟通比语言沟通更重要。

【心理实验室】

在1967年，加州大学洛杉矶分校（UCLA）的心理学家艾伯特·梅拉比安（Albert Mehrabian）教授曾经做过一个研究，主要针对人与人之间的沟通有效性。简单来说，这份研究概括出一个简单的规则：在情绪和态度的交流中，语言内容只占了整体沟通中的7%，而非语言的沟通却占了剩下的93%。在这93%当中，语气占了其中的38%，而身体语言占了剩下的55%。这也就是被外界经常引用的“7–38–55沟通定律”。

例如：“我没说你偷我的钱”这句话，根据不同的语调，就能表达出7种意思。

3. 善于赞扬。心理学家认为，赞扬能释放一个人身上的正能量，调动人的积极性。“赞扬能使羸弱的身体变得强壮，能给恐怖的内心以平静与依赖，能让受伤的神经得到休息和力量，能给身处逆境的人以务求成功的决心。”那么，如何赞美他人呢?

（1）善于发现他人的优点和美德。世上没有十全十美的人，也没有一无是处的人，如果你能客观地看别人，就会发现对方的优势和优点。

（2）坦率地说出对方的优点，让对方了解你的心情。实际上，无论你在心里怎么想，只要没用语言表达，你的心情就不会准确地传达给对方，发自内心的赞扬是思想和感情交流的基础。

（3）赞美要及时、准确。没有必要担心赞美会变成讨好，也没有必要“刻意地”随时随地赞美他人。

4. 主动交往。别人是不会无缘无故地对你感兴趣的，要想同别人建立良好的人际关系，就必须成为交往的发起者。当你主动与陌生人打招呼或攀谈时，你会发现自己的努力几乎都是成功的。当你成功的经验越来越多，你的自信心也会越来越充分，人际关系也会越来越好。总之，只有善于主动与别人交往，建立良好的人际关系的愿望才有可能得以实现。

（三）巧妙处理人际冲突

俗话说：有人的地方就有冲突。关键是怎么建设性地解决冲突，化敌为友。

1. 处理人际冲突应遵循的原则。

（1）对事不对人。在发生冲突或争执时，将焦点置于事情本身，客观分析冲突的起因与双方对错，不将冲突扩大化。人际冲突的起因大部分是一些生活琐事，而且双方都要承担一定的责任，也很难分清谁对谁错，所以如果将冲突的起因只归于别人，双方只会相互攻击，从而激化冲突。

（2）给情绪降温，做合理的让步。在发生人际冲突时，双方都处于一种应激状态，在这种情绪状态下，很容易说出中伤彼此的话，造成无法挽回的局面。此时，做适度的让步不失为一种明智的选择，让步并不代表忍气吞声，把握好度也是一种智慧。

（3）及时解决冲突。发生人际冲突时，直面问题，坦诚相待，立即处理，而不要暗自较劲儿，更没有必要记仇。人际冲突的起因多半是小事，彼此说出自己的真实感受，一般都可顺利解决。但事实上，很多人会选择逃避，之后，小问题积攒成为大问题，陈年旧事都有可能被翻出来，此时再处理就难上加难。

2. 处理人际冲突的策略和技巧。

（1）批评的艺术。一般情况下，应多作赞扬，少用批评。批评是负性刺激，通常只有用意善良、符合事实、方法得当时，才有可能产生积极的效果，才能促进对方的反思与进步。高明的批评有以下特点：

① 注意场合与环境，尽量不要当着别人的面批评。

② 先表扬后批评，即用委婉的方式批评。如“这件事你干得不错，非常好，不过……”“你这样干确实有效果，但是，如果……会更好！”

③ 就事论事，一方面不能将以前的事重新翻出来算总账，以免加剧冲突；另一方面批评的是对方的行为而不是人格。

（2）拒绝的艺术。学会拒绝，就是成功地做自己。该拒绝时会拒绝是一种能力，不该拒绝时绝对不拒绝则是一种智慧，知道什么时候该拒绝，什么时候不该拒绝是一种成熟。

① 必须指出拒绝的理由。说出真诚的并且符合逻辑的拒绝理由最好，有助于维持原有的关系。如果你觉得拒绝的理由不充分，也可以直接拒绝不说明理

由。千万不可编造理由，因为谎言终究会被揭穿。当你说明理由后，对方试图反驳，你千万不可与之争辩，只要重申拒绝就行了，因为争辩会把理性转化为感性。

② 耐心倾听对方的要求。即使在对方述说中途就已经知道必须加以拒绝，也要听人把话说完。既表达对其尊重，也可更加确切地了解其请求的主要含义。

③ 让对方知道拒绝是为了他好。如果有人叫你一起去干一些见不得人的事，或者涉及原则性的问题，你应当坚决拒绝，并陈述其利害，让他觉得这样做对他自己不利，你的拒绝确实是为了他，明白了这些，他就不会对你怀恨在心，也较容易放弃自己的念头。

④ 拒绝的话不要脱口而出，否则会让人觉得你是一个冷漠无情的人。拒绝别人时，要首先感谢对方在需要帮助时可以想到你，并且略表歉意。注意：过分的歉意会造成不诚实的印象，因为如果你真的感到非常抱歉的话，就应该接受对方的请求。

⑤ 拒绝对事不对人。拒绝的是他的某个要求而不是他这个人，同时一定要让别人明白其中的道理。

【试试看】

拒绝的方式：

温柔地拒绝——“我可以说‘不’吗？”

委婉地拒绝——“如果我知道……我会帮你的。”

迂回地拒绝——“如果你可以等上几天，我就能帮你了。”

巧妙地拒绝——“我也正在为这件事发愁呢，正想请你帮帮我。”

直接地拒绝——“抱歉，我也不会。”

强烈地拒绝——“别惹我，烦着呢！”

没有技巧——想说就说，及早拒绝，坚决拒绝，没有技巧也是一种技巧。

【自我探索】

心理测验　人际关系综合诊断量表

指导语：这是一份人际关系行为困扰的诊断量表，共28个问题。对每个问题，选“是”的打“√”，选“非”的打“×”。请你认真完成，然后根据评分办法计分，并关注测验结果。

1. 关于自己的烦恼有口难言。 （ ）
2. 和陌生人见面感觉不自然。 （ ）
3. 过分羡慕和妒忌别人。 （ ）
4. 与异性交往太少。 （ ）
5. 对连续不断的会谈感到困难。 （ ）
6. 在社交场合感到紧张。 （ ）
7. 经常伤害别人。 （ ）
8. 与异性来往感觉不自然。 （ ）
9. 与一大群朋友在一起，常感到孤寂或失落。 （ ）
10. 极易受窘。 （ ）
11. 与别人不能和睦相处。 （ ）
12. 与异性相处，不知道如何适可而止。 （ ）
13. 当不熟悉的人对自己倾诉他的遭遇以求同情时，自己常感到不自在。 （ ）
14. 担心别人对自己有什么坏印象。 （ ）
15. 总是尽力使别人赏识自己。 （ ）
16. 暗自思慕异性。 （ ）
17. 时常避免表达自己的感受。 （ ）
18. 对自己的仪表（容貌）缺乏信心。 （ ）
19. 讨厌某人或被某人所讨厌。 （ ）
20. 瞧不起异性。 （ ）
21. 不能专注地倾听。 （ ）
22. 自己的烦恼无人可申诉。 （ ）
23. 受别人排斥与冷漠。 （ ）
24. 被异性瞧不起。 （ ）
25. 不能广泛地听取各种意见、看法。 （ ）
26. 自己常因受伤害而暗自伤心。 （ ）
27. 常被别人谈论、愚弄。 （ ）
28. 不知如何与异性更好地相处。 （ ）

评分标准：

一、总体情况

打“√”的给1分，打“×”的给0分。

1. 如果你得到的总分是在0～8分之间，说明你在与朋友相处上的困扰较少。你善于交谈，性格比较开朗，主动关心别人，你对周围的朋友都比较好，愿意和他们在一起，他们也都喜欢你，你们相处得不错。而且，你能够从与朋友相处中得到许多乐趣。你的生活是比较充实、丰富多彩的，你与异性朋友也相处得很好。一句话，你不存在或较少存在交友方面的困扰，你善于与朋友相处，人缘很好，获得许多人的好感与赞同。

2. 如果你得到的总分是在9～14分之间，你与朋友相处存在一定程度的困扰。你的人缘很一般，换句话说，你和朋友的关系并不牢固，时好时坏，经常处在一种起伏波动的状态之中。

3. 如果你得到的总分是在15～28分之间，就表明你在与人相处上的行为困扰较严重；分数超过20分，则表明你的人际关系困扰程度很严重，而且在心理上出现较为明显的障碍。你可能不善于交谈，也可能是一个性格孤僻的人，或者有明显的自高自大、讨人嫌的行为。

二、具体情况

下面根据各个小栏上的得分，具体说明你与朋友相处的困扰行为及其纠正方法。

打“√”的给1分，打“×”的给0分，总分：

表6-1

Ⅰ	题目	1	5	9	13	17	21	25	小计：
Ⅱ	题目	2	6	10	14	18	22	26	小计：
Ⅲ	题目	3	7	11	15	19	23	27	小计：
Ⅳ	题目	4	8	12	16	20	24	28	小计：

1. 记分表Ⅰ栏上的小计分数，显示出你在交谈方面的行为困扰程度。

（1）如果得分在6分以上，说明你不善于交谈。只有在极需要的情况下才同别人交谈，总难于表达自己的感受，无论是愉快还是烦恼；你不是个很好的倾听者，往往无法专心听别人说话或只对单独的话题感兴趣。

（2）如果得分在3～5分，说明你的交谈能力一般。你能够诉说自己的感受，但不能讲得条理清晰。如果你与对方不太熟悉，开始时往往表现得比较拘谨与沉默，不太愿意与对方交谈。但这种状况一般不会持续太久，经过一段时间的接触，你可能会主动与人搭话，这方面的困扰也就会随之减轻或消除。

（3）如果得分在0～2分，说明你有较高的交谈能力和技巧。善于利用恰当的说话方式来交流思想感情，因而在与别人建立友情方面，往往更容易获得成功。

2. 记分表Ⅱ栏上的小计分数显示出你在交际与交友方面的行为困扰程度。

（1）如果得分在6分以上，说明你在社交活动与交友方面存在严重的行为困扰。例如，在正常集体活动与社交场合，比大多数同伴更为拘谨；在有陌生人或权威者在场时，往往感到更加紧张；往往过多考虑自己的形象而使自己处于越来越被动和孤立的境地。

（2）如果得分在3～5分，说明你在社交与交友方面存在一定的困扰。你不喜欢一个人待着，需要和朋友在一起，却不善于创造条件并积极主动地寻找知心朋友。

（3）如果得分在0～2分，说明你对人较为真诚和热情，不存在人际交往困扰。

3. 记分表Ⅲ栏上的小计分数，显示出你在待人接物方面的困扰程度。

（1）如果得分在6分以上，说明你缺乏待人接物的机智与技巧。在实际的人际交往中，你也许有意无意地伤害别人，或者过分羡慕别人以致在内心嫉妒别人。因此，可能受到别人的冷漠、排斥，甚至愚弄。

（2）如果得分在3～5分，说明你是个多侧面的人，也许是一个较圆滑的人。对待不同的人，你有不同的态度，而不同的人对你也有不同的评价。你讨厌某人或者被某人讨厌，却非常喜欢一个人或者被另一个人喜欢。你的朋友关系某些方面是和谐的、良好的，某些方面却紧张的、恶劣的。因此，你的情绪很不稳定，内心极不平衡，常常处于矛盾状态中。

（3）如果得分在0～2分，说明你较尊重别人，敢于承担责任，对环境的适应性强。你常常以自己的真诚、宽容、责任心强等个性特点，获得众人的好感与赞同。

4. 记分表Ⅳ栏上的小计分数，显示出你同异性朋友交往的困扰程度。

（1）如果得分在5分以上，说明你在与异性交往的过程中存在较为严重的困扰。也许你对异性存有过分的思慕，或者对异性持有偏见，这两种态度都有片面之处。也许是不知如何把握好与异性交往的分寸而陷入困扰之中。

（2）如果得分在3～4分，说明你与异性交往的行为困扰程度一般。有时你可能觉得与异性交往是一件愉快的事，有时又可能觉得是一种负担，不知道如何与异性交往最适宜。

（3）如果得分在0～2分，说明你知道如何正确处理与异性朋友之间的关系。你对异性持公正的态度，能大方自然地与他们交往，在交往中得到了许多从同性朋友那里得不到的东西，你可能是一个比较受欢迎的人，无论是同性还是异性朋友，多数人都比较喜欢和赞赏你。

【训练与体验】

训练一　戴高帽

目的：

1. 学习和观察别人的优点，直接表达对他人的欣赏，增强人际之间的良性互动；

2. 学习接纳他人的欣赏，体验被表扬的愉悦感，增强自信心。

形式： 平时接触较多的人（6—8人）为一组。

材料： 纸、笔。

过程：

1. 6—8人一组围圈坐，每个成员轮流站到中间“戴一次高帽”；

2. 其他人轮流说出他的优点及令人欣赏之处（如性格、学识、处事方式等）；

3. 被称赞的成员说出哪些优点是自己以前察觉的，哪些是不知道的。

规则： 一定要称赞别人，不能批评和挑剔；态度要真诚，努力去发现他人的长处，不能毫无根据地吹捧，以免伤害别人。

分享：

1. 被人称赞时的感受如何?

2. 称赞别人时自己的感受如何?

3. 怎样做一个乐于欣赏他人的人?

训练二　信任之旅

目的： 通过助人与受助的体验，增加对他人的信任与接纳。

形式： 按报数的1号、2号分成内外两圈，内圈的人蒙上眼睛，外圈转动，内外圈相对的2人为一组；互换角色时，外圈的人蒙上眼睛，内圈的人转动，对应的2人为一组。

材料： 眼罩若干。

过程：

1. 内圈蒙上眼睛的人扮演“盲人”，原地转三圈，暂时失去方向感，然后在助人者（外圈的人）的搀扶下，沿着选定的路线，绕室外活动。期间不能讲话，只能用手和动作帮助“盲人”；

2. 重新围成内外圈，外圈的人为“盲人”，内圈的人为“助人者”，活动同上；

3. 二人相互交流各自当“盲人”和“助人者”的感受；

4. 团体分享：

（1）你是“盲人”时，你是什么感觉？你对伙伴的帮助是否满意，为什么？你对自己或他人有什么新发现？

（2）你是助人者时，你怎样理解伙伴？你是怎样想方设法帮助他的？这使你想起什么？

【阅读与欣赏】

天堂与地狱的差别

一天，上帝要让牧师去看一看天堂与地狱的差别。他们来到一个房间里，房间中央摆放着一锅热腾腾的肉汤，一大群人围着锅坐着，个个都愁眉不展。原来，他们虽然每个人手里都拿着一把汤匙，但汤匙的柄太长，他们无法将汤送到嘴里。面前摆放着美食，他们却只能眼睁睁地望着，仍然要饿肚子，怪不得一个个神情暗淡、愁眉苦脸。

上帝又带牧师来到另外一个房间，里面仍然是一锅热腾腾的汤，一大群人围着锅席地而坐。他们手中也都拿着长柄汤匙，可每个人脸上的表情却幸福而满足，他们在欢笑、唱歌，过得非常快乐。牧师迷惑不解，他问上帝，同样的食物，同样的条件，第一间房里的人都在挨饿，处境悲惨，而另外一间房里的人却丰衣足食，过得很快乐，差别为何如此之大呢？

上帝微笑着说：“难道你没有看见，第二个房间里的人都在相互喂对方吗？”

原来，第一间房里的人只想着怎样来喂自己，而长柄使他们无法做到；第二个房间里的人彼此合作，他们互相喂对方，于是大家都喝上了汤。这便是天堂与地狱的差别！

【电影赏析】

《玛丽和马克思》

影片简介：1976年，9岁的玛丽是澳大利亚墨尔本的一个小女孩，喜欢动画片《诺布利特》、甜炼乳和巧克力。玛丽的妈妈是个酒鬼，而在茶叶包装厂工作的父亲平日只喜欢制作鸟标本。孤独的玛丽没有朋友，某一天心血来潮，给美国纽约市的马克思写了一封信，询问美国小孩从哪里来，并附上一根樱桃巧克力棒。44岁的马克思患有自闭症及肥胖，碰巧也喜欢看《诺布利特》动画片及吃巧克力。二人的笔友关系从1976年维持到1994年，期间各自经历了许多人生起伏，直到成年的玛丽终于来到纽约看望马克思……

心灵分享：《玛丽和马克斯》这部片子的基调几乎只有棕、白、黑三色，非常的阴郁昏暗，就如同两位主人公最初所拥有的生活。玛丽和马克思，一个小姑娘和一位中年男士，有着同样阴郁而不幸的童年，同样的问题家庭，同样被侮辱与被欺负，然而幸运的是：他们都对生活怀有热切的希望和对友情的渴望，因此，两个相距万里，分别在两个不同大洲的不同性别和年龄的人走到了一起，彼此温暖和陪伴，直到其中的一位离开这个世界。

这个世界存在很多不幸，我们无法选择自己的家庭，无法选择自己的童年，无法选择自己的长相和天赋，这一切我们几乎都只能够听天由命，但是，不幸中的万幸之一是，我们可以选择自己的朋友。朋友就像马克思帽顶上那个艳丽明亮到耀眼的红色小毛球和玛丽总是戴着的那个同样红艳艳的发卡，会照亮我们的人生，直到永远。朋友不是天上掉下来的，朋友是找来的；友情不是一经拥有，就会永远存在，而是需要我们细心呵护的。影片中最打动人的一句话是“你是我最好的朋友，你是我唯一的朋友！”你有最好的朋友吗？你是别人最好的朋友吗？

第七章　完善人格

人格是最高的学位

很多年前，有一位年轻人去向伟大的大提琴家卡萨尔斯讨教：我怎样才能成为一名优秀的大提琴家？卡萨尔斯面对雄心勃勃的年轻人，意味深长地回答：先成为优秀而大写的人，然后成为一名优秀而大写的音乐人，再然后就会成为一名优秀的大提琴家。

人格是最高的学位，听到这个故事的时候，我还年少，对老人回答中所透露出的含义理解不多。然而，在以后的工作生涯中，随着采访接触的人越来越多，这个回答在我脑海中便越印越深。

在采访北大教授季羡林的时候，我听到一个关于他的真实故事。有一年秋天，北大新学期开学，一个外地来的学子背着大包小包走进了校园，实在太累了，就把包放在路边。这时正好一位老人走来，年轻学子就拜托老人替自己看一下包，自己则轻装去办理手续。老人爽快地答应了。近一个小时过去，学子归来，老人还在尽职尽责地守着他的包行李。学子谢过老人，两人分别。几日后北大举行开学典礼，这位年轻的学子惊讶地发现，主席台上就座的北大副校长季羡林，正是那一天替自己看行李的老人。

……

"渴望老年"四个字，对于我就不再是幻想中的白发苍苍或身份证上改成60岁，而是如何在自己还年轻的时候，能吸取优秀老人身上所具有的种种优秀品质。于是，我也更加明白了卡萨尔斯回答中所具有的深义。怎样才能成为一个优秀的主持人呢？心中有个声音在回答：先成为一个优秀的人，然后成为一个优秀的新闻人，再然后就会成为一名优秀的节目主持人。

（作者：白岩松）

当代社会的发展日新月异，人生充满了竞争，而人与人间的较量有三个层次：最低层次是技巧的较量，其次是智慧的较量，最高层次则是人格的较量。所以，人格决定命运。

大学阶段是个体人格塑造、发展和完善的关键时期，健全的人格是大学生成长与成才的保障。所以，每个大学生都应该了解自己的人格特点，关注自己人格的发展和完善，积极主动塑造良好的人格，为走向成功奠定坚实的基础。

第一节　揭开人格的面具

一、人格的含义

人格（Personality）也称个性，源于希腊语Persona，原来是指演员在舞台上戴的面具，类似于中国京剧中的脸谱，后来心理学借用这个术语用来说明：在人生的大舞台上，人也会根据社会角色的不同来换面具，这些面具就是人格的外在表现。面具后面还有一个实实在在的真我，即真实的自我，它可能和外在的面具截然不同。

美国著名人格心理学家奥尔波特（Allport G.W）对人格的定义做了统计，发现心理学家关于人格的定义不下50个。我们认为，人格指的是人们在日常生活中表现出来的相对稳定的个性心理特点和个性心理倾向的总和，个性心理特点包括气质、性格、能力，个性心理倾向包括需要、动机、兴趣、信念和价值观等。

二、人格的特征

（一）独特性

一个人的人格是在遗传、环境、教育等因素的交互作用下形成的。不同的遗传、生存及教育环境，形成了各自独特的心理特点。人与人没有完全一样的人格特点。所谓“人心不同，各有其面”，这就是人格的独特性。但是，人格的独特性并不意味着人与人之间的个性毫无相同之处。在人格形成与发展中，既有生物因素的制约作用，也有社会因素的作用。人格作为一个人的整体特质，既包括每个人与其他人不同的心理特点，也包括人与人之间在心理、面貌上相同的方面，如每个民族、阶级和集团的人都有其共同的心理特点。人格是共同性与差别性的统一，是生物性与社会性的统一。

（二）稳定性

俗话说，“江山易改，禀性难移”。这里的“秉性”就是指人格。个体在行为中偶然表现出来心理特征和倾向性不能代表其整体的人格面貌，只有稳定的心理特征和倾向性才体现其人格特点。当然，强调人格的稳定性并不意味着它在人的一生中是一成不变的，随着生理的成熟和环境的变化，人格也有可能产生或多或少的变化，这是人格可塑性的一面。正因为人格具有可塑性，我们才能培养和发展健康人格。人格是稳定性与可塑性的统一。

（三）统合性

人格是由多种成分构成的一个有机整体，具有内在统一的一致性，受自我意识的调控。人格的统合性是心理健康的重要指标。当一个人的人格结构在各方面彼此和谐统一时，他的人格就是健康的。否则，可能会出现适应困难，甚至出现人格分裂。

（四）社会性

人格是个体在先天生物遗传素质的基础上，通过与后天环境相互作用而形成的。人格是社会化的产物，是社会中的人所特有的，因此，人格不能脱离社会而存在和发展。没有在良好的社会条件下成长的个体，人格是不健全的，例如猪孩、狼孩等，他们的人格有严重的缺陷，难以适应人类环境。

（五）功能性

人格是一个人成败、喜怒哀乐的根源，正如人们常说的“性格决定命运”。人格决定了一个人的生活方式，甚至有时会决定一个人的命运。人们常常使用人格特征解释某人的言行及事件的原因。面对挫折与失败，有志者认真总结经验教训，在失败的废墟上重建人生的辉煌；而怯懦的人一蹶不振，丧失了奋斗的目标。

三、人格结构

人格是一个复杂的结构系统，从总体上讲人格包括个性倾向性和个性心理特征。前者是指人格的动力部分，包括动机、需要、兴趣、理想和信念等；后者是人格中比较稳定的部分，指个体之间的差异，集中反映了人的心理面貌的独特性，包括气质、性格和能力。

（一）气质

1. 气质的含义。气质是人格结构中比较稳定、与遗传素质密切相关的部分，与我们平常所说的“禀性”“脾气”类似。气质反映的是个体心理活动动力方面的特征，指心理过程的强度、速度、稳定性、灵活性等方面的特点，使个人的心理活动蒙上了一层独特的色彩。它是一个人心理过程的速度、稳定性（如知觉的速度、思维的灵活程度、注意集中时间的长短）、强度（如情绪的强弱、意志努力的程度）以及心理活动的指向性（如倾向于外部世界还是内心世界）等动力方面的特点的总和。

2. 气质的分类。气质的类型有多种划分，常见的有体液说。早在2000多年前，古希腊的希波克拉底就提出了著名的体液说。他认为人体内有四种不同的体液：血液（生于心）、黄胆汁（生于肝）、黑胆汁（生于胃）和黏液（生于脑），气质的差异由四种液体的数量比例决定。大约500年后，古罗马的医生盖伦发展了体液说，正式提出了人有四种气质：多血质、胆汁质、抑郁质、黏液质。

（1）多血质——春天的雨。喜形于色，可塑性强。多血质的人活泼好动，反应迅速，情绪发生快而多变，兴趣容易转移。在情绪反应上表现为快而多变，但不强烈，情感体验不深刻。在行为方面表现为活泼好动、机敏，兴趣广泛，但容易浮躁，见异思迁。

（2）胆汁质——夏季的火。又称不可遏制型，属于兴奋而强烈的类型。好冲动、情感发生快、强烈而持久，动作迅速而强烈，对自己的言行不能控制，反应速度快，但不灵活。在情绪反应上易受感动，情感一旦发生就很强烈，久久不能平静，易发脾气，性情暴躁、易怒，情绪不能自制。在行为方面表现为积极参加各种活动，有创新精神、工作积极，遇到困难时能以极大的毅力去克服困难。胆汁质的优点是有毅力、积极热情、有独创性。缺点表现是缺乏自制性、粗暴和急躁、易生气、易激动。

（3）抑郁质——秋季的风。属于呆板而羞涩的类型。性情脆弱、情感发生缓慢而持久，动作迟钝、柔弱易倦。在情绪方面表现为情感脆弱、易神经过敏，容易变得孤僻。在行为方面表现为动作迟缓、胆小，不喜欢抛头露面，反应迟钝。这种人易形成伤感、沮丧、忧郁、深沉、悲观等不良心理特征。

（4）黏液质——冬天的雪。又称安静型，属于缄默而沉静的类型。性情沉静，情感发生缓慢而微弱，不外露、动作迟缓、易抑制、沉默寡言。在情绪方面表现为沉着、平静、迟缓、心境平稳、不易激动，很少发脾气、情感很少外露。在行为方面表现为沉默寡言、面部表情单一，胸怀宽广，不计小事，能委曲求全，自制力强。活动中表现为有条有理、深思熟虑、坚韧不拔。这种人容易形成勤勉、实事求是的精神，坚韧性等特征，但也可能发展为萎靡、迟钝、消极、懒惰等不良品质。

应当指出，现实生活中并不是所有的人都可按照四种传统气质类型来划分，只有少数人是四种气质类型的典型代表，多数人属于混合类型。

【拓展悦读】

大学生的气质特点

据一项关于我国大学生气质类型的调查，结果表明：

（1）大学生中复合质占65.93%，单一型气质占34.07%，总的趋势是多血质类型人数最多，共占56.32%，其次为黏液质占24.18%，第三为胆汁质占13.73%，抑郁质最少，占5.77%。

（2）文理科大学生比较：理科学生中黏液质多，文科学生中胆汁质、多血质、抑郁质比较多。

（3）男女生比较：男生中属于胆汁质、多血质者多，女生中属于黏液质者多于男生。

3. 正确看待气质。

（1）气质的稳定性和可变性。气质与生俱来，具有典型性和稳定性，它使个体的全部心理活动都染上了个人独特的色彩。在日常生活中，我们可以看到，有些人是“冲动型”的，表现为情绪爆发迅猛，来得快去得也快；有些人是“稳健型”的，凡事三思而后行，深思熟虑后才行动；有些人思维敏捷，反应灵活；有些人则思维迟缓，反应比别人慢半拍。人与人这些方面的差异，就是源于气质的不同。具有某种气质类型的人，常常在内容差异很大的活动中显示出同样性质的动力特点。例如，一个安静迟缓的人，他的气质特征会在学习、工作、参加考试、当众解说、体育比赛等各种活动中表现出来。个人的气质特点不以活动的内容为转移，它表现出一个人生来就有的自然特性。

气质虽然具有极大的稳定性，但也不是一成不变的，在环境等因素的影响下也会发生某些变化，只是与其他心理特征相比，变化要缓慢得多。

（2）气质无好坏之分。每个个体都有自己独特的气质，我们应该如何看待个体的气质呢？首先应该认识到气质没有好坏之分，它仅仅是使人的行为具有某种特征。其次，气质类型不决定一个人的成就高低，它只能影响工作的效率。最后，气质会影响人的健康。

（3）大学生气质表现。在大学里我们经常会观察到大学生的情绪和活动有不同的外部表现。有的大学生精力充沛、爱玩爱动、热情奔放；有的大学生行为敏捷、表情丰富、兴趣广泛而易变；有的大学生冷静沉稳、反应迟缓、情感不外露；有的大学生感情脆弱、说话声小、动作无力。由此可见，大学生气质类型是多种多样的。

【趣味漫画】

你坐了我的帽子

四种典型气质类型

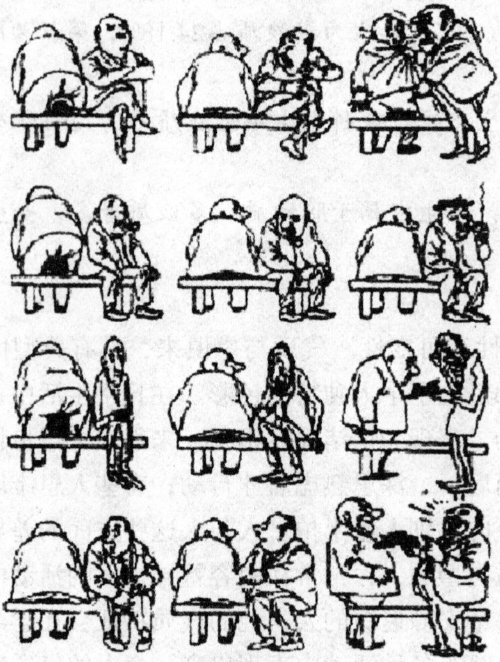

胆汁质

黏液质

抑郁质

多血质

【拓展悦读】

听音乐会迟到了

地点：某剧场门口。

时间：演出开始十分钟后。

人物：查票员和四位迟到的大学生。

情节：剧场规定演出开始十分钟后不许入场。四位迟到者面对查票者的同一说明则表现各不相同。

第一位：大吵大嚷，怒发冲冠。

第二位：软硬兼施，找机会溜进去。

第三位：不吵不嚷，虽然遗憾但还是理解剧院的做法，并自我安慰“好戏都在后头”。

第四位：垂头丧气，认为自己总是很倒霉。

从表现看，这四位大学生的气质类型分别是：第一位应为胆汁质，他具有脾气急躁、易冲动的典型特征。第二位为多血质，表现出灵活、反应快的特征。第三位为黏液质。第四位为抑郁质。他们分别反映了各自的气质类型特征。

（二）性格

1. 性格的含义。“性格”一词源于希腊语，意为雕刻的痕迹或戳记的痕迹。从心理学的角度看，性格是一个人在生活中形成的对现实比较稳固的态度以及习惯化了的行为方式，如诚实、善良、热情、害羞、忧郁、自私、奸诈等都是对一个人性格特征的描述。

性格是个体具有核心意义的稳定的个性心理特征，表现了人们对现实与周围世界的态度。具有两层含义：一是性格不是生来就有的，是后天习得的结果，是在社会生活、教育影响和自身实践的基础上长期塑造而成的，是人格的具体体现；二是个体对现实的态度和行为方式的稳定性，贯穿在人的全部行为活动之中，在类似的甚至是不同的情境中，都以特有的人格特质表现出来。

2. 性格的分类。人与人之间的性格是有差异的，心理学家从不同角度和侧面对性格类型进行了不同的划分。

（1）按照知、情、意在性格中的表现程度，可分为理智型、情绪型和意志型三种。理智型的人以理智支配自己的行动；情绪型的人，情绪体验深刻，举止容易受情绪左右；意志型的人具有较明确的目标，行为主动。

（2）按照个体的心理倾向，可分为外倾型和内倾型。外倾型的人心理活动倾向于外部，活泼开朗，善于交际，感情易于外露，处事不拘小节，独立性较强，但有时粗心、轻率；内倾型的人心理活动倾向于内部，一般表现为感情含蓄，处事谨慎，自制力强，交往面窄，适应环境比较困难。

（3）按照个体独立性程度，可分为独立型和顺从型。独立型的人不易受外来事物的干扰，他们具有坚定的信念，能独立地判断事物，发现问题并解决问题，在紧急和困难的情况下不慌张，易于发挥自己的力量，但有时会把自己的意志强加于人，固执己见，不易合群；顺从型的人，随和、谦虚，易与人合作，但独立性较差，易受暗示，容易接受别人的意见，在紧急情况下易惊惶失措。

（4）斯普兰格根据人们不同的价值观，把人的性格分为：理论型、经济型、权力型、社会型、审美型、宗教型。

（5）海伦·帕玛根据人们的核心价值观和注意力焦点及行为习惯的不同，把人的性格分为九种。称为九型性格，包括：1号完美型、2号助人型、3号成就型、4号艺术型、5号理智型、6号疑惑型、7号活跃型、8号领袖型、9号和平型。

（6）美国心理学家弗洛伦斯·妮蒂雅以内向——外向、理智——情感建立性格的坐标纬度，对人的性格进行了长期的分析和研究，把性格分为最具代表性的四种基本类型，即活泼型、完美型、力量型与和平型。而中国名著《西游记》中的四个人物将四种性格描述得出神入化（见下图7–1）。

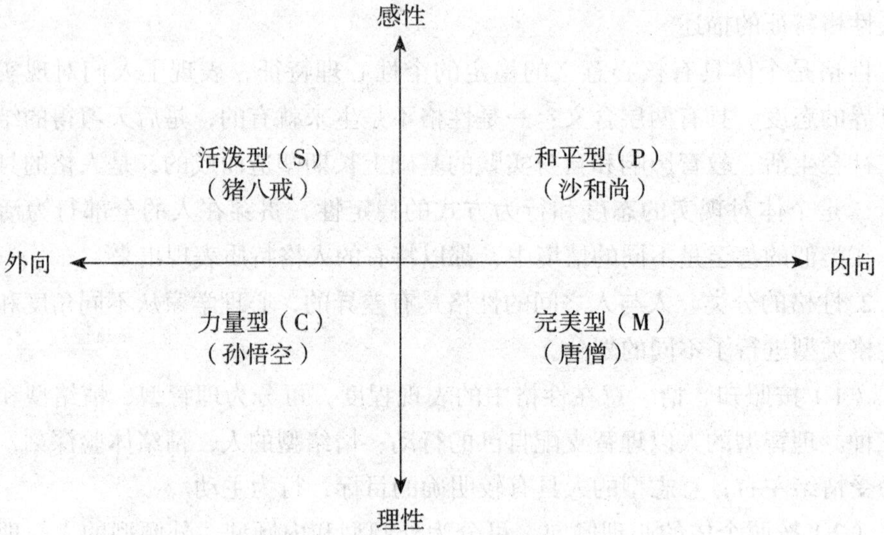

图7–1 《西游记》中四个人物的四种性格

①活泼型（S）——猪八戒。

特点：外向、多言和乐观，典型的享乐型。快乐、情感外露、热情奔放、不记仇、引人注意、积极主动、好赞美、多朋友、善于表达、引人注意、故事大王、表现欲强、舞台高手、晚会灵魂、极具活力和感染性。

不足之处：自我为中心，不太关注他人，爱插嘴，粗心，缺少条理，健忘，先张嘴后思考，夸张，天真，像个长不大的孩子，不注重细节，对数字不敏感，办事拖拉、虎头蛇尾等。

一句话总结：对别人无所谓，对自己也无所谓。

完善不足（让活泼型的人统筹起来）：

说的太多：压缩谈话，切忌言过其实。

以我为中心：关注他人的兴趣，学会聆听。

不注意记忆：记住别人的名字，将重要事情写下来。

做事虎头蛇尾：做好计划，并切实执行。

②完美型（M）——唐僧。

特点：内向、思考者、悲观，属于分析型。善于分析，有思想，有深度，先思考后发言，严肃认真，一丝不苟，目标明确，干净整洁，做事条理，注重细节，习惯计划，善始善终，怕别人不在意，又怕别人太在意，交友慎重，忠诚，难赞美人，有规律，对人对己要求标准高，易成为杰出的专业人士和艺术家。

不足之处：过于理性，敏感多疑，生活在自己的内心感受里，消极忧虑，容易受伤害，爱钻牛角尖，对别人要求不切实际，有意见不愿意表达，而习惯于叫别人猜测，标准高，总是给身边的人造成很大压力，难以行动，遇事不果断，显得犹豫、拖拉。

一句话总结：对别人要求严格，对自己严格要求。

完善不足（让完美型的人快乐起来）：

易忧郁：认识到没人喜欢郁闷的人，别自找麻烦、多从正面角度看问题。

自惭形秽：注意寻找没有安全感的原因。

拖拖拉拉：不要花太多时间做计划。

要求太高：放宽标准、学会放松。

③力量型（C）——孙悟空。

特点：外向、行动者、乐观，属于工作狂。自信，坚定，有主见，善组织，好决策，喜欢控制，天生的领导者，精力充沛，主动创造，行动力强，生活在目标中，不能容忍没做完的事情存在，就像一个上足发条的机械人，一天到晚忙个不停。对达成目标远比取悦他人更有兴趣。义气，直率，执著，愈挫愈勇。

不足之处：总是生活在目标中，难以放松；过于自我，坚持己见，控制欲强，好争论，不道歉，性情急躁，态度专横，缺少耐心，不善于处理人际关系。

一句话总结：对别人要求严格，对自己无所谓。

完善不足（让力量型的人缓和起来）：

强迫性的工作者：学会放松，多给自己安排娱乐活动，降低对自己和他人的压力。

必须取得控制：学会沟通与妥协、尽量不要支配他人。

性情急躁：平时注重修炼，遇事要有耐心。

不善处理人际关系：停止争论，换位思考，学会道歉。

④ 和平型（P）——沙和尚。

特点：内向、旁观者、悲观，是一种最容易与之相处的性格。处事低调，为人谦和，有耐心，轻松，平静，乐天知命，处处为他人考虑，避免冲突，善于聆听，面面俱到，能不开口尽量不开口，极具亲和力和好人缘，通常属于慢性子好脾气的人。

不足之处：容易墨守成规，不喜欢改变，得过且过，不愿承担责任；做事马虎、随便、少条理，待人缺少热情；遇事没主见，难以决定，办事拖拉，有时为了避免矛盾而经常妥协；有时极为倔强。

一句话总结：对别人不要求，对自己不苛求。

完善不足（让和平型的人振奋起来）：

不易兴奋：尽力获得热情。

旁观者：主动承担更多工作。

拒绝改变：尽力尝试新鲜的事物。

缓慢、办事拖拉：自我激励，行动更为迅速。

得过且过，易妥协：制定目标，自我激励。

【拓展悦读】

住房起火了——四种性格的反应

假如有栋住房着火了，四种性格的人会如何反应？

活泼型的人会大叫：楼上楼下大叫，不得了啦，起火了！

完美型的人会思考：是什么原因起火了，是电线短路还是其他原因？

力量型的人会行动：关掉电闸，找到灭火器，马上去灭火！

和平型的人会旁观：反正有人会报警，消防队马上会到，不用那么着急吧。

（三）气质与性格的关系

气质和性格都是描写个体典型行为的概念，正确把握二者的区别和联系，有助于大学生优化性格，健全人格。

1. 气质和性格的区别。从起源方面看：气质是先天形成的，一般产生于个体发育的早期阶段，主要体现为神经类型的自然表现。性格是后天形成的，在个体生命的早期，并没有性格的表现。性格是个人与社会环境相互作用的产物，反映了人的社会属性。

从可塑性方面看：气质变化较慢，可塑性较小，即使可能改变，也很困难。性格的可塑性较大，环境对性格的塑造作用是明显的，即使已经形成的性格是较稳定的，改变起来也要比气质容易。

从社会评价方面看：气质无好坏善恶之分，不能做社会评价；性格有好坏善恶之分，可以做社会评价。因为气质所指的典型行为特征，如胆汁质的暴烈、多血质的活泼灵巧，指的是一个人心理活动动力方面的特征，与个人行为的内容无关。而性格特征主要是指一个人行为的内容，反映了个体与社会环境的关系，如一个人对他人、对集体、对工作的态度。

2. 气质和性格的联系。气质和性格既有区别，又有联系，既相互依赖，又相互制约。气质对性格能够产生影响和作用。一个人性格的形成，主要依赖于个人接受的教育方式及其与社会相互作用的方法。而气质会影响一个人接受教育的环境和与社会相互作用的方式，这种影响在儿童的早期即可表现出来，如有的婴儿喜欢哭或笑，有的婴儿安静或好动。这些不同的气质特征必然会对家庭环境产生不同的影响和作用，引起父母或其他养育者不同的行为反应，反过来也就必然会影响一个人性格的形成。

气质还可以按照自己的动力方式表现性格特征，从而使性格特征具有独特的色彩。例如，同样是乐于助人的性格特征，多血质的人，在帮助别人时表现为动作敏捷、情感外露、热情；而黏液质的人则表现为动作沉着，情感含蓄深沉。

气质还影响性格特征形成和改造的速度。例如，要形成严谨自律的性格，胆汁质的人往往需要极大的努力和克制；而抑郁质的人则比较容易形成，不用特别控制和努力。

性格也能对气质产生影响和作用。性格可以在一定程度上掩盖或改变气质，使气质服从于生活实践的要求。例如，领导者必须具备冷静、沉着、稳重等性格特征，在长期从事领导实践活动的锻炼中，胆汁质类型的人有可能掩盖或改变其易冲动和不可遏制的气质特征，使自己变得更温和、易于交往。

（四）能力

一般说来，能力就是人顺利地完成某种活动所必须具备的那些心理特征。例如，一位画家所具有的色彩鉴别力、形象记忆力等，都叫能力。它包含两种含义：一是个人现在实际所能做的，即实际能力；二是个人将来可能在行为上表现出来的能力，即潜能。

人的能力总是和活动相联系并表现在活动中。只有从一个人所从事的某种活动中，才能看出他具有某种能力。一个有主持能力的人，只有在主持节目的活动中才能施展自己的能力；一个有体育才能的人，也只有在运动中才能显示出来。当一个人能顺利完成某种活动时，也就多多少少表现了他的能力。

能力是人格的一个组成部分，也就是我们通常所说的个性心理特征。因此，有些因素虽然也影响活动的顺利进行，如体力、知识等，但它们不能称为能力，因为它们不是个体的心理特征，不属于人格的组成部分；有些虽然是人格心理特征，但不会直接影响活动效率，如谦虚、骄傲、活泼、沉稳等也不能称为能力。

1.能力的分类。人的能力是各种各样的，可以从不同的角度对能力进行分类。

（1）一般能力和特殊能力。一般能力是在许多基本活动中表现出来，而且是各种活动都必须具备的能力，如观察力、记忆力、想象力、创造力等。平日我们所说的智力，就是指的一般能力。学习、工作、创造发明等人类活动的完成，都离不开这些能力。

特殊能力是指在某些专业活动中表现出来的能力。例如，画家的绘画技术和音乐家的演奏技术；主持人的口头表达能力、亲和力和应变能力，均属于特殊能力。每一种特殊能力都是完成相应的活动所必须具备的。

人要顺利完成某种活动，就必须具备一般能力和该种活动的特殊能力。一般能力愈是发展，就愈能为特殊能力的发展创造有利条件，而特殊能力的发展也会促进一般能力的发展。

（2）流体能力和晶体能力。根据能力在人的一生中的不同发展趋势，以及能力与先天禀赋、社会文化因素的关系，可以分为流体能力和晶体能力。

流体能力是在信息加工和问题解决中表现出来的能力，如作为一个经济学家所必须具备的逻辑能力、推理能力和运算能力。它较少地依赖于文化和知识的内容，而决定于个人的禀赋。因此，为了文化公平，许多能力测验测的就是流体能力，如瑞文推理测验。流体能力的发展一般在20岁后达到顶峰，30岁后将随着年龄的增长而降低。

晶体能力是指获得语言、数学知识的能力，如教师深厚的知识底蕴、课堂掌控能力和沟通能力。它取决于后天的学习，与社会文化有密切的关系。晶体能力在人的一生中一直在发展，只是到了25岁以后，发展的速度才渐趋平缓。

晶体能力与流体能力有着密切的联系。一方面，晶体能力的发展依赖于流体能力。具有相同经历的人，流体能力高者，晶体能力发展得较好。另一方面，对于晶体能力的发展，只有流体能力是不够的，还需要环境的作用。

（3）认知能力、操作能力和社交能力。认知能力是指个体接受信息、加工信息和运用信息的能力，也就是个人获取和保存知识的能力，如注意力、观察力、记忆力和思维力等。

操作能力是操纵、制作和运动的能力，如运动能力、操作机械的能力、制作能力等，是人们适应或改变环境、协调自己动作、掌握和施展技能所必备的心理条件。

社交能力是在人们的社会交往活动中表现出来的能力，如言语感染力、判别决策的能力、处理意外事故的能力等。

四、人格结构理论

精神分析学派创始人弗洛伊德认为，人格由三部分组成，分别是本我、自我、超我。在一个精神健全的人身上，这三部分形成一个统一、和谐的组织结构（见图7–2）。当人格的三个部分相互冲突时，人就会处于失调状态。

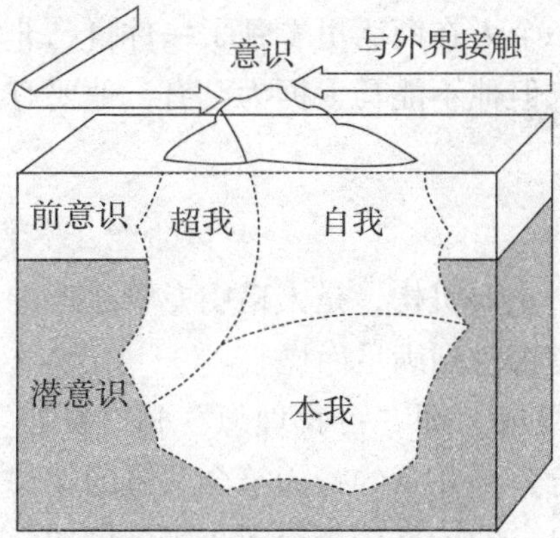

图7–2　本我、自我和超我

（一）本我

本我是指原始的自己，包含生存所需的基本欲望、冲动和生命力。

本我是一切心理能量之源，按快乐原则行事，它不理会社会道德、外在的行为规范，它唯一的要求是获得快乐，避免痛苦，目标是获得个体的舒适、生存及繁殖，它是无意识的，不被个体所觉察。

比如，一个人饿了，他需要食物；一个人冷了，他需要穿衣服；有人羞辱了你，你就会愤怒；一个人眼睛受到了强光的刺激，他就要闭上眼睛。这些活动都是人原始本能的需要，而且这些活动都是无意识的，无论你是圣人还是普通人都存在这个本能。

个体为什么会这些本能？从生物学的角度来讲，作为一个机体，由于机体内部或外部的刺激会产生兴奋（紧张），这种紧张感会让人感到不舒服，比如一个人饥饿了，他的胃部就会产生痉挛，他必须进食才能消除这种紧张感。本我的目标是消除这些紧张，消除紧张以后人才会感到快乐。本我的特点是不能容忍紧张状态，希望立即得到满足。

（二）自我

自我遵循的原则是“现实原则”，而不是“快乐原则”，现实原则的目的就是推迟欲望的实现，推迟缓解紧张感。推迟行为是指自我能忍受紧张，直到紧张能被恰到好处的行为方式解除为止。设立现实原则并不是要废弃快乐原则，只是迫于现实而暂缓施行快乐原则。现实原则最终还是引向快乐原则。尽管一个人在寻求现实时，不得不忍受一些不快。

为了降低自身需求引发的紧张，人必须寻找食物、伴侣以及生活所需要的其他东西，为了完成这个目标，人不得不考虑外界的现实，实施一种行为时，必须考虑到后果。比如，一个人在商店里看到了一件自己非常喜爱的东西，他想得到，这是本我在起作用，但他不能马上据为己有，他要有足够的钱去购买，这是自我在起作用。

（三）超我

超我是人格的第三个主要机构，是人格中专管道德的司法部门。超我为至善至美而奋斗，不为现实是否得到满足而操心。

超我由两个次系统组成，即“自我理想”和“良心”。自我理想与儿童心目中父母的道德观相吻合，当儿童的行为符合父母的美德标准时，父母就给予奖励，以这种方式，他们自己的标准传授给了孩子。例如：一个孩子不断因为整洁而受到奖励的话，整洁就很容易成为他的自我理想之一。另外，良心与儿童心目当中父母丑恶概念相一致，这些概念通过惩罚在儿童的心灵中扎下根，假如一个孩子因肮脏而受到惩罚的话，它就会把肮脏看成一件坏事。自我理想和良心就像同一枚道德硬币上的两个不同侧面。

超我的目的是控制和引导本能的冲动，如果这些冲动不加控制的发泄出来，就可能危及社会的安定。超我并不屈从于现实，反而对现实起约束作用。一个不符合内在道德标准的现实行为，并不会得到超我的奖励，反而会由于受到超我的惩罚而停止这种行动。

儿童看到糖产生想吃的愿望这是本我在起作用；为了得到糖，儿童可以偷吃，可以请求父母购买，这是自我在起作用，自我是为了得到这个东西，满足这个愿望。儿童知道偷窃行为不符合道德标准，这是超我在起作用，超我的作用不是为了得到这个东西，而是让儿童知道道德规范，并使这个道德标准内化。

本我、自我和超我三者间的关系决定人格的基本面貌：本我、自我和超我之间不是静止的，而是始终处于冲突—协调的矛盾运动之中。本我寻求自身的生存，寻求本能欲望的满足，是必要的原动力；超我在监督、控制自我接受社会道德准则行事，以保证正常的人际关系；而自我既要反映本我的欲望，并找到途径满足本我欲望，又要接受超我的监督，还要反映客观现实，分析现实的条件和自我的处境，以促使人格内部协调并保证与外界交往活动顺利进行，不平衡时则会产生心理异常。本我是生长进化的产物，是生理遗传的心理表现。自我是与客观现实相互作用的结果，是较高级精神活动的领域。那么超我就是社会化的产物，是文化传承的运载工具。

第二节　影响人格发展的因素

在一个人的人生发展历程中有许多因素会影响到人格的发展，人格的塑造是先天、后天因素共同作用的结果。研究表明：人格是环境与遗传交互作用的产物。在人格培养过程中，既要看到个体生物遗传的影响，更要看到社会文化的决定作用。塑造和培养良好的人格是大学生成长与发展的关键。

一、生物遗传因素

遗传对人格的影响主要体现在：

（一）影响健康人格的形成

根据行为遗传学的最新研究证明，遗传总体上对人格的影响占50%，通常在智力、气质等生物性明显的人格特征上作用凸显。先天禀赋的基因组合是人格形成的物质条件和生理基础，健全的遗传因子为健康的人格创设了优良条件，而先天的缺陷将会给健康人格的形成带来困难和隐患。生理素质不良的个体，在成长中更易遭受心理困扰。

（二）影响“根本性格”的形成

“根本性格”是心理遗传学中性格的深层部分，尽管性格受环境影响明显，但已有相关研究定论表明“根本性格”如活泼、开朗、冷静、急躁等受遗传因素影响显著，它又会进一步直接影响个体的心理健康状态。

心理学界关于双生子的研究被认为是研究人格遗传因素的最好方法。高尔顿曾对300多对同卵或异卵双生子进行了观察研究，对数百名法官、文学家、科学家、艺术家、神学家、政治家的家谱进行了调查，发现人的才能和性格都是可以遗传的，许多心理学家的进一步研究证实了这一观点。比如，婴儿在出生后的几个星期里，就能表现出一些最初的人格特征，不同的婴儿在活跃水平、情绪、反应性、心率和注意广度上都有差异。有些孩子易怒、暴躁，有些孩子平静、温和；兴奋型的婴儿哭声洪亮、好动，抑制型的婴儿哭声细微、安静。这些都是遗传因子起作用的表现。

研究结果表明：遗传是人格形成的重要影响因素，但遗传因素对人格的作用程度因人格特征的不同而异。通常在智力、气质这些与生物因素关系密切的特征上，遗传因素较为重要；而在价值观、信念、性格等与社会因素关系紧密的特征上，后天环境因素更为重要。

二、家庭环境的影响

【拓展悦读】

孩子成长箴言

在批评中长大，就学会了责难；在敌意中长大，就学会了争斗；

在虐待中长大，就学会了伤害；在支配中长大，就学会了依赖；

在干涉中长大，就学会了被动与胆怯；在娇宠中长大，就学会了任性；

在否定中长大，就学会了拒绝；在鼓励中长大，就增长了自信；

在公平中长大，就学会了正义；在宽容中长大，就学会了耐心；

在赞赏中长大，就学会了欣赏；在爱中长大，就学会了爱人。

上述说法尽管有点绝对，但家庭常被视为人格的加工厂，说明原生家庭对人格的培育起到至关重要的作用。家庭是社会的细胞，家庭不仅具有其自然的遗传因素，也有着社会的“遗传”因素。这种社会遗传因素主要表现为家庭对子女的教育作用，俗话说“有其父必有其子”，其中不无一定的道理。父母们按照自己的意愿和方式教育孩子，使他们逐渐形成了某些人格特征。

强调人格的家庭成因，重点在于探讨家庭间的差异对人格发展的影响，探讨不同的教养方式对人格差异所构成的影响。西蒙斯（P.Symonds）研究认为：“儿童人格的发展和他（她）与父母之间的关系息息相关。这意味着当我们考虑亲子关系时，不仅要注意它们对造成心理情绪失调和心理病理状态的影响，也得留意它们与正常、领导力和天才发展的关系。”孩子的人格是在与父母持续相互作用中逐渐形成的，富于感情的父母将会示范并鼓励孩子采取更富情感性的反应，因此也加强了孩子的利他行为模式而不是攻击行为模式。孩子的人格就是在父母与他们的相互磨合中形成的。

美国加利福尼亚大学教授、心理学家鲍姆令德曾经进行了长达10年的家庭教育研究，他的研究已经成为发展心理学史上具有里程碑意义的经典研究之一。他提出了划分教养方式的两个维度：要求和反应性，根据这两个维度，把父母的教养方式分为权威型、专制型、溺爱型、忽视型四种。

1. 权威型，即“高要求、高反应”型。此类父母对孩子的要求有适当的“高”和“严”。有明确合理的要求，会为孩子设立一定的行为目标，对孩子不合理的任性行为做出适当的限制，并督促孩子努力达到目标；同时，他们并不缺乏父母应该有的温情，能主动关爱孩子，耐心地倾听孩子的诉说，晓之以理、动之以情，激励孩子自我成长。这类父母施行“理性、严格、民主、关爱和耐心”的教育方式。

在这种教养方式下成长的孩子，自尊心强，性格开朗随和；有较强的自觉性，聪明伶俐，活泼外向；有是非鉴别能力；知道关心他人；会和他人合作；喜欢交朋友、谦虚、礼貌、待人诚恳并且懂得互相尊重；具有探索意识，独立性较强，善于自我控制和解决问题。

2. 专制型，即“高要求、低反应”型。这类父母会拿自己的标准来要求孩子，而没有意识到过高的要求对孩子的个性是一种变相的扼杀；他们不能接受孩子的反馈，对孩子缺乏尊重和理解，要求孩子无条件服从，不能及时鼓励和表扬孩子。

这类教养方式会导致儿童缺乏独立思考的能力，做事优柔寡断，容易形成对抗、自卑、焦虑、退缩、依赖等不良的性格特征。

3. 溺爱型，即“低要求、高反应”型。因父母过度的溺爱而有了今天的小皇帝、小公主，这类父母对孩子充满了无尽的期望和爱，无条件地满足孩子的要求。他们愿意为孩子付出一切，包揽一切，一切以孩子为中心，百依百顺，有求必应，但他们很少对孩子提出要求。

这种教养方式是培养孩子自私自利的温床。在这种环境中长大的孩子，自我认识、自我控制、自我评价都不能得到良好的发展，以至于从小缺乏自我调节和自我控制的能力。如果他们的愿望得不到满足，就会情绪失控或产生攻击性行为，不能与同伴友好相处，更不容易被别人所接受，导致“在家如虎，出门如鼠”；更容易产生不信任、依赖、神经质等心理特征。往往具有很多不良的人格品质，如任性、自私、孤傲、自我中心、缺乏独立精神，心理和社会承受能力极差等。

4. 忽视型，即“低要求、低反应”型。这类父母不关心孩子的成长，他们不会对孩子提出要求和行为标准，对孩子冷漠，缺少对孩子的教育和爱。

在这种家庭环境中成长的孩子，大多表现为任性、自私、幼稚、野蛮、无礼、独立性差、唯我独尊、胡搅蛮缠等。这类孩子自控能力差，对一切事情都采取消极的态度，缺少应有的“是非标准”，长大后易出现行为问题。

普朗明在他的《天性与教养》中对人格的天性与教养进行了研究，提出了“共享环境”，即子女们在同一家庭成长所享有的环境构成；而“非共享环境”是由在同一家庭成长却不被子女们共同享受的环境，如性别差异、排行顺序或特定生活事件而被父母区别对待。研究结果表明：重要的不是家庭单位，而是每个孩子在家庭中的独特经验，即孩子在家庭中的“非共享环境”。儿童在家庭内与家庭外得到的经验对其人格发展都有重要影响。由此可见，家庭是社会文化的媒介，它对人格具有强大的塑造力。其中，父母教养方式的恰当性直接会决定孩子人格特征的形成。父母在养育孩子的过程中，表现出了自己的人格，并有意无意地影响和塑造着孩子的人格，形成家庭中的“社会遗传性”。

三、学校教育因素

学校是有目的、有计划地向学生施加影响的教育场所。教师、校风、班风、同龄群体都是学校教育的元素。

教师对大学生人格的发展具有指导定向作用。教师的人格特征、行为模式与思维方式会对学生产生巨大影响。

教师的公平公正性对大学生有着至关重要的影响。著名的“皮格马利翁效应”的传奇故事，说明了每个学生都需要老师的关爱，在教师的关注下，他们会朝着老师期望的方向发展。

校风、班风对大学生的人格发展也有不同影响。在文明友爱、积极上进、团结民主等氛围中学习和生活，学生容易养成良好的性格。

同辈群体对大学生人格发展影响很大。俗话说“近朱者赤，近墨者黑”，同辈群体的大学生朝夕相处，相互潜移默化，彼此既有积极的影响，也有消极的影响。虽然不同的同辈群体之间有较大的差别，但在同辈群体内部则表现出较强的同质性，因为同辈群体对个体具有同化作用，个体表现出对同辈群体的顺应性。

四、社会文化因素

人一出生，便置身于社会文化之中并受社会文化的熏陶与影响，文化对人格的影响伴随着人的终生。社会文化塑造了社会成员的人格特征，使其成员的人格结构朝着相似性的方向发展，而这种相似性又具有维系一个社会稳定的功能。这种共同的人格特征又使得个人正好稳稳地“嵌入”整个文化形态里。

社会文化具有塑造人格的功能，这反映在不同文化的民族有其固有的民族性格，不同的地域有着不同的文化传统，不同的文化发展时期有着不同的文化认同。

【拓展悦读】

三个民族的人格特征的研究

米德（M.Mead）等人研究了新几内亚的三个民族的人格特征。结果表明：来自于同一祖先的不同民族各具特色，鲜明地体现了社会文化对个体的影响力。居住在山丘地带的阿拉比修族，崇尚男女平等，成员之间互相友爱、团结协作，没有恃强凌弱和争强好胜，一派亲和景象。居住在河川地带的孟都古姆族，生活以狩猎为主，男女间有权力与地位之争，对孩子处罚严厉。这个民族的成员表现出攻击性强、冷酷无情、嫉妒心强、妄自尊大、争强好胜等人格特征。居住在湖泊地带的张布里族，男女角色差异明显，女性是这个社会的主体，她们每日操作劳动，掌握着经济实权。而男性则处于从属地位，其主要活动是艺术、工艺与祭祀活动，并承担孩子的养育责任。这种社会分工使女人表现出刚毅、支配、自主与快活的性格，男人则有明显的自卑感。

社会文化对人格的影响力一直被人们所认可，它对人格的形成与发展具有重要的作用，特别是后天形成的一些人格特征，如性格、价值观等。

五、自我调控因素

人在实践活动中，在接受环境影响的同时，个人的主观能动性也起着积极的作用，因为所有的环境因素和一切外来的影响都必须通过个体的自我调控才能起作用。自我调控系统的主要作用是对人格的各个成分进行调控，以保证人格的完整、统一、和谐。

大学阶段正是理想、信念、价值观、人生观等人格倾向性形成的关键时期，也是发展能力、完善性格的重要时期。从环境中接受什么、拒绝什么，如何自我发展与提升，成为大学生必须高度重视的课题。

第三节　大学生常见人格问题及调适

在人格的形成、发展过程中，由于内外、主客观以及教育方式生活环境等不良因素的作用，会不同程度地影响人格的健康发展，严重的会引起人格障碍。

一、大学生常见人格缺陷

（一）害羞

害羞在大学生中并不少见。比如不敢在大众场合发表意见，害怕与陌生人打交道，路上见到异性同学会手足无措，见到老师会难为情、说话感到紧张等等。

害羞是一个人自我防御心理过强的结果，他们常常由于自信心不足，过于胆小被动，过于谨小慎微，过于关注自己。他们特别在意自己在别人心目中的形象，总觉得自己时时处在众目睽睽之下，于是敏感拘束，一句话要在喉咙反复多次，一件事总要左思右想，为此搞得神经紧张，坐立不安。

害羞之心人皆有之，但过分的害羞，不该害羞时害羞，尤其害羞成了一种习惯，则是有害的，它会导致压抑、孤独、焦虑等不良心理状态，还会阻碍人际交往，影响一个人才能的正常发挥。因此可通过有意识的调节来改变。

1. 增强自信心。许多害羞者在知识才能和仪表方面并不比别人差。美国心理学家可奇和利布曼的一项研究表明，害羞的女大学生自以为长得不美，但不相识的男生凭照片都认为她们与那些社交活跃的女生一样动人。因此要正确评价自己，多看到自己的长处。

2. 放下思想包袱，不要过于计较别人的议论。每个人都会说错话、做错事，这并没什么大不了的，没有完美的人和事。即使有人议论也是正常的，俗话说“哪个人后无人说”，没必要太看重。“走自己的路，让别人去说吧！”这会使自己变得更洒脱。

3. 要有意识地锻炼自己。胆量和能力都是锻炼的结果，要敢于说第一句话，敢于迈第一步。上课、开会时尽量坐到前排去；走路时抬头挺胸，把速度提高四分之一；主动大胆地和别人尤其是陌生人、异性、老师讲话；与人说话时，正视对方的眼睛；在高兴时，开怀大笑等。

（二）怯懦

怯懦主要表现为缺乏勇气和信心，害怕可能面临的困难和挫折，常常知难而退，甚至不战而败。有些大学生过去经历一帆风顺，因而特别害怕失败。“只能成功，不能失败”的非理性信念是造成一些大学生怯懦的认知因素。

有些大学生由于胆怯，不敢与人讲话，不敢出头露面，也不敢表明自己的态度，甚至不敢向老师提问题。有些大学生由于软弱不敢冒风险，不敢担重任，不敢坚持自己正确的观点。越是这样回避矛盾、躲避失败，越是容易体验到强烈的挫折感。

在挑战与机遇并存的现代社会，怯懦者会失去很多成功的机会，并可能成为落伍者。积极迎接挑战，争做生活的强者才是明智的选择。改变怯懦的最好办法是要敢于抓住机遇，积极锻炼，不怕失败，不怕丢面子，不怕担子重，多给自己鼓励和加压，在生活的词典中去掉“不敢”二字。

（三）懒散

大学生本应充满朝气和活力，积极开拓进取，但事实并不总是如此。大学校园内曾经流行着这样的打油诗：“人生本该HAPPY，何必整天STUDY，只要考试PASS，拿到文凭GO AWAY。”许多大学生也以“九三学社”（早上九点醒，晚上凌晨三点睡）成员自称，从一个侧面反映了他们疲疲沓沓、得过且过、做一天和尚撞一天钟、缺乏进取精神的懒散心理。

懒散是不少大学生为之感到苦恼又难以克服的一种人格发展缺陷，是意志活动无力的表现，懒散是影响大学生积极进取、张扬青春活力的天敌，尤其是在改革开放、日新月异的今天，它与时代是那么格格不入，必须予以改变，否则会有被时代淘汰的危险。

处于懒散状态的大学生也常以此感到内疚、自责、后悔，但又觉得无力自拔，心有余而力不足，这主要是因为他们往往想得多而做得少，缺乏毅力所致。要克服懒散，应充分认识到其危害性，自己对自己负责，振作精神，“起而行之”，从日常小事做起，并努力做到不给自己找借口，不原谅自己的偷懒，力争今日事今日毕，多与人交往，多关心外部世界，多参加有益身心的社会活动，而做到这一切，有一个坚定而有价值的理想是非常重要的。

（四）狭隘

受功利主义影响，大学生中的“狭隘”现象有增无减。凡事斤斤计较、耿耿于怀、好嫉妒、好挑剔、容不得人等，都是心胸狭隘的表现，即日常说的“气量小”。心胸狭隘往往影响人际关系，伤害他人感情，也常给自己带来烦闷、苦恼，影响自己的情绪和在他人心目中的形象，因此，于人于己有百害而无一利。

克服狭隘，一要胸怀宽广坦荡，一切向前看，正如歌德所言——“比海洋更广阔的是天空，比天空更广阔的是人的心灵”。二要丰富自己，一个人的视野越开阔，就越不会陷入狭隘之中，这就是所谓的“站得高，看得远”。三要学会宽容，宽以待人。

（五）拖拉

拖拉是不少大学生的通病。拖拉是指可以完成的事而不及时完成，今天推明天，明天推后天，正是：“春天不是读书天，夏日炎炎正好眠，秋多蚊虫冬又冷，一心收拾待明年。”导致拖拉的原因，一是试图逃避困难的事，二是目标不明确，三是惰性作用。拖拉一方面耽误学习、工作，另一方面并没有使人因此而轻松，相反往往会导致心理压力，引起焦虑，总觉得有事情没完成，干别的事也难以安心，还会贻误时机。

改变拖拉，首先要充分认识其危害性，找到自己拖拉的原因，下决心改变。其次要科学安排时间，凡事有轻重缓急，要一件一件的完成，必须讲究科学的学习和工作方法。再次要敢于做不合心意或者需要花大力气的工作，必须完成的事，与其拖着、欠着，还不如及早动手干，完成后会有一种如释重负的感觉，会有一种欣喜感、满足感、成就感，而拖拖拉拉只会带来疲沓、松垮及焦虑。

（六）虚荣

虚荣心普遍存在于每一位大学生身上，这是正常的，但一旦过分，则会有害无益。虚荣心往往与自尊心、自卑感联系在一起，没有自尊心，就没有虚荣心，而没有自卑感，也就不必用虚荣心来表现自尊心，虚荣心是自尊心和自卑感的混合物。虚荣心强的大学生一般性格内向、情感脆弱、多愁善感。虽然自惭形秽，却又害怕别人伤害自己的尊严，过分介意别人的评论与批评，与人交往时总有一种防御心理，不允许有稍微侵犯，且常会千方百计地抬高自己的形象，他们捍卫的往往是虚假的、脆弱的、不健康的自我，以致无暇来丰富、壮大真实的自我。

防止或改变过强的虚荣心，首先要对其危害性有清醒的认识，有勇气有决心改变自己。其次应当努力认识自己，了解自己的长处与短处，扬长避短。其次要树立自信和健康的荣誉心，正确表现自己，不卑不亢。最后要不为外界的议论所左右，正确对待个人得失。

（七）猜疑

猜疑是指因缺乏事实根据，或缺乏合理的思维逻辑而乱下论断。这类学生通常性格内向，遇事敏感，对人对事喜欢胡乱猜疑，看到同学背着自己说话，便疑心是在说自己的坏话；某同学没和自己打招呼，便猜疑他（她）对自己有意见等。猜疑是一种有害身心健康的人格缺陷，会导致人际关系紧张、伤害他人感情、无事生非，而自己则会陷入庸人自扰、苦闷、惶惑的不良心境中。

英国哲学家培根曾说过："疑心是迷惑人的网，混淆敌友，破坏人和事业。"当大学生有猜疑之心时，不要外露，应留心体察所疑的人和事。若猜疑被证实，不要因此而震惊；当猜疑不成立，应打消疑虑。要主动与被猜疑者沟通交流。猜疑常常是由于误会或他人搬弄是非引起的，加强沟通有助于消除误会，改善和增进彼此的信任感。要抛弃成见，学会全面、发展地看问题，改变僵化的思维方式。要坦坦荡荡做人，和同学、朋友坦诚相见，不必过分在意别人如何看待自己。

（八）悲观

有的大学生喜欢从消极的角度看问题，把自身的弱点和遇到的困难扩大化，认为失败是无法改变的，因而在生活中极易体验挫败感。实际上，他们是在用悲观的视角看待人生，在已有的失败感中，人为地增添新的失败感。这种悲观心理的发展，会使人浑浑噩噩，缺乏生机，甚至厌世轻生。悲观是一种严重的不健康的心理表现，对人的身心健康、人格发展危害极大。

德国心理学家皮特劳斯特的建议有助于大学生改变悲观心理，矫正消极情绪，培养乐观的人生态度。首先，悲观不是天生的，是可以减轻的，而且可以通过努力转变成一种新的态度即乐观。因此，持悲观心态的大学生应在生活中多接触乐观的人，观察他们的言行，培养自己的乐观态度。其次，失败的时候，多想想自己曾经有过的成功。最后，以幽默的态度接受现实中的失败。有幽默感的人才有能力轻松面对挫折，不要把悲观作为保护自己失望情绪的缓冲器。

二、大学生人格障碍的类型及其特点

（一）人格障碍概述

人格障碍是指明显偏离正常且根深蒂固的行为方式，具有适应不良的性质，其人格在内容上、质上或整个人格方面异常，由于这个原因，病人遭受痛苦或使他人遭受痛苦，或给个人和社会带来不良影响。人格的异常妨碍了他们的情感和意志活动，破坏了其行为的目的性和统一性，给人以与众不同的特异感觉，在待人接物方面表现尤为突出。人格障碍通常开始于童年、青少年或成年早期，并一直持续到成年乃至终生。部分人格障碍患者在成年后有所缓和。

人格障碍与人格改变不能混为一谈。人格改变是获得性的，是指一个人原本人格正常，而在严重或持久的应激、严重的精神障碍及脑部疾病或损伤之后发生，随着疾病痊愈和境遇改善，有可能恢复或部分恢复。人格障碍没有明确的发病时间，始于童年或青少年且持续终生。人格改变的参照物是病前人格；而人格障碍主要的评判标准来自于社会、心理的一般准则。

人格障碍的发生与幼年成长的环境及家庭教养的方式有极大的关系，人格障碍一旦形成，依靠心理咨询或者自己的调试是很难改变的，因此，人格障碍要及早预防，注意关注青少年心理健康是非常必要的。

（二）人格障碍的特征

1. 人格障碍开始于童年、青少年或成年早期，并一直持续到成年乃至终生。没有明确的发病时间，不具备疾病发生发展的一般过程。

2. 可能存在脑功能损害，但一般没有明显的神经系统形态学病理变化。

3. 人格显著的、持久的偏离了所在社会文化环境应有的范围，从而形成与众不同的行为模式。个性上有情绪不稳、自制力差、与人合作能力和自我超越能力差等特征。

4. 人格障碍主要表现为情感和行为的异常，但其意识状态、智力均无明显缺陷。一般没有幻觉和妄想，可与精神病性障碍相鉴别。

5. 人格障碍者对自身人格缺陷常无自知之明，难以从失败中吸取教训，屡犯同样的错误，因而在人际交往、工作和感情生活中常常受挫，以致害人害己。

6. 人格障碍者一般能应付日常工作和生活，能理解自己行为的后果，也能在一定程度上理解社会对其行为的评价，主观上往往感到痛苦。

7. 各种治疗手段效果欠佳，医疗措施难以奏效。

（三）大学生常见人格障碍

1. 边缘型人格障碍。

边缘型人格障碍（英文缩写为BPD），一种较严重的人格障碍，主要以情绪、人际关系、自我形象、行为的不稳定，并且伴随多种冲动行为为特征，是一种复杂又严重的精神障碍。边缘型人格障碍的典型特征，有学者描述为“稳定的不稳定”，往往表现为治疗上的不依从，治疗难度很大。

边缘型人格障碍症状主要表现在四个方面，即“不稳定的人际关系，不稳定的情绪，不稳定的自我意象和明显的冲动性”。这种所有的“不稳定”的“稳定不变”的模式就是边缘型人格障碍的基本特点。

美国精神医学会出版的《心理障碍的诊断与统计手册》（DSM）中提出边缘型人格障碍至少需具备下述八种中的五种特征：

（1）有冲动性地引起自我伤害的可能，如挥霍金钱、赌博或者自伤身体；

（2）人际关系不稳定或过于紧张，贬低别人，为一己之私经常利用别人；

（3）不适当的暴怒或缺乏对愤怒的控制；

（4）身份识别障碍，表现为对性别认同、自我认同、选择职业等变化无常；

（5）情感不稳定，如突然抑郁焦虑，激惹数小时或数日，随后又转为正常；

（6）不能忍受孤独，孤独时即感到抑郁；

（7）自伤身体行为，如自我毁形，屡次发生事故或殴斗；

（8）长期感到空虚和厌倦。

边缘型人格障碍患者，除了接受专业的心理治疗，生活中可以通过平息情绪、控制冲动、提高人际关系技巧三个方面帮助自己。

第一，平息情绪。作为BPD患者，你可能已经花了很多时间来对付你的冲动情绪，事实上，你可以选择接受它们，但不是说要放任，置之不顾，而是通过其他途径疏通，停止尝试打架、冲突、压抑或否认你的感受，不要再与这些情绪对抗，你越对抗可能会越糟。

第二，控制冲动。平静技巧可以帮助放松身心，但是当感到不知所措时，BPD患者容易冲动，可能绝望，做出危险的事情。应采取如下调控策略：一方面，从失控中找回自己，认识到这些冲动行为是有目的的，是应对烦恼的表现，虽然暂时能得到快感，但代价高昂。从容忍痛苦开始，重新控制你的行为，改变BPD的破坏性模式。另一方面，在紧急情况下，如果冷静尝试不起作用，就去做一些能分散注意力的事情。

第三，提高人际关系技巧。由于BPD患者往往难以理解别人，因而难以保持稳定满意的人际关系。BPD患者倾向于误解别人的想法和感受，误会别人怎么看待自己，忽视他们的包容。这时，停止责怪别人，采取措施来改善人际关系，例如审视自己的假想，停止情绪投射，对你的角色负责。

边缘型人格障碍，好像一句歌词“因为我的病就是没有感觉”，也许是因为不能正确理解正常的社会，才用一种不稳定的、敏感的处事方式，来证明自己的存在和感觉。以上三条建议，有助于BPD患者恢复常态。

2. 回避型人格障碍。回避型人格又叫逃避型人格，是以全面的社交抑制、能力不足感、对负面评价极其敏感为特征的一类人格障碍。患者在幼年或童年时期就开始表现出害羞、孤独、害怕见陌生人、害怕陌生环境等。成年以后，这些问题对患者的社交和职业功能产生不利影响。这类患者总觉得自己缺乏社交能力，缺乏吸引力，在各方面都处于劣势，因而显得过分敏感和自卑。自尊心过低加上过分敏感，担心自己会被别人拒绝，使得患者很难与他人建立亲密关系。其最大特点是行为退缩、心理自卑，面对挑战多采取回避态度或无能应付。

【心理案例】

竞选失败

王帅，大二学生，在一次竞选学生干部时落选。从此他经常怀疑自己的能力，并产生自卑心理。有一次，学校举办歌咏会，要求所有的人都要参加。唯独他一个人没有报名参加。同学动员他参加，他也就和大家一块参加排练了，但正式演出时，他却不知跑到哪里去了。之后他的情况更为恶化，他不与任何人说话，看到人总是低着头，当别人主动与他接近时，他总是有意回避。

王帅的症状属于回避型人格障碍。由于他神经过程的感受性高而耐受性低，轻微的一次挫折就沉重打击了他的自尊心，使他变得消极悲观而自卑，失去自信，产生行为退缩和遇事回避的态度。要摒弃回避的束缚，就要消除自卑感，正确认识自己，提高自我评价，积极自我暗示，克服交往障碍，重树自信。

大学生中，人格障碍者还包括：自恋型、偏执型、依赖型、强迫型、冲动型、表演型、反社会型、分裂型等。

我国在人格障碍的治疗上尽管已取得一些进步，找到有效改变的方法，但对人格障碍的处理很大程度仍然是根据人格障碍者的不同特点，帮助其减少冲突。无论采用什么治疗方法，所制定的治疗目标都应恰如其分，并给予足够的时间来完成。建立良好的咨访关系至关重要。对于具有依赖型人格障碍者，不宜频繁安排访谈，否则他们将变得过分依赖。他们容易在治疗计划过程中制造矛盾，并利用矛盾转移对自身问题的注意力。通常对人格障碍的干预至少需要一名以上的专业人员，并需密切合作以避免治疗方法上的不一致。许多人格障碍者对工作人员的变动很反感，这让他们重新体验到早年生活经历中痛苦的丧失、排斥和隔离的遭遇。总之，人格障碍治疗效果有限，因此在幼年时期培养健全的人格尤为重要。

第四节　塑造健康人格

【拓展悦读】

老人与总裁

在美国，流传着这样一个真实故事。一天下午，一位穿得很时髦的中年女人带着一个小男孩走进美国著名企业“亚联集团”总部大厦楼下的花园。他们坐在一张长椅上，女人不停地在跟男孩说着什么，一脸生气的样子。不远处有一位白发苍苍的老人正在打扫垃圾。小男孩终于不能忍受女人的大声责骂，伤心地哭起来。女人从随身挎包里揪出一团白花花的卫生纸，为男孩擦干眼泪，随手把纸丢在地上。老人瞅了中年女人一眼，她也满不在乎地看了老人一眼，老人什么话也没有说，走过来捡起那团纸扔进一旁的垃圾桶内。女人不停地责骂，男孩一直都没停止哭泣。过了一会儿，女人又把擦眼泪的纸扔在地上，老人再次走过来把那团纸捡走，然后回到原处继续工作。老人刚刚弯下腰准备清扫时，女人又丢下了第三团卫生纸……就这样，女人最后扔了六七团纸，老人也不厌其烦地捡了六七次。女人突然指着老人对小男孩说："你都看见了吧！如果你现在不好好上学，将来就会跟他一样没出息，做这些既卑贱又肮脏的工作。"老人依旧没有动怒，他平静地对中年女人说："夫人，这个花园是亚联集团的私家花园，按规定只有集团员工才能进来。"女人理直气壮地说道："那是当然，我是'亚联集团'所属一家公司的部门经理，就在这座大厦里上班！"边说边拿出一张名片丢在老人的身上。老人从地上捡起名片，扔进了垃圾桶，并且从口袋里掏出手机拨了一个电话。女人十分生气，正要理论时，发现有一名男子匆匆走过来，恭恭敬敬地站在老人面前。老人对男子说："我现在提议免去这位女士在'亚联集团'的职务！""是，我立刻按您的指示去办！"那人连声应道。老人说完后径直朝小男孩走去，温和地对他说："孩子，人不光要懂得好好学习，更重要的是要懂得尊重每一个人。"说完后，就朝大厦走去。中年女人惊呆了，她认识这个男子，他是亚联集团所有分公司的总监。"你……你怎么会对一个清洁工毕恭毕敬呢？"她惊奇地问道。男子用同情的眼光看着女人说道："他不是什么清洁工，而是亚联集团的总裁。"中年女人一下子瘫坐在长椅上。

在这个故事中，中年女人自始至终都没有正眼看过老人一眼，她除了不尊重老人的劳动果实，更重要的是不尊重老人的人格，结果被免职了。

一个人的人格是否健康会影响自身的行为和认知，进而影响人的前途和命运。同时，人格是否健康也严重影响着身心健康，健康人格促进身体健康，不良人格会导致身心疾病。

一、人格影响生理健康

人格与健康的关系已成为当今时代的一个重要话题。科技的进步改变了我们的生活方式，延长了人们的寿命，同时也给我们的生活带来了更多的风险和不确定性。人格是人的心理与行为的基础，也是一个人身心健康的重要心理基础。现代医学关于人格与健康关系的研究表明：忙碌、好胜、急躁的人易患心脏病，好高骛远、愤怒压抑的人易患高血压病，依赖、敌意被压抑、感情受挫折的人易患溃疡病等。心理学的研究揭示出许多生理和心理问题都与不良人格存在密切关系，不良人格严重影响个体的工作、人际关系、社会活动以及进一步的发展和自我完善。

不同人格的人建立起应对紧张刺激不同的反应方式，因而一些特殊的人格特征往往成为导致某种生理疾病的内在原因之一，这就是为什么同样的致病因素作用于不同人格特征的人，后果迥异，而同样的疾病发生在不同人格特征的人身上，其病情表现、病程长短和恢复结果又非常不同。

（一）A型人格与冠心病

关于人格与心脏病之间关系的研究，是由两位美国心脏病学家——梅耶·弗里德曼和雷·罗森曼的开创性工作所确立的。这些工作开始于20世纪50年代，那时两位博士注意到他们的患者中很大一部分拥有与众不同的人格特征。这些人绝大多数是男性，他们有着强烈的成就动机、竞争性强、说话元气旺盛、易动成性以及有时间紧迫感等特征。这些行为特征被称为A型行为模式或A型人格。而未发现这些相关行为特征者被称为B型行为模式或B型人格，其主要特征是：性情随和，不喜欢与人争斗；生活方式悠闲自在，不争名利，对成败得失看得较淡，不太在意成就的大小，对工作生活较容易满足；工作生活从容不迫，有条不紊；时间观念不是特别强。

从20世纪70年代，心理学家开始研究A型人格和B型人格在行为上的差别，最有成效的结果便是找到了A型人格的三种最主要的特点。

1. A型者更具竞争性，更能为成功而努力奋斗。例如，A型者在对待成就性工作时比B型者更努力，而且他们可以不顾外界的压力（如最后期限等）。

2. A型者有时间紧迫感，他们认为时间是宝贵的，不能浪费。A型者可能已经急切地投入了工作，而B型者却仍在拖沓。

3. A型者在对待挫折情境时更容易产生敌意和攻击性。

早期的研究发现，A型人格者冠心病的发病率比B型人格高出一倍。A型行为模式本身成为心脏病的一个明确的危险因素，它与吸烟、高血压或胆固醇的作用相当，后来的不少研究支持了A型行为模式与冠心病的发生有关。一项研究证明，A型行为中的时间紧迫感在心脏病的成因中扮演着重要而且独立的角色。

然而，迄今很多研究者找到的证据都是有关敌意性方面的。敌意性高的人常有暴力倾向，有的人还专横霸道，甚至对每个人可能经历的日常小挫折和不方便都会有过激反应。他们对极其微小的烦恼都会表现出对抗、暴怒、粗鲁、乖戾、批评和不合作。有几项研究表明，测量得到的敌意性分数可以很好地预测冠心病。更重要的是，不用测量全面的A型行为模式，只是测量敌意性就可预测那些人的健康会有问题。这意味着不是所有的A型行为都对健康有害。那些喜欢接受挑战、废寝忘食的工作狂也许根本不会得心脏病。如果这个人不会因小挫折或者困难就烦躁易怒，那么他很可能是一个既有成效又健康的人。

（二）C型人格与癌症

关于人格障碍可以导致癌症的论述，最早可以追溯到古希腊的盖伦，他在当时就指出，忧郁的妇女比乐观的妇女更有可能患上乳腺癌。我国医书《外科正宗》中指出，乳腺癌是“忧愁郁结，精想在心，所愿不遂，肝脾进气，以致经络阻塞，积聚成结”。职场中的女性群体往往要面对来自工作和家庭的双重压力的困扰，因此，职业女性更容易表现出忧郁的特点。目前，研究者们将类似的研究结果结合起来考察，形成了一个总的描述癌症倾向性的人格特质和应对方式，被称为C型人格或C型行为模式。

C型人格的行为模式及其应对方式与A型人格相反，其主要特点是不表现出愤怒，将愤怒藏在心里并加以控制，在行为上表现出与别人过分合作，原谅一些不该原谅的行为，生活和工作中没有主意和目标，不确定性多，对别人过分有耐心，尽量回避各种冲突，不表现负面情绪（特别是愤怒），屈从于权威等。关于愤怒的压抑、抑郁与癌症的发生、恶化有联系的报告相当多。

A型和C型行为模式对健康有着不良的影响，因此为了维护和促进健康，有必要采取相应措施努力改变它。一项以矫正A型行为模式的研究已获得巨大的成功，有1000多名至少有过一次心脏病发作的病人参加了此项研究。研究者帮助这些人改变其A型行为模式。

1. 为了降减他们的时间紧迫感，要求他们练习排队（A型行为者认为这是一种极具挑战性的情境），并借此机会考虑那些在正常情况下他们没有时间去想的事或观察别人的谈话。

2. 学习在不对别人发脾气的情况下表达自己的意见。

3. 改变某些具体的行为方式（如不打断别人的话，不匆匆忙忙地吃饭或说话）。

4. 重新评估一些基本信念（如成功取决于工作数量）以及设法使家庭和工作环境不那么充满压力（如减少不必要的社交次数）。

此项研究历时四年半，结果发现实验组的病人心脏病复发率是只有那些没有学过如何改变生活方式的对照组的一半。这说明生活方式是可以改变的，而改变了的行为模式会促进身心健康。因此，如果人们能尽早认识到生活方式在防病治病和保健中的作用，选择正确的生活方式，养成良好的行为习惯，那么不仅能够有效地预防疾病的发生，更能体验到工作的幸福和快乐。

二、健康人格的含义

健康人格是指各种良好人格特征在个体身上的集中体现。概括来说，健康人格的理想标准就是人格的生理、心理、道德、社会各要素完美地统一、平衡、协调，使人的才能得以充分发挥。对于自身而言，其基本特征主要包括积极客观的自我认识，正视现实，对他人和社会具有理性认知，有健康的体魄、愉快乐观的情绪体验和积极向上的人生目标，有良好、稳定、协调的人际关系，独立的自我意识，有责任感和创造力，努力为自己的未来而奋斗等。

三、健康人格的共同特点

自20世纪50年代后期以来，一些心理学家根据他们的研究，提出许多有关健康人格的类型。代表性的观点有奥尔波特的“健康成熟的人”、罗杰斯的“功能完善的人”、弗洛姆的“新人”、马斯洛的“自我实现的人”、荣格的“个体化的人”、弗兰克的“超越自我的人”、皮尔斯的“此时此刻的人”等。这些心理学家的共同特点是对人性持乐观的态度，认为人能够而且必须超越生物本性和环境特征，相信人自身中有扩展、丰富、发展和完善的潜能，而且这些潜能的实现就称为健康人格。根据国内外的研究，我们可以认为，人格健康者在七个方面具有共同特点：

（一）正确的自我认知

正确的自我认知是指人格健全者对自己有着较为明确的了解，能客观地认识自己和评价自己，既承认自己的能力和才干，又承认自己的不利条件或限制因素。具备正确的自我认知的个体，在日常表现中有较强的自我控制力，既不清高、狂妄，又不自轻自贱、自艾自怨、妄自菲薄、自我欺骗，善于正确地接纳自我。他们会对自己的能力和优势，潜能和长处竭力发扬光大，对自己的缺点和不足，则能主动地进行自我批判和自我教育，也能努力去改正和克服，能正确地估计自己的地位与作用，明确并实现自己的奋斗目标。

（二）具有良好的社会环境适应能力

适应是一个人能使自己与现实相协调并不断发展的过程，在个体和环境发生相互作用的过程中，可以完好地保持自己生理、心理和社会行为适应的统一性与达到个人发展的目的。现代社会的快速变迁，给每个人提出了“学会适应”的要求，适应不良成为现代人的一个流行病。人格健全的人能对社会环境采取现实的态度，正视人生，适应社会的变化，善于选择积极主动的生活方式，较好地调整个人期望与社会期望的矛盾冲突，保持与社会环境的协调一致，在思想、目标和行为上能适应时代的变迁与发展所带来的困惑与挑战。

（三）内在心理结构和谐发展

人格健全的人，他们的需要和动机、兴趣和爱好、智慧和才能、人生观和价值观、理想和信念、性格和气质等都朝向健康的方向发展。他们的内心协调一致，言行一致，能正确认识和评价自己的所作所为是否符合客观要求，是否符合社会道德准则。由于内在的和谐一致，他们能及时调整自己与外部世界的关系，而不会出现认识扭曲、行为失控等问题。因此，具有稳定、完整的人格特征的个体，胸怀坦荡、光明磊落、言行一致、表里如一、思想和行为协调一致，他们不为私欲背弃信念和良心，不口是心非。对外界刺激反应适度、不偏颇，能为他人、集体和社会所认同。

（四）善于自我调节，达到情绪和心态平衡

人格健全者对人际关系和事物保持客观、灵活和全面的看法，具备预见人生挫折、威胁和冲突的能力，能正确处理自己与他人、社会的关系，保持与社会良好的接触，客观地分析和评价得失，使自己的思想、目标、行动都能跟上时代的发展，与社会要求相符合。若发现个人利益与社会利益发生冲突，常能修正或放弃自己不切实际的计划。善于自我调节是社会适应的重要手段，同时也是保持和发展健全人格的前提和保障。

（五）具有为智慧和真理而献身的精神

追求智慧是指对人类的知识持有基本肯定的态度和向往、追求的心理倾向。人格健全的人应该热爱学习，追求知识，并在本职工作中积极向上，奋发进取，充分发挥自己的聪明才智，竭尽全力获取最大的成就。另外，他能把自己的智慧和能力有效地运用到工作和事业上，表现出有所发现、有所发明、有所突破的创新精神和探索精神，并不断在事业中取得进步和成功。他们的成功，往往又为他们带来满足和愉悦，并形成新的兴趣和动机，使他们的生活更加充实。

（六）具有创造性

随着社会的发展和进步，健康人格也相应地增加了新的内涵，发挥自己创造性的禀赋就是其内在的要求。马斯洛认为，高峰体验是自我实现者的一个重要特征。人格健全的人会把热情、创造性用在他们的学习、工作和生活中，从而使这类人勇于创造、善于创造，在不断追求与成功中实现人生的飞跃。

（七）善与人相处

人际交往是人类存在和发展的需要，也是保持心理健康的重要途径。人格健全的人善于与人交往，具有良好的人际关系。既能接受自我，又能悦纳别人，因此有稳定而广泛的人际关系和知心朋友，并能将自己与集体融为一体。对己严格要求，对人宽容大度；能容人之长也能容人之短，能正确处理互助与竞争的关系，有与集体休戚相关、荣辱与共的情感，并积极谋求个人与集体的共同发展。

四、塑造健康人格的途径

人格的形成、发展和完善是主体与客体相互作用的过程。在塑造自我的健康人格时，既要服从于自身身心健康和发展的需要，又要服从于现代化建设和社会进步的需要。为了有效地进行人格塑造，应深刻理解人格塑造的意义，充分了解自己的人格现状，明确人格塑造的目标、内容、途径和方法。

（一）树立正确的人生观和价值观

大学阶段是人成长中接受外界信息量最大、内容最广泛的时期，此时家庭、同龄群体、大众传媒对他们的人格培养有着举足轻重的作用。社会转型期的文化和价值多元化在一定程度上干扰和打乱了大学生的人格培养。少数大学生持功利主义、实用主义心态，导致以自我中心、狭隘、急躁等人格问题日渐增多。因此，高校和社会应该用相对稳定、统一的社会规范和社会价值标准对大学生进行引导和教育，大学生也要充分意识到树立正确的人生观、价值观对塑造健康人格的重要性。

（二）确定人格塑造导向，扬长补短

人格塑造有两种基本方法：一是择优，二是劣汰。择优的方法即选择某些良好的人格品质作为自己努力的目标和前行的坐标，比如，自信、开朗、热情、勤奋、坚毅、诚恳、善良、正直等人格特征，可作为人格塑造的目标。劣汰的方法即针对自己人格上的缺点、弱点予以纠正，比如，摒弃自卑、抑郁、胆小、冷漠、懒散、任性、粗心、急躁等不良特征。在多数情况下，择优与劣汰往往是一起进行的，择优的过程就是弥补不足的过程，而改正缺点正是在培养优点。大学生作为同龄人中的佼佼者，更应该清醒地认识到自己人格中的优缺点，扬长补短，对自己的人格品质进行优化组合，朝着健全人格的方向迈进。

（三）加强科学文化知识的学习和熏陶

大学生的人格塑造是根植于知识和理性的基础之上，学习科学文化知识的过程也是启迪心智、活跃思想、培养创造力、优化人格整合的过程。培根说过："读史使人明智，读诗使人灵秀，数学使人周密，科学使人深刻，伦理学使人庄重，逻辑、修辞之学使人善辩，凡有所学，皆成性格。"但有些理工科大学生缺乏人文知识，有些文科大学生则缺乏科学精神，不利于人格的健全发展。因此，大学生不能只局限于专业学习，还应好读书，读好书，做到科学精神与人文理念并重。

（四）养成良好的行为习惯

健康人格是逐步形成和发展的，健康人格的塑造也是需要长期努力的。"行为决定习惯，习惯决定性格，性格决定命运。"因此，大学生要注意平时的一言一行，从身边的小事做起，做个有心人。同时，实践是人格发展的必由之路，一个人的勤奋、坚韧、乐观、细致等人格特征都是长期实践锻炼的结果。所以，大学生要积极参加各种有益身心健康的实践活动，这对于大学生人格的发展与塑造很有意义。

（五）积极交往，融入集体

人格发展和塑造的过程，是人社会化的过程，是人与他人、集体、社会互动的过程。人格在集体中形成，在集体中展现，正如马克思指出的："只有在集体中，个人才能获得全面发展其能力的手段。"因此，人格的培养不是封闭的自我设计，要跳出"自我"的狭小天地，走向丰富多彩、生机勃勃的大社会。因为集体活动有助于培养组织纪律观念、关心他人、团结合作的精神品质；有助于培养独立性、创造性、自信心、宽容、热情、开朗等人格品质。大学生只有融入集体中，和他人积极交往，才能发展和塑造健康的人格。

（六）提高自我教育的能力

现代社会，大学生面临着学习、人际、就业等方方面面的压力，容易产生情绪困扰，进而产生理想、信念、人生观和价值观的困惑，所以，大学生必须提升自我教育能力，来发展与塑造健康人格。

【自我探索】

气质类型测试

本测验共有60个问题，回答问题时请不要猜测题目内容要求，也就是说不要考虑应该怎样，而只需要根据自己的实际行为表现如实回答；题目答案本身无所谓正确与错误之分；回答要迅速，不要在某道题目上花过多时间；每一题都必须回答，不能有空题。

在回答下列问题时，你认为：很符合自己情况的记2分；较符合自己情况的记1分；介于符合与不符合之间的记0分；较不符合自己情况的记–1；完全不符合自己情况的记–2分。

1. 做事力求稳妥，不做无把握的事。
2. 遇到可气的事就怒不可遏，想把心里话全说出来才痛快。
3. 宁肯一个人干事，不愿很多人在一起。
4. 到一个新环境很快就能适应。
5. 厌恶那些强烈的刺激，如尖叫、噪音、危险镜头等。
6. 和人争吵时，总是先发制人，喜欢挑衅。
7. 喜欢安静的环境。
8. 善于和人交往。
9. 羡慕那种善于克制自己感情的人。
10. 生活有规律，很少违反作息制度。
11. 在多数情况下情绪是乐观的。
12. 碰到陌生人觉得很拘束。
13. 遇到令人气愤的事，能很好地自我克制。
14. 做事总是有旺盛的精力。
15. 遇到问题常常举棋不定，优柔寡断。
16. 在人群中从不觉得过分拘束。
17. 情绪高昂时，觉得干什么都有趣；情绪低落时，又觉得什么都没有意思。
18. 当注意力集中于一事物时，别的事很难使我分心。
19. 理解问题总比别人快。
20. 碰到危险情景，常有一种极度恐怖感。
21. 对学习、工作、事业怀有很高的热情。

22. 能够长时间做枯燥、单调的工作。
23. 符合兴趣的事情，干起来劲头儿十足，否则就不想干。
24. 一点小事就能引起情绪波动。
25. 讨厌做那种需要耐心、细致的工作。
26. 与人交往不卑不亢。
27. 喜欢参加热烈的活动。
28. 爱看感情细腻，描写人物内心活动的文学作品。
29. 工作学习时间长了，常感到厌倦。
30. 不喜欢长时间谈论一个问题，愿意实际动手干。
31. 宁愿侃侃而谈，不愿窃窃私语。
32. 别人说我总是闷闷不乐。
33. 理解问题常比别人慢些。
34. 疲倦时只要短暂的休息就能精神抖擞，重新投入工作。
35. 心里有话宁愿自己想，不愿说出来。
36. 认准一个目标就希望尽快实现，不达目的，誓不罢休。
37. 学习、工作同样长时间，常比别人更疲倦。
38. 做事有些莽撞，常常不考虑后果。
39. 老师或师傅讲授新知识、新技术时，总希望他讲慢些，多重复几遍。
40. 能够很快地忘记那些不愉快的事情。
41. 做作业或完成一件工作总比别人花的时间多。
42. 喜欢运动量大的剧烈体育活动，或参加各种文艺活动。
43. 不能很快地把注意力从一件事转移到另一件事上去。
44. 接受一个任务后，就希望把它迅速解决。
45. 认为墨守成规比冒风险强些。
46. 能够同时注意几件事物。
47. 当我烦闷的时候，别人很难使我高兴起来。
48. 爱看情节起伏跌宕、激动人心的小说。
49. 对工作抱认真严谨、始终一贯的态度。
50. 和周围人们的关系总是相处不好。
51. 喜欢复习学过的知识，重复做已经掌握的工作。
52. 希望做变化大、花样多的工作。

53. 小时候会背的诗歌，我似乎比别人记得清楚。

54. 别人说我“出语伤人”，可我并不觉得是这样。

55. 在体育活动中，常因反应慢而落后。

56. 反应敏捷，头脑机智。

57. 喜欢有条理而不甚麻烦的工作。

58. 兴奋的事常使我失眠。

59. 老师讲新概念，常常听不懂，但弄懂以后就很难忘记。

60. 假如工作枯燥无味，马上就会情绪低落。

气质类型分析：

胆汁质：2、6、9、14、17、21、27、31、36、38、42、48、50、54、58。

多血质：4、8、11、16、19、23、25、29、34、40、44、46、52、56、60。

黏液质：1、7、10、13、18、22、26、30、33、39、43、45、49、55、57。

抑郁质：3、5、12、15、20、24、28、32、35、37、41、47、51、53、59。

汇总：

胆汁质：（　　） 多血质：（　　）

黏液质：（　　） 抑郁质：（　　）

1. 如果某类气质得分明显高出其他三种，均高出4分以上，则可定为该类气质。如果该类气质得分超过20分，则为典型型；如果该类得分在10—20分，则为一般型。

2. 两种气质类型得分接近，其差异低于3分，而且又明显高于其他两种，高出4分以上，则可定为这两种气质的混合型。

3. 三种气质得分均高于第四种，而且接近，则为三种气质的混合型，如多血—胆汁—黏液质混合型或黏液—多血—抑郁质混合型。

4. 如4栏分数皆不高且相近（＜3分），则为4种气质的混合型。多数人的气质是一般型气质或两种气质的混合型，典型气质和数种气质的混合型的人较少。

A型行为类型问卷

指导语：请根据您过去的情况回答下列问题。凡是符合您的情况的请选择“是”；凡是不符合您的情况的请选择“否”。每个问题必须回答，答案无对与不对、好与不好之分。请尽快回答，不要考虑“应该怎样”，只回答您平时“是怎样的”就行了。

1. 我总是力图说服别人同意我的观点。
2. 即使没有什么要紧的事，我走路也快。
3. 我经常感到应该做的事太多，有压力。
4. 我自己决定的事，别人很难让我改变主意。
5. 有些人和事常常使我十分恼火。
6. 在急需买东西但又要排常队时，我宁愿不买。
7. 有些工作我根本安排不过来，只能临时挤时间去做。
8. 上班或赴约会时，我从来不迟到。
9. 当我正在做事，谁要是打扰我，不管有意无意，我总是感到恼火。
10. 我总是看不惯那些慢条斯理，不紧不慢的人。
11. 我常常忙得透不过气来，因为该做的事情太多了。
12. 即使跟别人合作，我也总想单独完成一些更重要的部分。
13. 有时我真想骂人。
14. 我做事总喜欢慢慢来，而且思前想后，拿不定主意。
15. 排队买东西，要是有人加塞，我就忍不住要指责他或出来干涉。
16. 我觉得自己是一个无忧无虑、自由自在的人。
17. 有时连我自己也觉得，我所操心的事远远超过我应该操心的范围。
18. 无论做什么事情，即使比别人差，我也无所谓。
19. 做什么事我也不着急，着急也没有用，不着急也误不了事。
20. 我从来没有想过要按自己的想法办事。
21. 每天的事情都使我精神十分紧张。
22. 就是逛公园、赏花、观鱼等，我也总是先看完，等着同来的人。
23. 我常常不能宽容别人的缺点和毛病。
24. 在我认识的人里，个个我都喜欢。
25. 听到别人发表不正确的见解，我总想立即就去纠正他。
26. 无论做什么事情，我都比别人快一些。
27. 当别人对我无理时，我对他也不客气。
28. 我总觉得我有能力把一切事情办好。
29. 聊天时，我也总是急于说出自己的想法，甚至打断别人的话。
30. 人们认为我是个安静、沉着、有耐性的人。
31. 我觉得在我认识的人之中，值得我信任和佩服的人实在不多。
32. 对未来我有许多想法和打算，并总想都能尽快实现。

33. 有时我也会说人家的闲话。
34. 尽管时间很宽裕，我吃饭也快。
35. 听人讲话或报告如讲得不好，我就非常着急，总想还不如我来讲。
36. 即使有人欺负了我，我也不在乎。
37. 我有时会把今天该做的事拖到明天去做。
38. 人们认为我是一个干脆、利落、高效率的人。
39. 有人对我或我的工作吹毛求疵时，很容易挫伤我的积极性。
40. 我常常感到时间晚了，可一看表还早呢。
41. 我觉得我是一个非常敏感的人。
42. 我做事总是匆匆忙忙的，力图用最少的时间办尽量多的事情。
43. 如果犯有错误，不管大小，我全都主动承认。
44. 坐公共汽车时，我常常感到车开得太慢。
45. 无论做什么事，即使看着别人做不好我也不想拿来替他做。
46. 我常常为工作没有做完，一天又过去了而感到忧虑。
47. 很多事情如果由我来负责，情况要比现在好得多。
48. 有时我会想到一些说不出口的坏念头。
49. 即使领导我的人能力差、水平低，不管怎么样，我也能服从和合作。
50. 必须等待什么的时候，我总是心急如焚，缺乏耐心。
51. 我常常感到自己能力不够，所以在做事遇到不顺利时就想拖延。
52. 我每天都看电视，也看电影，不然心里就不舒服。
53. 别人托我办的事，只要答应了，我从不拖延。
54. 人们都说我很有耐性，干什么事都不着急。
55. 外出乘车、船或跟别人约定时间办事时，我很少迟到。
56. 偶尔我也会说一些假话。
57. 许多事本来可以大家分担，但我喜欢一个人去干。
58. 我觉得别人对我的话理解太慢，甚至理解不了我的意思似的。
59. 我是一个性子暴躁的人。
60. 我常常容易看到别人的短处而忽视别人的长处。

评分说明：

（一）第13、14、16、18、19、30、33、37、45、48、49、51、54、56题回答“否”，记1分，其他题目回答“是”记1分。

（二）测谎题目：如果你的8、13、20、24、27、33、36、43、48、56这10

个题目的得分超过了5分，那么本次测试的可信度则不会很高，你可能在回答问题时有所隐瞒。

（三）CH（敌意性分数：争强好胜、怀有戒心或敌意、缺乏耐心）得分计算：1、4、5、9、12、16、17、18、23、25、28、30、31、35、39、41、45、47、49、50、52、54、57、59、60。

（四）TH（时间匆忙感、时间紧迫感、做事快）得分计算：2、3、6、7、10、11、14、15、19、21、22、26、29、32、34、37、38、40、42、44、46、51、53、55、58。

测试者TH+CH得分以27分为界，得分为27者为极端中间型，而该分数以下及以上者分别代表B型倾向和A型倾向的人格类型。

【训练与体验】

训练一　团体心理辅导——性格大探析

目的：

1. 通过心理测评、小组分享，深刻认知自己、理解他人；
2. 了解四种性格人的特点和心理需求，提升交往技能。

形式：根据测评结果，将同类性格的人分在一组，共分四组。

材料：纸、笔。

过程：

1. 心理测评：《四种性格测试》。
2. 分组讨论：

（1）本小组的性格特点是什么？有哪些优点？有哪些不足？

（2）在人际交往中，这类性格人的心理需求是什么？希望别人如何对待自己？

四种性格测试

指导语：阅读以下命题，在符合您个人情况的形容词后打上“√”号（每题可选一个或多个，因为排在一行的4个词互不相干）。

活泼型（S）	力量型（M）	完美型（C）	和平型（P）
1. 生动	富于冒险	善于分析	适应力强
2. 喜好娱乐	善于说服	坚持不懈	平和

3. 擅于交际	意志坚定	自我牺牲	顺服
4. 令人信服	竞争性	体贴	自控性
5. 使人振作	反应敏捷	受尊重	含蓄
6. 生气勃勃	自立	敏感	满足
7. 推动者	积极	计划者	耐性
8. 无拘无束	肯定	按部就班	羞涩
9. 乐观	坦率	井井有条	迁就
10. 有趣	强迫性	忠诚	友善
11. 可爱	勇敢	细节	外交手腕
12. 令人高兴	自信	文化修养	贯彻始终
13. 激励性	独立	理想主义	无攻击性
14. 感情外露	果断	深沉	尖刻幽默
15. 喜交朋友	发起者	音乐性	调节者
16. 多言	执著	考虑周到	容忍
17. 活力充沛	领导者	忠心	聆听者
18. 惹人喜爱	首领	制图者	知足
19. 受欢迎	勤劳	完美主义者	和气
20. 跳跃型	无畏	规范型	平衡
21. 露骨	专横	忸怩	乏味
22. 散漫	无同情心	不宽恕	缺乏热情
23. 唠叨	逆反	怨恨	保留
24. 健忘	率直	挑剔	胆小
25. 好插嘴	急躁	无安全感	优柔寡断
26. 难预测	不善表达	不受欢迎	不合群
27. 即兴	固执	难于取悦	犹豫不决
28. 放任	自负	悲观	平淡
29. 易怒	好争吵	不合群	无目标
30. 幼稚	鲁莽	消极	冷漠
31. 虚荣	工作狂	不喜交际	担忧
32. 喋喋不休	不圆滑老练	过分敏感	胆怯
33. 生活紊乱	跋扈	抑郁	多疑

34. 反复	排斥异己	内向	无异议
35. 杂乱无章	喜操纵	情绪化	言语不清
36. 好表现	顽固	怀疑	缓慢
37. 大嗓门	统治欲	孤僻	懒惰
38. 不专注	易怒	多疑	拖延
39. 报复型	烦躁	勉强	轻率
40. 善变	狡猾	好批评	妥协

计分方法：

1. 一个“√”计1分；

2. 分别计算S、M、C、P的得分（竖行加分，合并同类）。

结果说明：

1. 某类得分越高，越倾向该种性格。

2. 如果某类得分超过20分，又高于排在第二类的分数4分以上，就是典型的该种性格；否则，为混合型。

3. 如果四种性格得分差别不大，就可归到“和平型”性格。

训练二　团体心理辅导——姑娘与水手

目的：澄清个人价值观。

时间：约60—80 分钟。

准备：事先准备好《顺序选择表》及《小组统计表》。

过程：

1. 领导者者给全体学生讲一个“姑娘与水手”的故事。

有五个人共同乘坐渡轮，突然遭遇大风袭击而沉没。所幸搭上了两艘救生艇。一艘为年轻女性玛丽、水手杰克、和蔼老人罗勃共乘。另一艘则为玛丽未婚夫彼德和其亲友麦克。在狂暴的浪涛中，这两艘救生艇被吹散了。

玛丽的救生艇，漂流到一个小岛上。玛丽祈祷生死未卜的未婚夫彼德能够安然无恙，她不放弃任何线索，想尽办法要找到彼德的影踪，但是毫无所获。过了两天，暴风雨停了，天气晴朗得可以清晰地遥望对岸的早晨，玛丽便暗自认为，彼德一定是漂流到对岸的岛屿上去了。玛丽不放弃寻找未婚夫的念头，于是向杰克请求：“你可否将此船修理好，载着我去找彼德，好吗？”而杰克也答应修好船，但是条件是玛丽要与他共度春宵。

玛丽听后，甚是困扰，去找老人罗勃商量：“我真的很为难，不知道如何是好，你可否替我想点对策？如何去选择是对的？”老人罗勃没有告诉她如何去做，只是说她必须自己去做最明智的抉择。几经懊恼后，玛丽终于答应了杰克的要求。

第二天，杰克将修复好的船，载着玛丽朝彼德滞留的岛屿划去。

靠近那个岛时，发现彼德果然在那里。玛丽狂喜之极，迫不及待地从船上跑下来，急速地投入了彼德的怀抱，被彼德温暖怀抱紧紧拥抱的玛丽，正在为昨夜的事情困扰着，最后，还是决定要对彼德坦诚相告。

彼德听完后，十分愤怒，几乎是疯狂地叫道：“我再也不要见到你了！”然后就消失得无影无踪了。

玛丽在伤心欲绝下，泪眼婆娑地奔向沙滩。见此情景，彼德的亲友麦克，便走向玛丽前面安慰她。并说道：“玛丽，我以前就非常喜欢你，但因为彼德也深爱着你，所以我才不敢向你吐露真情。现在事情已经很明显，你和彼德已经结束了，我决定就向你求婚。”事出突然，玛丽感到愕然，而不知所措。

2. 故事讲完后，领导者给每一个成员发一张表，要求大家从刚才故事中出现的 5 个人物中，按照自己的好感程度做出选择并排序，然后简单地写出原因。

选择完后在小组内交流，每个人说出自己的想法，并统计全组的倾向性意见。

表7–1　　小组统计表

小组成员	1	2	3	4	5	6	7	8	小组决定
出场人物									
杰克（水手）									
玛丽（姑娘）									
罗勃（老人）									
彼德（未婚夫）									
麦克（亲友）									

3. 通过听取他人意见，小组成员受到启发，可以修正自己的意见。每个小组派代表交流，在共同讨论中表现出每个人的价值观，也可以了解他人的价值观，促进深入思考，逐渐确立正确的价值观。活动必须有充分的时间。

表7-2

好感的顺序	登场人物	理由
	杰克（水手）	
	玛丽（姑娘）	
	罗勃（老人）	
	彼德（未婚夫）	
	麦克（亲友）	

4. 心理测试解析：

这个测试没有所谓的正确答案，只是探讨一下大家的价值观。

在故事中，不同人物行为的现实性为：

姑娘——理想主义；

水手——实用主义；

老人——现实主义；

未婚夫——务实主义；

亲友——机会主义。

【阅读与欣赏】

人格的伟大力量

1809年2月12日，亚伯拉罕·林肯出生在一个农民的家庭。小时候，家里很穷，但是林肯的父母很正直，教育林肯要信守正义。

1834年，25岁的林肯当选为伊利诺斯州议员，开始了他的政治生涯。1836年，他又通过考试当上了律师。林肯当律师后给自己订立了一个规矩——只为蒙冤正义者辩护。林肯一直信守着自己的承诺。

由于林肯精通法律，口才很好，在当地很有声望。很多人都来找他帮着打官司。许多穷人没有钱付给他劳务费，但是只要告诉林肯："我是正义的，请你帮我讨回公道。"林肯就会免费为他辩护。林肯在当地的法律界威望很高。

一次，一个富翁请林肯为他辩护。林肯听了那个客户的陈述，发现那个人是在诬陷好人，于是就说："很抱歉，我不能替您辩护，因为您的行为是非正义的，我有自己的做事原则和承诺。”

富翁无耻地说：“难道你不想挣钱吗？我就是想请您帮我打这场不正义的官司，只要我胜诉，您要多少酬劳都可以。”

林肯义正词严地说：“只要使用一点点法庭辩护的技巧，您的案子很容易胜诉，但是案子本身是不公平的。假如我接了您的案子，当我站在法官面前讲话的时候，我会对自己说：‘林肯，你在撒谎。’谎话只有在丢掉良心的时候，才能大声地说出口。我不能丢掉良心，也不可能讲出谎话。所以，请您另请高明，我没有能力为您效劳——我必须信守自己的诺言和原则！”

富翁听完，羞愧地离开了亚伯拉罕·林肯家里。

人生感悟：

“信用是一种现代社会无法或缺的个人无形资产。诚信的约束不仅来自外界，更来自我们的自律心态和自身的道德力量。”在正直的人看来，诺言是无价的。这是正直的人为人处世的基本准则。在林肯身上我们看到了人格的伟大力量！

【好书推荐】

《24重人格》

内容简介：《24重人格》是2003年2月由上海译文出版社出版，作者是卡麦隆·韦斯特，译者是李永平。该书主要讲述了作者韦斯特将他自己的人格分裂的令人心碎的经历，以及他治疗满是创伤的心灵的过程。

《24重人格》描写了卡梅伦·韦斯特罹患分离性身份识别障碍（Dissociative Identity Disorder，简称DID），又叫多重人格障碍，给自身和家庭带来极大的痛苦和影响，赞扬了卡梅伦勇于把握自己命运的精神。该书一方面具有学术研究的价值，作者既是文中主人翁一位DID患者，又是一位心理学家，本书是他获心理学博士学位时的毕业论文；另一方面，本书又不同于一般论文，他对于许多令人心碎的细节，以及卡梅伦心灵扭曲的痛苦场景描写得清晰贴切，很多比喻用得新颖别致。

卡梅伦出生在一个恶心的家庭，用老邻居艾比的话来说：那个家庭装的都是蛆。卡梅伦（昵称卡姆）四岁开始受到外婆、母亲的性虐待，外婆母亲的乱伦给小卡姆造成了身心的伤害，导致卡姆人格分裂，中年犯病，从一位成功的商人一下变成一个DID患者。

全书用了许多湿答答，比如湿答答的车道；湿答答的天气；外婆湿答答的下身；被汗浸透的湿答答的裤筒、床单、餐巾纸。马萨诸塞州的冬天漫长、寒冷，常常需要铲雪工人来除掉马路上厚厚的积雪，全书笼罩着一种诡秘的气氛，让读者感到压抑、紧张、甚至恐惧，却又忍不住想一气读完。

“记忆”或“缺乏记忆”是构成这种病症的一大要素。

卡姆一共有24重人格，心理学上叫作“他我”，本书上唤作“分身”，小卡姆每受到一次性虐待，就活生生分割出一部分自我，用“他（她）”来承受那些令人作呕的痛苦经历，然后把这部分记忆“完全”抛弃，自己仍然以一个貌似完好的人格继续自己的人生，尽管卡姆清醒时完全没有那些痛苦事件的印象，但卡姆生病体质弱时，那些尘封的记忆便一个个冒出来——有给卡姆带来心灵宁静和解脱，让卡姆与大自然达到和谐状态的，温柔、慈悲的精灵佩尔；有时不忘鞭策、激励、驱使卡姆一路往前冲的，代表行动、创造力和成就的利夫；有帮助卡姆熬过许多黑暗日子，风趣、幽默、随和的巴特；有自卑、怯懦、说话结巴的克莱等。

心理分析：在社会生活中的不同阶段或不同场合，我们都会有一定的角色转换，比如《蜡笔小新》上，妮妮的妈妈在忍受了小新一下午的调皮捣蛋、啰唆干扰之后，终于一反平常的温柔贤淑，对着小家伙大吼大叫，吓得刚进门的妮妮哭着喊：“你不是我妈妈！”她还是妮妮的妈妈吗？当然是！只是表现出了她的另一面、她的另一个自我，“另一个”妮妮所不熟悉的妈妈而已。

任何一个正常人都会有许多个“自我”，从卡姆的分身里可以看到正常人不同“自我”的影子，比如利夫代表上进，积极努力的那个自我；佩尔巴特代表朋友家人面前随和、温文、风趣的那个自我；克莱则代表消极、自卑、退缩的那个自我……不同的是：正常人的自我可以通过意志控制，对外表现出统一的思想，自我一般是相对恒定的；而DID患者则无法用意志来控制体内那些“他我”“分身”，他们可能在同一场合或相对的一定时间内以不同的角色出现，甚至改变自我——分身会莫名其妙跳出来，发出符合他们身份的非我的怪声音，做出许多意想不到的事。卡姆每次发病，身子都不由自主按照分身的意志行动，包括自残身体，卡姆的分身斯威奇曾好几次割伤自己寄生的身体（卡姆的身体），卡姆可以感觉到不对劲，却无力阻止。

儿时受到过虐待的人，尤其是经历过乱伦事件的人，几乎都怀抱着深沉的、根深蒂固的罪恶感和耻辱感，一方面他们感到害怕、恶心、愤怒，另一方面面对的又是自己最亲最近的人，于是他们大多选择拒绝承认遭受虐待的事实，想方设法把它“藏”起来，而拒绝承认事实就得忍受心灵的煎熬。大多数罹患DID的人，最大的困难就是承认和接受这个事实——过去的生活。否认事实，只会使情况恶化。

文章结束时，卡姆最终顽强地战胜了自己的病，并获得了心理学博士学位。DID目前还缺乏有效的治疗手段，战胜DID并不是彻底消除体内的分身，而是让分身们实现连接，达到一种动态的平衡。利用催眠放松等方法让分身们按时出来“透气”，讲述自己的需要和痛苦。

针对DID患者最大的困难，最基本最有效的办法是要卡姆接受事实，即劝说其为自己拍摄录像——每个分身出现时的录像，就像到电视台接受采访，说出自己想说的，然后把录像放给病人看，让他们亲眼目睹自己的多重人格特征，清晰地了解自己童年所受虐待经历完全真实，承认自己确实是DID患者；也让分身们明白大伙共同寄居在一个身体里，大家必须和谐相处，爱护自己的身体，使分身们逐渐进入有序状态，知道什么时候能出现、什么时候不能出现，像正常人一样，拥有一个相对恒定的自我。学会让自己停留在现在，不再退回到过去中！

学会表现愤怒、感受哀伤，学会做一个完整的自己。常常在报端见到某某明星吸食白粉以求麻醉，某某明星又割腕自杀，很多情况下是源于工作的压力。习惯了灯光掌声的明星们，为牢牢把握住自己的Fans，他们做Fans喜欢的事，唱Fans喜欢的歌，穿Fans喜欢的服饰，自己的快乐痛苦、喜爱厌恶却完全封锁起来，长期的压抑，没有自我，是导致心理疾病的最直接原因。

心理学家詹姆斯·高登·季尔博士说：“保持本色的问题，像历史一样的古老，不愿意保护本色，即是很多精神和心理问题的潜在原因。没有比那些想做其他人和除他自己以外其他东西的人，更痛苦的了。”

不论好与坏，我们都必须保护本色，人格的颜色，需要我们用生命去保护。

【电影赏析】

《黑天鹅》

剧情简介：纽约剧团要重拍《天鹅湖》，因前领舞Beth（薇诺娜·赖德Winona Ryder 饰）离去，总监托马斯（文森特·卡索尔 Vincent Cassel饰）决定海选新领舞，且要求领舞要分饰黑天鹅与白天鹅。妮娜（娜塔莉·波特曼Natalie Portman 饰）自幼练习芭蕾舞，在母亲的细心关照下，技艺出众。这次，她希望可以脱颖而出。然而，在竞争中，她发现心机颇重的莉莉（米拉·库妮丝 Mila Kunis 饰）是自己的强劲对手。在选拔中，她的白天鹅表演的无可挑剔，但是黑天鹅不及Lily。她感到身心俱疲，回家还发现了背部的红斑与脚伤。她一个人找到总监，希望争取一下。总监趁机亲吻她，却被她强硬拒绝。结果，总监居然选了她。队友怀疑她靠色相上位。在酒会上，Beth甚至当众发泄。这种压力外加伤病，一直影响着她的发挥。总监启发她要释放激情，表现出黑天鹅的诱惑。在强大的心理暗示中，她似乎也滑向了黑天鹅的角色……

心灵分享：妮娜自幼便深受母亲艺术熏陶，在出落成美貌动人的大姑娘时，也已然成为纽约一个著名的芭蕾舞团的当家演员之一。而母亲的固执与特立独行似乎也在潜移默化地影响着年轻女儿的成长。当下，年轻上进的妮娜正迎来自己事业上的第一个机会，就是参演并竞争著名的芭蕾舞剧《天鹅湖》中的女一号。导演托马斯也早已看出妮娜的潜质，并对她进行了适时的提点。然而，托马斯所要求的这个女一号不但要求拥有舞剧中白天鹅的高尚、纯洁与善良，还要兼具黑天鹅的邪恶、狡诈、激情与淫荡。在竞争中，妮娜不出意外地展现出了她天赋异禀的白天鹅的美貌与品质，而她有力的竞争对手莉莉也在对黑天鹅的演绎中精彩迭出，双双赢得了导演与同行的赞叹。结果是，妮娜与莉莉的竞争不可避免，甚至从艺术表现的层次一步步上升到了精神扭曲攻击与纠缠的局面。勾心斗角、自残甚至同性恋接连上演。妮娜也步步踏上了自我毁灭的道路。

巨大的精神压力和激烈的竞争，妮娜出现了幻觉，患上了精神分裂症，在幻觉中杀死了竞争对手，其实伤害的是自己，为了完美得像白天鹅一样葬送了自己的生命。

撇开艺术欣赏，从心理分析的角度去看，影片中无处不存在精神分析的味道：

女主角妮娜有一个强权、控制欲望极强、期望值极高的母亲。丈夫的缺失、事业的失利，母亲把女儿视为精神支柱，视为实现自己愿望的工具。“为了生下你，我牺牲了自己的事业”像一句咒语，禁锢着妮娜，只能做一个“贴心的女儿”，任凭妈妈控制着，包括从被迫从小弹钢琴、吃多少蛋糕、穿衣服、脱衣服、剪指甲，用爱控制着女儿，干涉着女儿的隐私。从小被迫去学芭蕾舞，长大后成为纽约一个著名的芭蕾舞团的当家演员之一。母亲的愿望、价值观潜移默化地影响着妮娜，并且内化成自己追求的目标。妮娜和母亲的关系便是母亲用压力和期许来引导或者是纠正妮娜的前行方向，不能走岔路，不能反抗，不能有自己的看法和情绪，否则，便会如同在妮娜得到领舞的资格后，她让妮娜吃蛋糕一样坚持执拗。

随着内在的潜意识里自我意识的觉醒以及外在环境的影响，受导演、假想敌莉莉的启发，妮娜对控制、束缚的代表——妈妈发出怒吼：滚！并告诉她：“你的乖女儿死了。”当母亲发觉“黑天鹅”这个角色吞噬了女儿，为时已晚。母亲的价值观、人生观已深深地植入女儿内心，对成功的向往、好胜心、追求完美比自己更胜一筹。成长的过程不只有快乐，更多的是痛苦、迷茫、恐惧，就像蛇的蜕变，自己找一块砺石硬生生地剥掉一层皮，很痛！还有很多的欲望、诱惑，该何去何从，该怎样去寻找自我——嗑药、去酒吧放纵、交同性恋朋友？！恐惧自己内心一些不被妈妈认可和被自己压抑的欲望。所有这些方面都形成妮娜内心的冲突。

从心理学的角度分析，影片中的人物都可看作是妮娜的不同人格类型：① 母亲，象征着被内化了的超道德感、权威；② 导演，又是权威、又是内心的智慧老人，引导着妮娜的成长，“战胜自己才能凤凰涅槃，化茧成蝶”，“自己才是自己表演的羁绊”；③ 假想敌莉莉，是妮娜压抑了的本能愿望：性、自由。

为了将妮娜内心的成长视觉化，电影里用了大量的隐喻性镜头：

（1）母亲作画——是在画自己希望成为的女儿，在现实生活中，母亲也是在按照自己的愿望雕刻自己的女儿。

（2）一次次被自己抓破的脊背，指头流血——成长的觉醒，隐喻着妮娜决心破壳而出的自我，需要付出代价。

（3）一次次被妈妈剪掉指甲——隐喻着妈妈再次失去的恐惧心理（失去了丈夫和事业），阻挠妮娜自我的发展和成长。

（4）粉红色的睡衣、外套、床单、满屋子的毛绒玩具都隐喻着28岁的妮娜被妈妈当小女孩一样教养。

（5）撕掉手指的皮肤——妮娜尝试着去蜕变，但是很痛，就浅尝辄止了，但是自主、自由的欲望不时地冲撞着自己（抓破脊背，破茧而出）。

（6）黑天鹅的翅膀——象征着超越，从压抑情形中解放出来。

（7）手指流血——意味着内心的冲突，对母亲背叛的罪恶感。

（8）和莉莉的同性爱——人格的整合愿望：单纯、可爱、脆弱、顺从、无主见的“白天鹅”与反抗、自主、桀骜不羁、敢爱敢恨的“黑天鹅”的整合。黑白天鹅的互换与成长正贴合妮娜由压抑控制中的人格，向开放自由的个性的转变。它代表的是欲望、挣扎、不懦弱，和不掩饰、不压抑一切渴求。

（8）妮娜的自杀死亡——喻示着有着追求完美人格特质的最终结果，是要付出代价的。

这部影片的剧情中有心理学的背景，特别是一些潜意识的东西，是比其他类型的电影更高一个境界、更受人们欢迎的缘故吧，虽然故事让人们心情很沉重，但是留给人们无尽的思考，特别是对那些做了父母亲的人们。

第八章　谈情说爱

杯子与水的爱情

杯子：我寂寞，需要水，给我点水吧。

主人：好吧，拥有了你想要的水，你就不寂寞了吗?

杯子：应该是吧。

主人把开水倒进了杯子里。水很热，杯子感到自己快融化了，杯子想，这就是爱情的力量吧。

水变温了，杯子感觉很舒服，杯子想，这就是生活的感觉吧。

水变凉了，杯子害怕了，怕什么它也不知道，杯子想，这就是失去的滋味吧。

水凉透了，杯子绝望了，也许这就是缘分的杰作吧。

杯子：主人，快把水倒出去，我不需要了。

主人不在。杯子感觉自己压抑死了，可恶的水，冰凉的，放在心里，感觉好难受。

杯子奋力一晃，水终于走出了杯子的心里，杯子好开心，突然，杯子掉在了地上。

杯子碎了。临死前，它看见了，它心里的每一个地方都有水的痕迹，才知道，它爱水，但是再也无法完整地把水放在心里了。

杯子哭了。它的眼泪和水融在了一起，奢望着能用最后的力量再去爱水一次。

主人捡起杯子的碎片，一片割破了他的手指，指尖流血。

杯子笑了。爱情啊，到底是什么？！

难道只有经历了痛苦才知道珍惜么？！

杯子笑了。爱情啊，到底是什么？！

难道要到一切都无法挽回才说放弃么？！

第一节　关于爱情

一、什么是爱情

爱情是什么？对于这个人类一直追寻的问题，古希腊著名哲学家柏拉图，认为爱情是纯精神的，与性欲毫不相干，是男女精神上的相互依恋。爱情分低级的肉体之爱和高级的精神之爱两种，肉体之爱是卑俗的，精神之爱是高尚的，是真正的爱情。这种爱情观念是一种“唯精神论”。这种爱情观排斥和谴责性爱，带有浓厚的理想色彩，其结果是把人间美好纯真的爱情变成了无法触及的天国之物。

“唯性欲论”的爱情观是作为“唯精神论”的对立观点提出的，该观点认为，爱情是纯粹的性本能，性欲是爱情产生的唯一根源，爱情的目的仅是为了性欲的满足。如：哲学家休谟在《人性论》中指出，爱情是人的自然本性，是“美貌”“性欲”和“好感”三者的结合。这种观点也是片面的、肤浅的。

所谓爱情，就是到了一定年龄的一对男女出于各自的生理、心理需要，基于一定的社会关系和共同的生活理想，而形成的相互强烈倾慕和相互吸引的，并渴望对方成为自己终身伴侣的最真挚、专一、稳定的感情。

二、辨识爱情

（一）区分“爱情”与“友谊”

爱情常常以友谊为基础，但友谊不一定能发展成爱情，友谊和爱情是两种具有不同内涵的情感，两者存在本质的不同。

友谊是“朋友间的交情”，是具有相同兴趣、爱好或者性格相似的人的一种彼此关心、相互帮助的友情，是在心理相容基础上形成的强烈而深沉的情绪依恋。它不分男女，也没有范围和年龄的限制，具有如下特点：

第一，不排斥他人，可以是三五人或更多的人形成的朋友关系。

第二，可以是短期的，也可能是长久的。友谊的结束可能因为各种客观或者主观原因，一般不会对彼此造成心理伤害，友谊的发展是多元的。

第三，有共同的爱好，能接受对方，欣赏对方。

第四，彼此相互信任，尊重对方的立场、看法。

第五，相互帮助，相互支持。

第六，彼此相互了解，双方可以分享彼此的经验与感觉。

对比爱情与友谊的特点，我们看到，友谊是爱情的基础，爱情常常从友谊发展而来。一般来讲，爱情的产生也有一个发展的阶段，先是好感，然后是喜欢，最后到达爱情。好感和喜欢多停留在友谊的阶段，而爱情就是到了亲密关系的层次。爱情与友情的界限究竟在哪里？下列几项会有助于我们确信两个人已经从友谊走向了爱情：

1. 共有的目标。情侣与朋友的区别在于两人未来的方向是否一致。情侣会倾向于选择一个相似的未来，随后他们会彼此分享许多他们能够承诺的、对这个共有未来的期待（如双方在宗教、性别角色、要不要孩子、消费习惯这些方面相容的观点）。这些共有的观念不是友谊成立的前提条件，却能对爱情关系造成巨大影响。

2. 时间与注意力。当涉及一起度过的时间、彼此的注意时，爱情关系就胜过友谊了。的确，朋友之间也相互依赖，但是爱人会将各自的生活也交织在一起。正在发展爱情关系的双方会对彼此更加依赖，这也是从“你和我”到“我们”的一个健康的转化过程。爱情中感情的深度和丰富性将它自身与友情区分开来。

3. 积极想象。在健康的爱情关系中个体会为伴侣而神魂颠倒。他们对伴侣在行为、技能、观念方面有很高的评价——这份高评价的清单还很长。这些积极想象是健康的，同时它们也帮助区分了友情与爱情，因为我们会对朋友有更多更实际的评价。

4. 影响。我们的朋友影响着我们，影响我们的目标、喜好、观念，但是我们的爱人会对“我们是谁”产生更大的推动力。实际上，人们会将自己的爱人纳入他们的自我概念。换句话说，人们的自我认知更多地包括了他们的爱人而不是朋友。

5. 承诺。承诺可以说是判定一段关系是友情还是爱情的最重要的因素，但是这一点常常被忽视。建立一段爱情关系的决定意味着稳定性，也反映出人们会有目的地为创造恋爱关系作出努力。

虽然许多的朋友可以成为好伴侣，而一个承诺，才是促进关系圆满的关键所在。

（二）区分“真爱”与“迷恋”

真爱和迷恋在某些地方可能看起来很像，我们常常会把电视剧、电影中男女主人公之间缠绵悱恻的恋爱理解为是真爱，而且在生活中也这样效法，但是真爱与迷恋之间是有差别的。可以说，有五个主要的差别（见表8-1）：

表8-1 真爱和迷恋的区别

	真 爱	迷 恋
1	基于长期了解	瞬间发生，一见钟情
2	基于全面认知	基于片面心理投射
3	利他性	自我中心
4	以友情与亲密感为主	以激情与化学作用为主
5	以意志承诺厮守终身	经不起时间考验

第一个差别，迷恋通常是在非常快、非常短暂的时间内发生的。

所谓的“一见钟情”大部分都是迷恋；真爱是必须经过很长时间，对彼此的优点和缺点有充分的了解之后才能产生。设想，你如果连对方是谁都不了解，怎么可能去爱对方呢？

第二个差别，迷恋通常是基于一种投射，而真爱是基于对对方长期、全面的了解。

对一个男孩子来讲，也许是爱情小说看多了，就在心中编织了一副美好的形象。在某一个社交场合里，突然看到一个女孩子穿着一袭白衣，细细长长的头发，说起话来轻声细语，就在不知不觉中疯狂地爱上了她。特别是看到她在舞池中稍微一转，她的白衣斜裙飘起来，姿态优雅，就爱得不得了。

对一个女孩子来讲，可能过去看一部电影的时候，就特别喜欢某一种形象的男孩子。现在看到一个男孩子有高挺的鼻子、自信幽默的谈吐，不知不觉就被他潇洒的英姿所吸引，就疯狂地爱上了他，连他是谁都不知道！

所以，如果一个男孩子在跟你见面的第一个星期就向你求婚的话，这一段关系可能在三个月内就会结束。为什么呢？因为三个月恰好是他梦醒的时间，他会突然发现，你不是他在头脑中想象出来的那个女孩子！最后，他还会反过来指责你为什么改变了。其实你根本就没有变，只是他把凭空想象出来的东西完全投射到你身上了。好像一个电影放映机，你是一个银幕，他把心中理想的形象映在你身上，然后不许你做真正的自己。所以很多人说，在这个阶段的恋爱其实一个人就够了，两个人反而碍手碍脚。他看清楚了你是谁之后，他对爱情想象的美感反而破坏了。

第三个差别，迷恋通常是以自我为中心的，有强烈的占有欲；真爱是想要了解对方，愿意帮助他成长，让他得到益处，使他快乐。

一朵花很漂亮，带给我美好的感觉，我就爱它。有一天这朵花谢了，对我没有什么好处了，我就把它扔掉。但是真爱不是这样的。真爱是想要了解对方，愿意帮助他成长，让他得到益处，使他快乐。

第四个差别，迷恋是一种激情，真爱却与两个人之间细水长流的友情有关。

迷恋通常基于一种激情，与化学作用有关。而激情，按照现在最新脑科学的研究，一个人在恋爱的时候，大脑里分泌一种化学物质，叫作Phenylethylamine，简称为PEA，中文把它翻译成“苯基乙胺”。PEA这种爱的激素会给人一种非常快乐、安和的感觉。一个人在工作时，受到很多挫折，当看到爱人的一个微笑，就像服用了抗抑郁药物“百忧解”（Prozac）一样，所有的创伤和疼痛就一扫而空。

但我们都知道，靠着化学物质得到的刺激，过了一段时间之后，就会慢慢消失。比如说，一个人喝第一杯酒的时候，感到很兴奋。但将来可能要喝两杯、三杯才有能回到同样兴奋的感觉。

但是，真爱却是与细水长流的友情有关系。按照研究，那些彼此相爱、彼此珍惜的老夫妻见面的时候，大脑中分泌的PEA逐渐降低，而“安多芬”（Endorphin）却不断升高。

你可以想象：真爱是一段细水长流的感情经历，彼此见到对方的时候，就分泌可以让你心里觉得很平安、很温馨的化学物质。

第五个差别，迷恋通常没有办法持续，而真爱是两个人都有一个很强的承诺。

在现代的婚姻、爱情关系中，如果两个人没有承诺的观念，他们之间的爱情很难持续下去。为什么呢？因为我们的生活在改变，我们每一个人的需要都会改变。如果没有承诺，两个人的关系就会随着外在的变化而变化，随着各自需要的变化而破裂了。

你有没有过这样的经历呢？当初两个人彼此相爱、一见钟情，女朋友手上多了一把伞，你就心疼得不得了。恋爱的时间长了，我们的心理需要也在不断改变。你可能想要找一个外表有吸引力的情侣，等到你找到外表有吸引力的，又希望他是个性温柔的、负责任的；碰到个性温柔，负责任的，却没有钱；碰到有钱的，却不温柔、不负责任；你碰到又有钱、又负责、又温柔的人，你就希望他的兴趣跟你很像……

从深度心理学的角度来看，每个人的心理需求都在不断改变。一个女孩子恋爱的时候，可能会被一个像父亲一样的人的吸引，觉得这个男人很稳重，给她安全感，可以保护她。但是这个女孩子是会长大的，到了某一阶段，她就会觉得“这个人怎么什么事都管我？”那时，这个女孩子心中所要的，可能是一个小弟弟类型的情侣，可以让她疼。

一个男人可能很喜欢小妹妹类型的情侣，可以让他照顾，让他疼惜。但如果对方总是像小妹妹那样依赖他，他又觉得受不了，巴不得能够找到一个可以保护他，在事业上帮助他的，一个妈妈类型的女人。

当一个人没有承诺的时候，他的需求没有任何一个人可以满足。

年轻人一定要非常注意，因为现代实证研究指出：很多人会离婚，最主要的原因是他们还不知道对方是谁之前，就已经疯狂地爱上了那个人。这基本上是基于一种化学作用，就是我刚才所说的那个PEA，被迷恋的感觉冲昏了头脑。所以临床实证的研究者一致建议：在你要投入感情，对对方产生心灵上的依附之前，一定要多了解对方到底是谁，不要一下子就陷入爱情。

如果只有激情，没有承诺，这样的感情很容易在遇到困难或者自己的需要发生变化后，就放弃了。如果既有激情又有承诺，这样的感情越遇到困难越牢固，在内心需要发生变化时，双方反而能发展出很好的互动关系，感情变得更加丰富、饱满，这样的感情是不弃不离，时间愈久愈有味道。

三、爱情的特点

在人际关系的发展过程中，可以将交往双方彼此吸引的过程分为五个阶段，从互不相识，到建立友谊，到最后发展到第五阶段的亲密关系。在人际交往中，每个人和他人的关系会停留在不同的阶段。异性间的交往同样如此，在第四阶段就是一般的异性间的友谊。但是如果到了第五阶段，彼此间的自我暴露越来越多，分享的情感内容越来越深，如果是同性，就成为知己也就是知心朋友；如果是异性，在感情上又增加性的需求、奉献与满足的心理，就成了爱情。因此，爱情具有不同于其他人际关系的独特性：

（一）平等性

舒婷在《致橡树》中这样写道：“如果我爱你，绝不学攀援的凌霄花，借你的高枝炫耀自己；我必须是你近旁的一棵木棉，作为树的形象和你站在一起。”在爱情的发展中，男女双方必须始终处于平等互爱的地位。当事人既是爱者又是被爱者，两颗心彼此倾慕，情投意合。

（二）排他性

爱情是两颗心相撞发出的共鸣，男女一旦相爱，就会要求相互忠贞，并且排斥任何第三者亲近双方中的任何一方。教育家陶行知曾形象地说：“爱情之酒甜而苦，两人喝是甘露，三人喝是酸醋，随便喝要中毒！”在爱情中脚踏几只船，见异思迁、三心二意的人终究会尝到爱情的苦果。

（三）冲动性

冲动性指男女双方表现出的强烈的亲近欲望和随时可激起的不顾一切的行为倾向。处于成年早期的个体，这种冲动性是很强烈的。爱情的冲动性是爱情力量的重要表现。当爱情受到外来阻力时，强烈的激情能使双方产生令人敬佩的勇气并做出果断的抉择。如：冲破世俗的束缚，摆脱家庭的干涉，追求自己的爱情，这是积极的一面。但是，冲动性也有负面作用，它容易使人失去理智，不顾后果，因而具有冒险性和破坏性，是导致许多恶性事件发生的主要原因。

（四）持久性

莎士比亚说过：“真正的爱，非环境所能改变；真正的爱，非时间所能磨灭；真正的爱，给我们带来欢乐和生命。”爱情是一棵苍松，而不是一枝昙花。爱情所包含的情感因素和义务因素，不仅存在于婚前的恋爱过程中，而且延续到婚后的夫妻生活和家庭生活。其持久性表现在爱情的不断深化、充实和提高。

四、关于爱情的心理学理论

（一）埃利克森的心理发展理论

人从出生，到成熟直至衰老死亡，在一生的发展中既表现出了连续性，又存在明显的阶段性，各个阶段都有各自的心理发展的特点和规律。著名发展心理学家、精神分析理论学家埃利克森提出了心理的毕生发展观，认为人的心理从出生到死亡都是在不断发展的，人的一生分为八个阶段，每个阶段都有其特定的发展任务，且存在一个特殊矛盾。只有完成相应的发展任务，顺利解决该阶段的特殊矛盾，才能获得相应的心理品质，进入下一发展阶段，人格才能健康发展。

根据埃利克森的划分，在成年早期，人的心理发展任务便是获得亲密感，从而避免孤独感，最终体验爱情的实现。顺利完成这一任务便可获得爱的品质。发展亲密感对于能否满意地进入社会、健康成长具有重要的作用。这个时期的年轻人，倾向于对朋友诉说困难与烦恼，而随着性意识的发展，亲密朋友的这种功能逐渐弱化，而对异性的意识和取向逐渐增强，由此产生恋爱的情感。

通过埃利克森的理论，可以得到以下几点认识：第一，亲密情感是人生存和发展的必然需要。第二，人在成长过程中，成年早期的心理发展表现为需要与别人建立亲密感。第三，如果人为地干涉或阻碍这一心理成长过程，势必影响心理健康发展，导致一些心理障碍。第四，恋爱是青年早期成长过程中的一个正常行为，也是该时期较为显著的特征。

（二）爱情三角理论

美国心理学家斯腾伯格提出了爱情三元素理论，认为爱情由三个基本成分组成：激情、亲密和承诺。亲密是指在爱情关系中引起的温暖体验；激情是爱情中反映浪漫、性吸引力的动机成分，包括自尊、支配等需求；承诺指维持关系的决定、期许或担保。亲密是“温暖”的，激情是“热烈”的，而承诺是“冷静”的。

第一要素：亲密（Intimacy）。亲密，是两人之间感觉亲近、温馨的一种体验。简单说来，就是能够给人带来一种温暖的感觉体验。亲密包含10个基本要素：

1. 渴望增进被爱者的幸福。爱方主动照顾被爱方并努力促进被爱方的幸福。一方面可能以自己的幸福为代价去促进另一方的幸福，另一方面也期望对方在必要时同样会这样做。

2. 跟被爱者在一起时感到幸福。爱方喜欢跟自己的情侣在一起。

3. 当他们在一起做事情时，他们都感到十分愉快，并留下美好记忆，使这些美好时光的记忆成为艰难时刻的慰藉和力量。而且，共同分享的美好时光会涌流到互爱关系中并使之更加美好。

4. 尊重对方。恋人必须非常看重和尊重对方。尽管可能意识到对方的弱点，却不能因此而减少自己对对方的尊重。在艰难时刻能够依靠对方。在患难时刻仍感到对方跟自己站在一起。在危急时刻，能够呼唤对方并能指望对方跟自己同舟共济。

5. 跟被爱方互相理解。情侣应互相理解。他们知道各自的优缺点并对对方的感情和情绪心领神会，懂得以相应的方式作出反应。

6. 与被爱方分享自我和自己的占有物。爱方应乐意奉献自己、自己的时间以及自己的东西给被爱方。虽然不必所有的东西都成为共有财产，但双方在需要时应分享他们的财务，最重要的是分享他们的自我。

7. 从被爱方接受感情上的支持。爱方能从被爱方得到鼓舞和支持，感到精神焕发，特别是在身处逆境时尤其应该这样。当你感到似乎一切都在跟你作对，但你意识到只有一件事不会出问题——伴侣始终跟你站在一起。这时你就知道你们的关系具有这一因素。

8. 给被爱方以感情上的支持。在逆境下，爱方应与被爱方在精神上息息相通，并给予感情上的支持。

9. 跟被爱方亲切沟通。爱方能够跟被爱方进行深层次和坦诚的沟通，分享内心深处的感情。当你为自己所做的某件事感到困窘为难时，你仍能推心置腹地跟被爱方交谈，这时你所做的就是这种沟通。

10. 珍重被爱方。爱方要充分感到对方在共同生活中的重要性。当你认识到配偶比你所有的物质财富都更为重要时，就会知道你对被爱方具有这种珍重和珍爱。

第二要素：激情（Passion）。激情是爱情中反映浪漫、性吸引力的动机成分。通俗地说，就是见了对方，会有一种怦然心动的感觉，和对方相处，有一种兴奋的体验。激情包括强烈的正面与负面感情以及各项社会需求，包含了许多我们对对方所感知的情绪，如思念、害羞、兴奋等。性的需要，是引起激情的主导形式，自尊、照顾、归属、支配、服从也是唤醒激情体验的源泉。

第三要素：承诺（Commitment）。承诺由两方面组成：短期方面和长期方面。短期方面就是要做出爱不爱一个人的决定。长期方面则是做出维护这一爱情关系的承诺，包括对爱情的忠诚，责任心，是一种患难与共、至死不渝的承诺。两者不一定同时具备。比如，决定爱一个人，但是不一定愿意承担责任，或者给出承诺；又或者决定一辈子只爱他/她，但不一定会说出口。

恋爱中三种要素强度越大，说明爱情程度越深，三种要素越均衡，说明爱情越均衡，越稳定。按照三种要素存在的成分，可以将亲密关系分为以下八种（如下图8–1）：

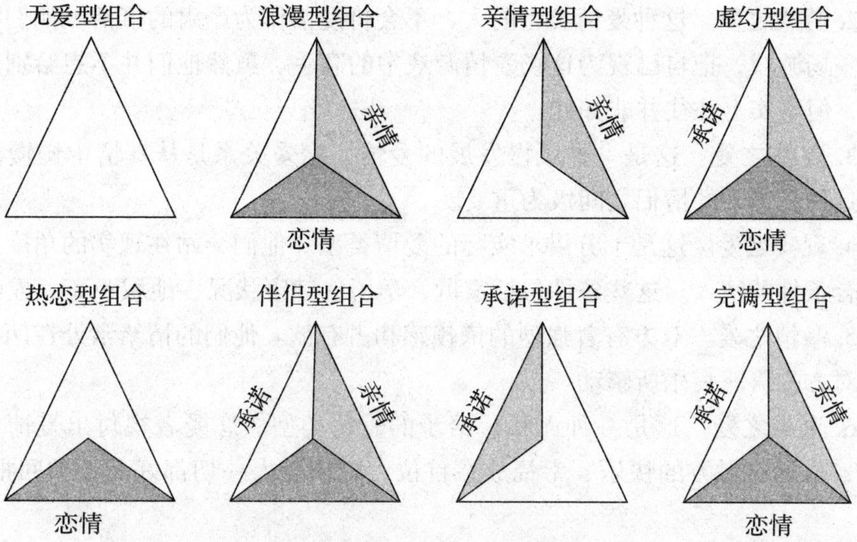

图8-1　斯腾伯格的爱情三元素理论关于爱情的分类

随着时间的推移，爱情三元素分别会发生不同的变化，变化的一般规律（如下图8-2）：

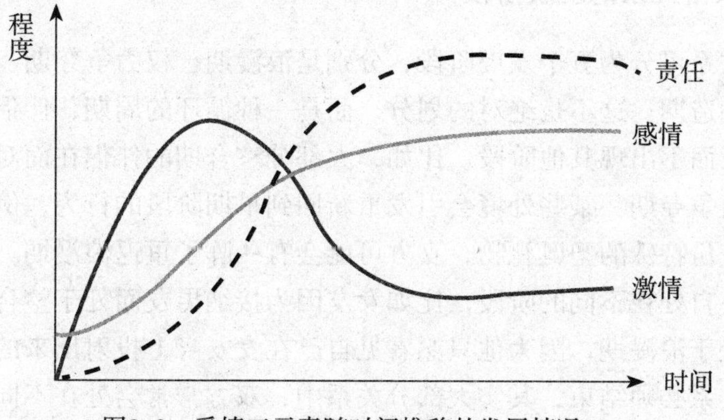

图8-2　爱情三元素随时间推移的发展情况

（三）爱情的类型理论

加拿大社会学家约翰·李基于人们在爱情中的不同行为表现，将男女之间的爱情划分为六种不同类型：

1. 情欲之爱，也称浪漫之爱。一见钟情式的爱情较易出现在这种类型中。这种爱情下的恋人较注重外表等较外显的吸引力，能很快进入爱情。

2. 游戏之爱。这种爱情类型的人，不会将爱情作为严肃的事情。他们将爱情视为一场游戏，把自己视为这场爱情游戏中的高手。虽然他们并不想给别人造成伤害，但事实上往往并非如此。

3. 友情之爱。这是一种缓慢发展的爱情，恋爱关系是从友情中慢慢演变而来。这种爱情下的情侣之间极为重要。

4. 现实之爱。这是十分讲求实际的爱情类型。他们会站在现实的角度，选择最符合条件的情人。这些条件包括家世、学历、健康状况、地域距离、成就等。

5. 激情之爱。双方有着强烈的依赖感和占有欲。他们的情绪常处在两极化，总被对方的喜怒哀乐所牵动。

6. 奉献之爱。这是一种无私、给予的爱情类型。恋爱者视付出爱情为理所当然，永远将对方的快乐、幸福放在首位，希望爱人一切都好而不求回报。

第二节　透视“亲密的五味瓶”

一、亲密关系的发展阶段

亲密关系可分为五个发展阶段，分别是浪漫期、权力争夺期、整合期、承诺期和共同创造期。这不是绝对的划分，而是一种循环的周期，伴侣间很少只存在一个阶段，而不出现其他阶段。比如，大部分整合期的伴侣在面对压力时，很容易返回权力争夺期。某些处境会引发重新回到早期阶段的行为，例如，当男方为女方买了一份特殊的圣诞礼物，女方可能会有一阵子重返浪漫期。同一份关系中的人可能各自处在不同的阶段，比如女友因为接纳男友而处于整合期，可是男方对女友却处于浪漫期，因为他只愿看见自己在女友身上投射出来的形象。这种情形不代表关系必须结束，其实大部分关系中，双方常常会处在不同的阶段，承认这些差异，不加以防卫，并欣赏双方的观点，关系就能持续成长。

1. 浪漫期：兴奋，但没有真正的亲近。任何关系中最刺激的时刻就是浪漫期，世界似乎变得更明亮，陷入热恋的人觉得自己充满能量，有更明确的目标感，对生命充满热情，愿意去做不寻常的事，每一刻都觉得新鲜。

在浪漫阶段中，人们容易感到彼此的重要和亲近。可是，一经详细检视，就发现他们只是沉迷于彼此的形象，他们的感觉只是一种假象；在物化的状态中，失去宇宙能量的连接，即使感受到亲近和连接的经验，其实仍是分离的。他们虽然兴奋，却没有共鸣；充满能量，却不亲密。

在浪漫期，对方并不是一个人，而是一个可以照顾自己的焦虑和需求的对象。浪漫期的人把自己对完美伴侣的概念投射到对方身上。当寻找某人来满足自己浪漫期的愿望时，会把重心放到自身以外，于是变得软弱、不认识自己、无法和他人有关怀的对话。因此，在浪漫期，其基本问题是潜在的不安全感。

2. 权力争夺期：新秩序之前的混乱。一般说来，权力争夺期的进行始于温和劝告，催促对方稍作改变。“亲爱的，如果你用这种方式梳头发，就会更英俊”，意思其实是“如果你改变外观，就更符合我内心的理想男性的缩影”。

在权力争夺期，情侣间必须承诺留在冲突之中，而不是退缩、离弃，或试图击败对方。在冲突中，会看见以前没看见的部分，双方会因此得到许多学习的机会。争吵似乎会造成破坏，但如果双方能不坚持控制对方，就可以更深地认识自己和对方。权力争夺期的人常常出现身体和情绪的症状。试图控制自己或对方，却无法成功时，常常出现头痛、背痛、沮丧或其他身心问题。

3. 整合期：进入整合，展现人性。整合期的情侣可以意见不合，又不必争执，他们并不争辩谁对谁错，能接受彼此的差异，即使观点非常不同，仍能好好相处，这是逐渐接纳自我和他人的过程。由于接纳度越来越高，所以亲密感也就越来越深，不但更了解自己，也更了解对方。

在整合期，伴侣首度展现人性。在先前的阶段中，两人都是物化的角色，到了整合期，双方都受到重视、接纳和肯定，在彼此的分享和见证中自由呈现自己。向自己和情侣敞开心扉时，就成为更个体化、更投入关系的人。

4. 承诺期：承诺是针对自己。承诺期的情侣非常了解彼此，包括各自的真诚自我以及各自会玩的心理游戏和权力游戏。他们乐于沟通自己的想法和感受，以这种方式深入了解彼此。他们越来越投入各自和共同的生活，由于完全了解自己和对方，已准备好做出全然的承诺。他们并不是向对方作出承诺，而是对生活和自己作出坚定的承诺。在这个过程中，他们愿意共享一个承诺，一起计划双方的期待和决定，并付诸行动。

5. 共同创造期：生命充满可能性。由于信任双方的承诺，所以能投入真诚。他们在一起时，不论选择任何任务，都会成为创造的过程。情侣似乎充满原创力和活力，他们一起投入时，不论触碰什么都会充满生命和亮光，使周围的人得到启示。

在共同创造期，情侣的努力是和谐一致的，当他们在一起时，会出现清晰的流动，不论是跳双人舞，或只是一起洗碗盘，他们的动作和互动都是流畅的，具有纯然的优雅，他们的互动就是别人的灵感。

当情侣之间能超脱权力争夺时，在整合期了解自我和双方，并在承诺期用意志合作时，眼前就展开大量的可能性。有人说他们周围会出现生命与爱的光环，即使是最世俗的事物也有了灵性生命。他们在每一刻都展现一种精神：在一起，却又彼此不同、独立、个体化而真诚。

二、亲密关系中冲突的原因及对策

当生活琐碎，激情消退，恋人间会因为种种原因而争执不断，剑拔弩张。这时候，你是否曾有过这种感觉：又来了，怎么老是这样？的确，认真思考一下，我们或许会发现：冲突其实一直都存在，争吵的焦点似乎也总是那几个，争吵的问题却始终没有被很好地解决过。

心理学家经过大量的研究和调查发现，冲突在每对伴侣中都会存在。一般来说，引起冲突的主要心理原因有：

（一）观点的差异

随着社会的发展，自由恋爱被倡导，类似于“凤凰男”遇上“孔雀女”的组合越来越多。这并非是歧视或嘲讽，但必须得承认，这样的组合很容易因为观点上的差异导致冲突。

因为两个人成长的家庭、所受的教育不同，价值观、对同一事件的看法也就会有所不同。有的男人认为做家务是女人的活儿，而女人则坚信男女平等，这时候就会因为观点的差异产生冲突。在冲突中，关系里的每个人都想证明自己是对的，对方是错的。

（二）责任的逃避

“这次五一没玩好，都是因为你没有规划好！”像这样的话在亲密关系中是比较常见的。当事情发生后，双方的第一反应往往是先去找出是谁做错了，谁是无辜的，谁该为这件事负责，这也会导致冲突的发生。

（三）安全感的匮乏

一段亲密关系所能给予人安全感的多少，决定着关系的稳定程度。在亲密关系中，如果他们坚信彼此会不离不弃，无论怎么冲突，问题都会带着爱去解决。但是如果安全感不足，一方或双方就会担心关系的随时破裂和失去。男方无意间的一句气话，可能触碰到女方安全感的高压线。所以，一旦当男方表现出现有危险感的行动或说出有危险感的话的时候，女方就会马上联想到：他是不是不想要我了？

通过心理学家的大量调查发现，很多恋人在面临冲突的时候有四种处理的方式：

方式一：争吵。如果恋人双方都是强势、爱指责的人，常常会通过争吵来解决问题。对于他们，似乎谁的声音大谁就会胜利，谁的道理多谁就会胜利，谁的力量大谁就会胜利。总之，事情一定要分出是非对错，才能平息他们心中的怒火。为了能赢得这场争论，他们还会引出其他方案来解决，如请外人来评评理，翻出陈芝麻烂谷子的事来否定对方，将问题上升到人格的高度或爱的高度来说事。而最后，这件事要么是无果而终，要么是一方因闷气妥协。但是结果无论谁赢谁输了，亲密关系的和谐都受到了伤害。

方式二：妥协。妥协有两种，一种是一方妥协，一种是双方相互让步。如果在亲密关系中有一个人比较弱势，这个人则往往容易妥协。所谓妥协，就是放弃自己的观点，来顺从对方。妥协本身，看似是放弃自己的观点，其实是一种压抑，将产生的委屈和不愉悦的感受进行压抑，再在将来的某个时间在另外一件事情上爆发。在冲突中，常常因为一件小事而大发脾气大动干戈，常常就是因为以前没有解决完的情绪带到了现在。对于双方妥协，看起来是相互让步了，解决问题了。其实则是一种“双输”，因为我的目的没达到，我为了家为了你而做了让步，你的目的也没有达到，为了我为了家而做了让步。彼此都会产生一些委屈和不满。

方式三：逃避。有些人发现问题的时候会害怕冲突，干脆不去解决问题，但是问题还在。有的人怀疑对方不忠，但是又不敢说，于是假装不知道，去逃避。有些人擅自做了某个决定没有跟对方商量，害怕对方不高兴，会压抑情绪而不发表意见，逃避问题。很多人在亲密关系里，其实因为害怕冲突而逃避问题，看起来他们的关系是和谐的，他们内心的隔阂可能会越来越大，因为不沟通不解决，压抑的情绪也越来越多。

方式四：解决问题。一个比较好的亲密关系，面对冲突时常常拿出解决方案来解决。他们会用强大的理性来解决问题，让利益最大化。即使观点不一，他们也会搜集很多的道理和证据，来证明自己的观点，好让他们冲突的问题有个最理想的解决方案。只是，他们在解决问题的时候会常常压抑自己的感受，忽略了对方的心理需求。亲密关系中不是一个只用理性来说话的地方，需要更多的人文关怀，在冲突中让关系更紧密。只追求解决问题的亲密关系，看起来十分稳固，但是他们常常会忽略感受，忽略爱，切断两个人的亲密关系。只剩下理性，结果就是有时候你会突然觉得面前这个人十分的陌生，少了些亲密感。

幸福的伴侣并不是没有冲突，而是在冲突产生的时候，采用了另外一种方案，让冲突成为感情的黏合剂。他们在冲突里相互支撑，相互学习，相互滋养，然后彼此成长。那么，有哪些方法可以将冲突转化为亲密关系资源呢？

第一，意识到亲密关系里的“我们”是一个共同体。在步入爱情的殿堂后，恋爱双方就成为一个共同体，而不再是两个单独的个体。在冲突里会出现两个冲突的主体：我和你。冲突的时候，是我和你两个个体在争执，却忘了在亲密关系中还有一个重要的元素：我们。在亲密关系里，其实是三个系统：我，你，我们。如果只看到前两个，在冲突的时候就总会保护一个人的利益而伤害到另外一个人的利益。但是如果把“我们”这个元素加进来后则是另一个局面：其实我们是一体的，我们是一个共同体，伤害到你就是伤害到我的一部分，所以我不想我们的世界里有一点伤害发生。其中一个人在被伤害，我们就在被减分。我们的目标，是让“我们”这个共同体加分，而不是让你减分来换取我加分。

第二，学会将人和事进行区分。冲突产生的时候，最怕事情和人一起否定。男友做错了一件事情，女友就会否定他的全部：“你这个人真没用。”有时候我们明明在说一件事情，可是对方却感觉到了他的人被否定了。

要学会将事情和人区分开来。双方在一起对某个事情有了不同的态度，只针对事情，没有忽略掉爱。一方认为这个事情另一方做错了，应该这样做，但是一方爱另一方这个人。

健康的关系里，他们能带着爱去解决问题，而不是将情绪发泄到对方身上。

第三，彼此相互学习。当女孩想在周末一起去看话剧，而男友想一起去看球赛的时候，不要急着要求对方顺从自己。其中一方就可以试着去了解对方的兴趣，正好身边有个专家，可以学习到更多额外的东西，丰富了自己的世界，也了解了对方的世界，产生了更多共同的话题，关系自然就更亲密了。

带着爱去做的时候，就容易相互理解，避免冲突。当冲突产生的时候，可以先去看看，他为什么会跟我不一样，有什么新的视角可以整合到我的世界里来。

第四，自我检视和自我提升。总是脾气暴躁，总是觉得别人做得不好。我们自身的性格，就决定着我们在人际关系里会有着怎样的表现。在亲密关系里不去伪装，会更真实一些。

在亲密关系里有了冲突，正好是一个机会去检视一下自己，哪些地方在固执坚守，是不是有些一定要坚持不放的观念，在其他人际关系中是否也因为这些观念的坚持而产生过同样的冲突。自己有哪些性格、哪些固有的处理问题的方式，在处理其他事情中自己是否也采用同样的方式给别人造成过困扰。

亲密关系中可以修炼自己，你可以暴露出自己很多问题，而解决这些问题，就是自我提升。

冲突本身并不可以免除，因为没有相同的两个人，差异会永远存在。美国著名家庭治疗大师萨提亚曾说过："问题本身不是问题，如何应对问题才是问题。"冲突本身不是问题，如何应对冲突才是问题。如果将冲突视为亲密关系的羁绊，继而指责对方不对，就会将关系推向危险的悬崖；但是如果将冲突视为机会，则会提升自己和稳固亲密关系。

三、大学生常见的恋爱心理问题

（一）想谈恋爱却谈不成的困扰

这类学生或出于对美好爱情的向往，或受身边谈恋爱的同学和朋友的影响，或出于摆脱孤独感的愿望，具有非常强烈的谈恋爱动机，然而出于种种原因，总是不能和异性正常建立超越友谊的恋爱关系，从而对自身的吸引力产生怀疑。这类学生在寻求心理帮助时常常会问："老师，你觉得我是个有吸引力的人吗？"一般这类学生的知心朋友也不是很多，因此，希望通过谈恋爱来获得支持和陪伴。而这类学生也可能存在人际交往方面的不足，或者缺乏与异性交往的技巧。

【拓展悦读】

多少次我远远注视着他高大的身影，多少次在梦里和他手拉着手。可是，一个女孩子该如何表白这份心迹呢？寝室好友看出了我的心思，几经辗转给我们创造了一次约会机会。他如约而至，激动万分的我却不知如何开口。很长一段时间的静默后，还是他打破了令人窒息的沉寂。告诉我他已经有了女朋友，是他高中的同学。这时，我才明白，原先的所有痴情全是一场空。他走后，我一个人在林荫道上默默流泪。

（二）恋爱关系紧张所带来的困扰

【拓展悦读】

张某是家中的独生女，漂亮高挑，活泼开朗，刚进大学，就有不少男生追求。一次系里搞活动，张某不小心扭伤了脚，一个叫李某的男生一路小跑，拿来了冰块给张某敷脚，却又什么都没说就离开了。张某心头感动，自此开始留意这个男生。李某来自农村，家境一般，平时默默无闻，但是学习努力，为人也很诚恳。在张某的有意接近下，两人很快就熟悉了，经常在一起聊天、散步。有一天，李某发烧，没去食堂吃晚饭，张某知道后九点多还买了白粥送过去，两人感情迅速升温。张某生日那天，李某买了一盒蛋糕和一捧玫瑰，当众向张某表白，张某幸福地接受了。自从确定了亲密关系，两个人的相处不知不觉有了变化。李某觉得关系已经确定，热情开始下降，想静下心来学习，把落下的功课都补上。张某却常常胡思乱想。一次，张某一个人在宿舍觉得有点无聊，就让李某陪她出去散步。李某却说自己要去图书馆看书，没空陪她。张某很生气，也很伤心，认为李某已经不爱自己了。李某也觉得想不通，那个温柔可爱、通情达理的张某不见了。诸如此类的小事越来越多，两个人的矛盾也越来越多。在大吵一架后，李某提出分手。

恋爱是两个人不断调整自己、彼此适应的过程。在这个过程中，总会有摩擦和不愉快的事情。如果恋爱双方足够成熟，这个适应的过程就会顺利一些。反之，则会使恋爱关系长期处于紧张状态，给双方带来极大的困扰。带来紧张恋爱关系的具体原因，可能有如下几个方面：

1. 恋爱双方家庭关系的影响。家庭是个体成长最重要的环境，也是带给个体影响最深远的地方。家庭成员之间的关系是否和谐将决定个体是否能够与他人建立良好的人际关系。从行为主义心理学的观点来看，儿童与人交往的能力是习得的，而最初的榜样就是父母。父母之间亲密关系的好坏决定了孩子与人建立亲密关系的能力。如果父母之间的关系是吵吵闹闹的，在儿童的概念中就会认为亲密关系就是这样，及至成年之后，自己建立亲密关系时也会采用同样的方式。此外，进入青春期的孩子大多数会和自己的父母在自主权的问题上发生一系列的冲突。如果这些冲突在进入大学后还是没有全面解决，则进入恋爱关系后，和恋人之间也会不自觉地重复类似的冲突。最值得注意的是，家庭关系对恋爱关系的影响，常常是以不被当事人觉察的方式在发生作用。以至于当事人陷入其中而不自知，常常苦恼却不知问题所在。

2. 恋爱双方个性的影响。一些人的性格特征会对恋爱关系造成很大的伤害。例如，偏执型人格的人常常会无端地怀疑恋人对自己不忠诚，并常以“爱”的名义限制对方的社会交往，希望借此方式来解决问题。与这类人格特征的人恋爱常会有“被爱窒息”的感觉，恋爱关系也会非常紧张，冲突不断。边缘型人格的人，常常会为了得到对方的爱而不惜伤害自己，以此来争取对方的爱怜和关心。与这类人恋爱常会有“不胜重负”的感觉，并常常挣扎在“寻求自由与背负道德义务”的矛盾之中，恋爱关系也必然受到影响。还有一种人格特征可以用我们经常说的“花心”来描述。具有这种人格的人，同时周旋在数个交往对象中，并以此来证明自己的魅力。与这类人恋爱常常免不了“妒火中烧”，恋爱关系中的冲突也就可想而知了。

3. 恋爱双方对彼此角色的期待。进入恋爱关系的双方，常会不自觉地希望对方扮演某种角色满足自己的需要，如从小与父亲关系不好的女孩，可能会希望自己的恋人能扮演一个父亲般的角色来补偿自己缺失的父爱。而一个自幼受严厉母亲管教的男孩，则可能讨厌自己的恋人是个女强人的角色。如果在进入恋爱关系之前，恋爱双方并不清楚自己对于恋人的角色期待，甚至在恋爱之中也对此浑然不知，就可能会因为对方扮演的角色与自己的期待不相符而无法满意，以至于发生冲突。

4. 恋爱中的沟通方式。恋爱双方遇到问题或冲突时，正确沟通是非常必要的。但现实生活中不乏这样的场景：一方不说，总是希望对方能猜到自己在想什么，需要什么。而另一方常常是猜了几次还是不清楚，最后放弃，导致矛盾进一步升级。也有的在出现问题时，双方不是就事论事，而是将所有的陈年旧账全部翻出来，以此证明对方一直就是这种人。另外一种情形是，问题或冲突出现了，双方不是理智地面对问题，而是相互指责。这些沟通方式不仅不能有效解决问题，反而会导致冲突升级，使恋爱关系受到影响。

（三）多重恋爱关系所带来的困扰

如果恋爱中的一方陷入了多重恋爱关系中，恋爱双方都会产生极大的困扰。恋爱的排他性会要求每一个人都必须做出一种选择，而选择的过程就必然伴随着各种心理冲突。这类大学生应该明白，无论选择的结果是什么，责任和承诺是恋爱最基本也是最重要的元素。没有责任和承诺就永远无法体会到爱和亲密给人带来的美好感受。

（三）失恋的困扰

如果用晴空万里来形容恋爱时的心情的话，那用乌云密布来形容失恋时的心情绝对不为过。愤怒、失望、不甘心、委屈甚至对人性怀疑，种种消极的情绪给个体带来的心理上的伤痛是他人难以体会的。面对失恋，除了朋友的陪伴，分担他们心理的痛苦和忧伤，在必要时可以适当地分析恋爱失败的原因。除了对方的原因，自己是否也有需要改进的地方，或是双方根本就是不同的人，价值观上存在根本性的差异。毕竟一次恋情的失败并不代表终生不再恋爱，如果能够将失败当作一次个人成长的机会，新的恋情成功的机会就会更多。

【拓展悦读】

我的男朋友是大一时认识的学长，我父母知道后一直不同意，觉得他家里条件太差。我们几次犹豫不决，几次分手又几次和好，走到现在三年了，真不容易啊！他早一年毕业，毕业那天他说：等他在社会上闯出点名堂，他就来向我求婚，我答应了。等到我毕业时，我开了个盛大的party，邀请了很多朋友，也想顺便把他正式介绍给我父母。没想到父亲的反应非常强烈，对他横眉冷对，不理睬。结果，从那天晚上开始，他就开始躲我，短信不回，电话里冷言冷语，最后提出分手。我伤心极了，想不明白，三年辛苦建立的感情怎么如此不堪一击？我真心爱他，他早就知道，他的成熟、稳重、处事周到让我很放心，我也相信他一定会有所成就的。可是他说想活得轻松点，不想婚姻压力大。我只能整夜哭泣。难道对他来说，我们的感情敌不过一个冷漠的眼神吗？

第三节　发展爱的能力

一、爱的能力的含义

爱的能力是指和他人建立亲密关系的能力，它对人的一生发展有着重要的意义。美国人本主义学家弗洛姆说：“世界上从来就没有什么事情像爱情这样让人怀着美好的愿望走进去又流着痛苦的眼泪走出来。”很多人空有一腔盲目的爱的愿望，但是缺乏爱的能力。只有具备了爱的能力，才会引导一个人去真正地爱他人，也真正地爱自己，能真正体验到给人带来的快乐和幸福。恋爱的过程也是培养爱的能力的过程。

所谓爱的能力是指男女双方对爱的表达方式、爱的承诺以及如何判断、接受爱等方面的能力。它包括施爱的能力、受爱的能力与爱的对象的鉴别能力。施爱的能力即给予别人爱的能力，即懂得何时何地以怎样的方式去爱别人。受爱的能力能使我们理解和接受别人爱我们的能力，假如一个人处在自恋或自卑的状态中，那么他就无法真正理解和接受别人的爱。爱的对象的鉴别能力指一个人区分什么样的人适合自己爱和应该爱什么人的能力。另外，爱的能力，既包括爱别人，令别人爱，还包括爱自己。爱上一个人，总是全心全意地关注对方，而几乎忘了自己，最终失去自己，也失去了爱人。只有懂得关爱自己的人，才会得到爱人的尊重。如果你所爱的人最终不能爱你，也应该释然于心，不是知音何必强求。让爱的感觉愉悦自己的心灵，丰富自己的思想，感谢你爱的人给你带来快乐，这才是爱的最大能力。

二、爱的能力的构成

弗洛姆说过，如果一个人没有能力去爱周围的人，没有人道精神、勇气、忠诚和自我约束能力，那么他就不可能获得真正的爱情。爱情之花是美丽娇嫩的，人们热切地追求它，但有时候往往不知如何去呵护它，导致爱情之花夭折。

（一）表达爱的能力

当你爱上一个人时，能否用恰当的方式和语言向对方表达出来呢？表达爱需要勇气，需要信心。表达爱表明爱一个人也是幸福，即使得不到回报，你让对方知道被一个人爱着，也是一种很崇高的境界。

【拓展悦读】

如何表达爱

1. 鼓励：

干得真不错/真的很棒/将来，你一定会很厉害的！

2. 有对比的称赞：

真不错，比……还好/你越来越好看了！

3. 肯定对方的付出：

你辛苦了/你真的很努力呢/看着你努力的样子，连我都觉得充满了干劲。

4. 不如人意时，接纳之，为之宽心：

还行啊，我再盛一点/你怎样都是好看的/女性的美是和蜡烛的根数成正比的，这是真的。

5. 表达感谢：

谢谢，我今天很开心/谢谢，你辛苦了/谢谢你总是在为我着想/好惊喜，好感动，谢谢/你说得很有用（或很有道理），谢谢。

6. 对生活叮嘱：

好好吃饭，多吃点菜/天气凉了，多穿点/今天下雨，记得带伞。

（二）接受爱的能力

当期待的爱来到了身边，能否勇敢地接受也是爱的能力的表现。有的人在别人向自己示爱后，内心挺高兴，但又不敢接受别人的爱，或者对爱缺乏心理准备，或者觉得自己不配、不值得被爱，因此而失去发展爱情的机会。

例如，小玉因为从小父母对她的疏忽，深深地感到自己不被爱。当她看到哥哥受到父母万般宠爱而自己得不到的时候，她便会把原因归结为自己不够优秀。这造成了小玉的价值感很低。为了生存，她发展出一种能力——格外乖巧懂事，甚至作为妹妹，会反过来去照顾和迁就哥哥，以这种方式小心翼翼地讨好父母。

小玉的这种心理模式也在她的人际关系中体现出来：她很会照顾周围的人，她觉得这样才能得到别人的认可和接纳，否则她就不配被爱。而别人给予她的爱，她都会诚惶诚恐，生怕别人发现她是如此不值得被爱而抛弃她，于是便会加倍地“偿还”人家。

小玉应该接纳她的情绪，当她看到自己习惯付出背后的真相，她内心的资源和力量便自然而然地显现出来。她会明白自己不再是那个可怜巴巴的、只能乞求被爱的小女孩，而是成长为可以学会用爱滋养自己的大姑娘，她可以付出爱，同时也值得被爱。

（三）拒绝爱的能力

有爱的能力的人不是对爱来者不拒，或者认为不是自己的爱就简单地拒之千里。当别人向自己示爱时，也有不少人优柔寡断，既怕伤害对方，又怕对方误会。拒绝爱的能力，首先表现为对他人的尊重，感谢对方对自己的欣赏和感情。其次要态度明确，表达清楚，要明确和对方只能是什么样的关系，可能有些同学怕对方受伤害。虽然语言上拒绝了对方，但是行动上还与对方有较亲密的接触，如单独和对方去看电影、吃饭等，使对方容易误解，认为还有机会。

到底该怎么样拒绝别人的追求？应该温和地说些话安慰对方还是直接拒绝说些狠话让对方彻底死心？简单说，该怎么拒绝别人的追求，是因人而异的。

【拓展悦读】

A. 长相普通、成绩普通、性格普通、和你关系也普通。可能偶尔你们一起上班，偶尔说说话。你会帮忙，他会请你吃个饭，但你从来没往那方面想。忽然有一天，他神秘兮兮地约你出来，说想告诉你一件事。

这件事就是他喜欢你。怎么办？

第一，你应该感激。毕竟被表白是一种肯定，而且是别人冒着自尊受伤的风险给你的肯定。第二，你应该理解。向喜欢的姑娘表白是一件很需要勇气的事。这种勇气甚至让他看起来不那么普通了。第三，你应该内省。大部分异性关系都是两人共同作用的结果。无论是出于礼貌、好感还是隐秘的诱惑冲动，你给过他回应。而这种回应对很多男生就是表白的信号。他并没有错。所以，对A，一些安慰的话和一张好人卡是必需的。他会明白你的意思。

B. 长相不错、成绩不错、性格不错、和你关系也不错。你们经常一起工作、吃饭、聊天。在别人看来，你们是不错的朋友。你甚至也仔细揣摩过他对你的感觉。但是因为种种原因，你并不希望他成为你的恋人。正当你安心享受这种友谊的时候，忽然有一天，他神秘兮兮地约你出来，说想告诉你一件事。这件事当然还是“他喜欢你”。怎么办？

鉴于你们的关系，好人卡和安慰的话可能已经不够了。你婉拒的目标，是在不让他误会的前提下，保持你们之间的友谊。这其实挺难的。首先你要明确，真有拒绝的必要吗？如果确实有，你就必须摆明你的态度。当然你得强调，你珍惜你们之间的友谊。但你仍然应该告诉他你拒绝的理由：你心里有人或者对他没那方面的感觉。伤害好过欺骗，对朋友更是如此。只是，再深厚的友谊也经不起伤自尊。对于B，只能祝你和他好运了。

C. 长相糟糕、成绩糟糕、性格糟糕、和你关系也糟糕。他就是某天读了几本成功学的书，明白了“人有多大胆地有多大产”“只要你敢想，没有什么不可能”或者“偏执狂才能生存”之类的道理，天天手捧玫瑰在楼下堵你，不顾五音不全定要为你献声。

对于这种爱情恐怖主义分子，就要坚决拒绝。当然本着坏事变好事的原则，你也可以顺便瞄瞄周围有没有懂怜香惜玉又靠谱的青年，发展出几个护花使者来。只是，万一以后还得拒绝他们，也麻烦。

（四）鉴别爱的能力

鉴别爱是指能较好地分清什么是好感、喜欢和爱情。有鉴别爱的能力的人，是自信的人，也是尊重别人的人。有鉴别爱的能力的人，会自然地与别人交往，主动扩展交往的范围，珍惜友谊，会尽量多地体验他人的感受。过于自我孤立，过于站在自我的角度考虑问题，往往会对他人和自我感受的认识出现偏差。

心理学家总结情感成熟的标志如下：

1. 不追求一时的快乐，始终愿意发展持久稳定的两性关系。

2. 明白自我的局限性与优势所在，选择爱的对象时将是否适合放在首位，而不是不顾及实际情况，只凭愿望选择爱的对象。

3. 爱的目的是为了发展自我性格，让自己体验到情感的甜蜜和幸福，而不是为了获取财富或享受生活。

4. 不是带着矛盾的心态去爱一个人，能体验到爱带给自己的宁静与安全感。

5. 不把性与爱分开，重视二者的和谐统一。

（五）解决爱的冲突的能力

人际交往中的冲突其实是调整彼此间关系的工具，并不一定是坏事情，恋人之间的冲突也是这样。据调查，关系很好的夫妻平均每5天就会有一次冲突，而关系不好的夫妻平均一天就有一次冲突。那么我们要做的，就是学习如何处理冲突，如何“更好地吵架”。

爱的冲突一方面来自日常生活中的不一致，或不协调；另一方面可能来自于性格的差异。相爱的人不是寻求两人的一致，而是看两人如何协调、合作。爱需要包容、理解、体谅，需要用建设性的方式去解决冲突。沟通是非常有效的方式，恋人间需要有效的沟通，表达清楚自己的思想、感受，伤害性的争吵或者冷战都不利于问题的解决。

1. 学会分析不合理的愤怒。在日常工作与生活当中常常因为不开心或者对别人很不满意时，出现最多的反应就是愤怒。好多人都认为自己的愤怒是合理的应该爆发的，错都在别人身上，但并不一定是这样的，愤怒大多数都是不合理的。

心理分析发现不合理的愤怒有以下三大来源：

（1）自私的要求未被满足。自私是绝大多数不当愤怒的根源。一个人越自私，他的愤怒就会越多。如果只是站在个人的位置上刻意要求别人，就会挑别人的毛病或者总感觉到自己在情感上、情理上吃亏了，愤然而起。所以有时候需要思考：自己的愤怒是不是因为自私引起？假如是，应该先让自己平静下来，然后去谅解对方。

（2）完美主义要求无法满足。这一点更多体现于自己对自己，总是因为达不到理想的要求而愤怒。当自己无法满足自己的欲望与要求时，一种自我谴责与自我否定的情绪油然而生。同时发现自己的能力不如别人的时候就会对生活失去了信心，那么自卑就是自我愤怒的一种，这也是抑郁症与强迫症最常见的心理表现。另外，对别人也一样，总是站在完美主义者的位置上要求别人来满足自己，希望别人按照自己的意愿来做事。

（3）多疑。一个具有猜疑性格的人常常会错误诠释别人的动机，总是怀疑别人的行为可能会造成对自己的伤害，总以为别人对自己有什么企图。

因此，当自己想发怒的时候，就先问自己的发怒是不是合理的，假如有跟上面的三条有关，那么就是不合理的，不合理的愤怒就让它自我消失吧。

2. 学会对愤怒的表达。经过上述内省的理性思维后，确认你的愤怒是合理的，那么你就应当勇敢地说出来。这是消除愤怒的另一途径。为什么要把愤怒表达出来呢？

（1）善于表达自己的愤怒有助于我们理性地认识事实的真相，同时有效抑制沮丧意识与情绪低落。假如什么事情都不敢说出来，内心的不平衡整天压抑着自己，根本没有心情去快乐，整天板着一幅委屈或者是怀才不遇的面孔，这也是造成抑郁沮丧的负性思维。

（2）合理地表达愤怒有助于我们及时宽恕对方。人是需要泄愤的，让自己内心的委屈与不满全部放出来。一个人轻松了，就容易接受别人的认错了，当自己愤怒的时候多数看到的是自己，只有当心平气和时候才更容易去接受别人。

（3）运用得体的言语表达我们的愤怒，告诉对方表达愤怒的目的是为了理解，而不是为了报复，这样对方更愿意学会尊重与爱护。

（4）有效的愤怒有助于我们防止流言蜚语。自己的事情自己解决，两个人之间的事在两个人之间立刻解决，别去听其他人是怎么说的，适当的解释更能让双方相互信任。

（5）善于运用得体的语言去表达愤怒有利于平静具有暴力倾向性格的强势心理。在强势面前越强，造成的自我承受的冲击力就越大，但选择太弱更会纵容对方的强势心理，反而让自己找不到站起来的机会。所以适当的愤怒是一种力量的补充，同时也是以柔克刚的最好方式。

（6）适当的愤怒有助于增强双方进入沟通的节奏。假如说缄默是一种让人难以忍受的阴性表现，愤怒则是属于阳性的积极元素。适当的愤怒会引起对方沟通的注意力，也是情侣之间沟通很好的积极信息。

因此，假如人学会了一种理性的沟通姿态与技巧，不管在何时何地，面对任何人，都会充满自信。认准是自己合理的，不放弃；但认准自己是不合理的，也要及时改正自己。

3. 及时处理。当天的愤怒当天处理好，睡觉前学会原谅对方，不要让你的愤怒过夜。愤怒是随时发生随时消失的，但假如你总是把它放在心上，那么它就将在你的心上变质。可能会变质为怨恨，也可能会变质为对生活的负性情绪。

4. 不怨恨，不报复。心里的那本账只记喜事乐事，只记得别人的优点与可爱，拒绝记录别人的缺点与自己的怒。让自己的心胸更加开阔，让自己的个性更加开朗，不要让自己胸怀狭窄，更不能让自己的心里有着任何的仇恨，让自己坦荡些，简单些，也许我们会更快乐无忧。

情侣间吵架在所难免。有时候吵架也是一种彼此认识和了解对方的方式，也是一种情感交流的另类办法。

但是值得提醒的是在情侣争吵中，我们彼此都要懂得怎么去分析和处理这个过程中不合理的愤怒情绪。如果可以有效地处理这些负面情绪，那么情侣间的感情将会更加深。

（六）失恋的心理承受力

失恋是人生中一个很大的挫折，考验的是人耐受挫折的能力。失恋使人产生痛苦的感觉是很自然的事，每个人都会有，只是程度有别而已。失去爱会使人感到一种重要关系的丧失，一种身份的丧失，需要一定的时间去面对、适应和调整。

培养承受失去爱的能力。首先，要学习怎么看待失恋。有些人可能把失恋看作人生的一个巨大的失败，自尊心受到强烈伤害，有一种强烈的负性情绪体验。其实失恋只是一种选择的结果，自己不被某一个人选择，不等于自我就全面失败，一无是处。每个人在爱的关系中心理需要不同，看中的关键点不同。每个人都有可爱的一面，只是欣赏的角度不同。其次，在失恋中学习，把失恋作为一种人生的财富。也许失恋给人带来的强烈的内心冲击是其他事件所不能代替的，这个过程中所体会到的情感挣扎与痛苦，实为一笔人生财富，使人有了更多的人生体验，人会在失恋中变得更加成熟。最后，失恋给人再恋爱的机会。一次失恋不等于整个爱情生命的结束，人还会再恋爱，再体验美好的爱情，只要用心去体验、建设、学习和感受。

失恋的人需要增强自己的心理承受力，增强心理的适应性，学会自我心理调节，从而达到新的心理平衡。下面介绍几种方法：

1. 逆向思考法。恋爱取得成功，除了社会公认的品质、观念，还有许多特殊的心理要求，比如：性格和谐、志趣相同、价值观一致、生理特征相配等。如果在这些方面产生矛盾，恋爱不能进行下去，倒不必过于痛苦。不妨反过来思考一下，如果勉强凑合下去，造成以后感情破裂，爱情又有什么幸福可言？失恋固然不是幸事，然而没有志同道合、个性契合，及早分手也并非坏事，“塞翁失马，焉知非福”。

2. 合理宣泄法。失恋造成的情感压抑是十分严重的，如果不及时合理宣泄，则会出现各种不适应症状。比较有效的宣泄方法有：

（1）向亲密的朋友或家人倾诉内心的苦闷和悲伤。

（2）可以闭门痛哭一场。

（3）寄情于山水之间，向大自然宣泄自己压抑的情绪。失恋后可以与朋友一起外出远游一次，体验大自然之美丽与伟大、人生之赠予美好，会觉得自己失恋的痛苦只不过是沧海一粟，心胸会变开阔，郁闷的心情就会有所缓解。

（4）升华。升华是宣泄失恋后心理能量的最理想方式。失恋者应运用理智，把感情、精力投入到能充分实现自身价值的事情中，从而将挫折在更高的境界中升华，获得更大、更多的收益。

3. 丢弃自卑。失恋并非羞耻之事。有些失恋者却认为失恋是令人耻辱的，是被对方“玩”了，从而感到脸上无光、无地自容，产生强烈的自卑感，甚至因此离群索居。

无论如何，被动接受分手的一方受的打击是更深远的。这是一种丧失和被抛弃，他们会震惊、无助、伤心、愤怒、自责、不甘心、羞耻、否定自己。这样的分离会勾起他/她小时候的某些与父母分离的情绪记忆，这样的伤害足以让他/她在一段时间之内脆弱得像个婴儿。我们可以通过下面的步骤调整自己：

（1）我们得允许自己伤心一阵儿。在这一阵儿我们会学不好、吃不好、睡不好，这止相当于痛苦的蜕变，你所付出的值得你这样伤心。

（2）来一个“分手仪式”。可以把自己对这段感情的任何感觉和对对方的任何情绪，写在纸上，然后把纸烧掉，与之告别，这样的仪式会在心理上有一定的暗示作用。

（3）不能因为对方和自己分手就将自己全盘否定。没有人能够完全成熟到任何人都合适，所以两个人不合适不是任何人的错，并不能因此认为自己完全没有价值，我们的价值并不只在于永远成为一个不爱自己的人的附属品。

（4）不要用极端的伤害自己的方式强迫对方回心转意。有些人在对方提出分手后用某种方式来虐待和伤害自己，企图力挽狂澜——男生会喝酒、打架、通宵上网不上课，女生会不吃饭或者暴饮暴食、过度哭泣、伤害自己留下疤痕。但是实际上这些只会“得不偿失”，自己不珍爱自己，哪怕重新和好，对方感到的只是压力，怎么会珍爱你？

（5）看到大陆漂移的可能性。分手了，相当于两个大陆板块分开了，但是也意味着可以有更多新的可能性，我们会发现新的板块，组成新的更稳固的大陆。虽然这段感情没有成功，但是我们也有成长，感谢对方陪自己走过的路，你会因为过去的爱更爱自己，走好下面的路。

恋爱一次成功固然好，但这毕竟只是可能性，而不是必然性，所以谈恋爱就要有谈不成的心理准备，失恋也是在情理之中，是无可非议的。有思想、有志气的青年不应受世俗偏见的束缚，不能自己看不起自己。如果能从失恋中发现自己的不足，有所进取，并从失恋中受益，不愁今后找不到称心如意的好伴侣。

（七）爱情保鲜的能力

要使爱情长久保持新鲜感，其实需要多种能力的综合。爱需要两个人真正地关心对方，走进对方的内心世界，以对方的快乐作为自己的快乐。要保持爱情的常新，需要智慧、耐力、持之以恒及付出心血，同时又有自己的个性，有自己的追求与发展。学习新的东西，善于交流，欣赏对方，是爱的重要源泉。有爱的能力的人，是独立的人，有自己独立的价值观，有自己的生活空间。有爱的能力的人也不排斥对方，又是尊重他人、关心他人的人，他会尊重对方的选择，尊重对方的个人的隐私，尊重对方的发展。

保持爱情的长久，也同时要学习处理恋爱与工作、其他人际交往的关系等。将爱情作为发展的动力，心存爱情的人，会保持着美好的精神风貌，散发着生命的活力，不断地进取向上，给人以美感和震撼力。爱需要学习和培养，每个人都有爱的能力，但需要自我探索与开发。我们力图归纳出以下三条爱情保鲜法则，与您共享：

法则一：关系的平衡，是两人较好相处的前提。

在关系中付出与收入必须相对平衡，谁也不觉得“亏”或“赚”太多，才可能持久。在一个女孩眼里，如果她的恋人不够帅，那很可能就特别温存或有能力；在一个男孩眼里，他的爱人也许不够聪明，那很可能特别漂亮或随和。“一无是处”常常只是情绪不良时的彼此攻击，逃避付出的、戛然而止的、见异思迁的，付出会比较少，因而难以品尝深入分享的平衡。

法则二：关系层次的丰富，是两人保持恋爱质感的关键。

一对亲密的人，可以亦师、亦友、亦手足、亦亲子……不仅仅是一对恋人，相互独立又相互依赖，彼此支持又彼此尊重，彼此欣赏又能顺畅讨论，这样才可能把关系经营成花园、树林、果园，而非单薄的、容易凋零的一朵风之花。毕竟，娇嫩的花朵令人流连，而葱茏的绿树更令人信赖。花树、果树，有芬芳甜蜜，又有更强的生命力。

法则三：在关系中共同成长，是爱情生机的水土、阳光和肥料，是避免差距拉大、建设动态平衡的法宝。

男女相互支持的共同成长，是情爱的持久保鲜剂。发现彼此的差异，并接纳这些差异，而并非挑剔、指责、讽刺和怨恨，在成长中找到彼此更多的兴趣，发现对彼此更多的欣赏和留恋。同时，两人有了成长的愿望，才可能一直愿意改变，来提升彼此关系，形成不可多得的正向力量，去探索沟通方式的优化，去规范两人的边界与交集，去内省自我的控制欲，去分析彼此的依恋和独立模式，让自己成长，也激励对方成长。

客观地说，爱的能力不是与生俱来的，它与一个人的成长环境、家庭背景、生存状态等后天因素有关。一般来说，家庭幸福的孩子，从小生活在充满阳光、充满关爱的环境中，成年后对爱的把握、理解和表达可能会更准确。而生长在单亲家庭或生活拮据、父母日夜为柴米油盐操劳而争吵的家庭里的孩子，对爱的把握也许就会欠缺些。许多恋爱中的人们以被人爱代替了爱人，求爱往往是为了摆脱孤独和空虚，建立在这种前提下的情感是短暂的。成熟的爱情以自爱为基础，知道自己需要怎样的爱，并且具有给予爱的能力和拒绝爱的能力。

【自我探索】

测试一　“爱情”与“喜欢”的测试

我是爱你，还是喜欢你？友情与爱情之间的区别，正如望远镜于放大镜之间的区别。友情是两个人一起往远处看，正所谓“两个人和世界”，而爱情是两个人相互近距离放大了看，即“两个人就是一个世界”。很多人会不清楚自己对对方的感觉是爱情还是友情，那么可以通过下面的测试看一下：

测试1

在符合自己情况的句子前面打“√”。

1. 当我和他/她在一起时，我发觉好像两个人都有相同的心情。
2. 我认为他/她非常好。
3. 我愿意推荐他/她去做让人尊敬的事。
4. 依我看来，他/她特别成熟。

5. 我对他/她有高度的信心。

6. 我觉得大部分人和他/她相处，都会对他/她有很好的印象。

7. 我觉得和他/她很相似。

8. 我愿意在班上或团体中，做什么事情都投他/她一票。

9. 我觉得他/她是许多人中，容易让别人尊敬的一个。

10. 我认为他/ 她是十二万分聪明的。

11. 我觉得他/她是我认识的所有人当中，非常讨人喜欢的。

12. 他/她是我很想学的那种人。

13. 我觉得他/她非常容易赢得别人的好感。

测试2

在符合自己情况的句子前面打“√”。

1. 他/她情绪低落的时候，我觉得很重要的职责就是使他/她快乐起来。

2. 在所有的事情上，我都可以信赖他/她。

3. 我觉得要忽略他/她的过失是一件很容易的事情。

4. 我愿意为他/她做所有的事。

5. 对他/她我有一种想占为已有的想法。

6. 若我不能和他/她在一起，我会觉得非常不幸。

7. 假使我孤寂，首先想到的就是要去找他/她。

8. 在世界上也许我关心很多事，但最重要的事就是他/她幸福与不幸福。

9. 他/她不管做错什么，我都愿意宽恕他/她。

10. 我觉得他/她的幸福是我的责任。

11. 当我和他/她在一起时，发现自己什么事都不想做，只是用眼睛看着他/她。

12. 若我能让他/她百分百地信赖，我就觉得十分快乐。

13. 没有他/她，我觉得难以生活下去。

测试1和测试2中符合你情况的句子有多少？如果测试1符合你的句子多于测试2，那么你对对方喜欢的程度多于爱，反之则是你对对方的爱多于喜欢。

测试二　爱情类型量表

以下是一些与爱情有关的句子，请你尽量真实地依自己的经验和想法来填答。如果，您有多次恋爱经验，请以您目前或最近一次的恋爱作答；如果，您未曾有过恋爱经验，则请以您理想中的情况来回答。作答时，请选择：很不同意 1分；不同意 2分；普通 3分；同意 4分；很同意 5分。

1. 初次见面时，我与他立刻就有触电的感觉。
2. 我们彼此被对方的容貌所吸引。
3. 我们之间身体上的亲密接触是热情而满足的。
4. 我们深深地感觉彼此是天生的一对。
5. 我们很快就有山盟海誓的承诺。
6. 我们对彼此有很深刻的了解。
7. 他的容貌正符合我梦中情人的形象。
8. 我试图让他弄不清楚我是否想和他定下来。
9. 我相信我心中保存的一些小秘密，并不会伤害他。
10. 我曾经周旋于两个恋人之间，并且避免让他们彼此知道。
11. 只要是对他的感觉不见了，我就可以很快地把这段感情结束。
12. 如果对方发现我和别的异性朋友的一些事情，他一定会心情恶劣。
13. 如果对方太依赖我，我就会故意抽身离远一点。
14. 其实我蛮喜欢周旋在不同的异性之间，亦真亦假地谈恋爱。
15. 很难说我和他之间的友谊何时转化为爱情。
16. 直到我有谈恋爱的意愿才会产生真正的爱情。
17. 我期望我曾经爱的人和我都还是朋友。
18. 我觉得由长期的相处和了解来发展爱情是最好的方式。
19. 我们逐渐由友谊发展成爱情。
20. 我喜欢的爱情不是绚丽浪漫、激情或神秘的，而是如友谊般的感情。
21. 美好的爱情是由深厚的友谊逐渐发展出来的。
22. 在我认定一份爱情之前，我会考虑到对方的将来。
23. 在谈恋爱前，我会先设想自己未来的生活，并依此蓝图选择爱侣。
24. 门当户对蛮重要的，两个人最好有相近的家庭社会经历及教育背景。
25. 他对我家庭的看法如何，是我选择异性朋友时很重要的考虑因素。
26. 对方将来会不会是个好父亲或好母亲，是我选择对象的重要因素。
27. 当我考虑和他是否交往时，我会先衡量因他而可能的未来及影响。
28. 我认为优生学也是我选择爱情的一项重要因素。
29. 我和他之间一有意见摩擦，我就浑身不对劲。
30. 我会因为与恋人之间产生裂痕或分手，而极为沮丧甚至想自杀。
31. 有时我会因为身在爱情当中，而兴奋得睡不着觉。
32. 他的注意焦点不放在我身上时，我会非常不舒服。

33. 恋爱时我会全心投入以致无法专心做其他事情。

34. 当我怀疑他可能和其他人另有情愫时，我就坐立难安。

35. 若恋人有阵子疏忽我，我会做些特别的事来吸引他的注意。

36. 我愿意尽我所能地帮助对方渡过难关。

37. 我宁可自己委屈吃苦，也不愿意让对方吃苦。

38. 我永远把对方的快乐和幸福放在自己的前面。

39. 为了他的目标，我可以牺牲或改变自己的计划、意愿。

40. 我完全依照他的感觉、想法来做事情。

41. 即使他对我发脾气，我还是无条件的爱着他。

42. 因为爱他，我可以包容一切他所做的事。

评分：

这42个项目是基于以上的6种爱情类型（情欲之爱、游戏之爱、友情之爱、现实之爱、激情之爱、奉献之爱）。把每个爱情类型上所有项目的得分相加，即为相应爱情类型的得分。

情欲之爱：1—7题；游戏之爱：8—14题；友情之爱：15—21题；

现实之爱：22—28题；激情之爱：29—35题；奉献之爱：36—42题。

你在每个爱情类型上的总得分是在7分到35分之间。得分最高的爱情类型反映了你对爱情的态度，而得分最低的爱情类型则最不能反映你对爱情的态度。

测试三　恋爱态度心理测试量表

提示：对下列各题做出“是”“不确定”或“否”的选择。选“是”画“√”，选“否”画“×”，选“不确定”画“○”。

1. 有他（她）陪着，才不会感到寂寞。

2. 我不相信世上有什么天长地久的爱。

3. 不在乎天长地久，只在乎曾经拥有。

4. 人生就是追求快乐，谁给我快乐，我就和谁谈恋爱。

5. 男欢女爱只是逢场作戏。

6. 只要能和他（她）在一起，我可以抛弃一切。

7. 不谈恋爱，说明自己没有魅力。

8. 我不想对恋人有太多的了解。

9. 我的他（她）是完美无缺的。

10. 我同时会爱上好几个人。

11. 我希望马上和他（她）结婚，以免被人夺走。

12. 我特别想找个异性安慰我。

13. 我渴望柏拉图式的精神恋爱。

14. 谈这场恋爱只是为了证明自己不落后于人。

15. 我渴望每时每刻都能与他在一起。

16. 男女之爱是你情我愿的，不需要负什么责。

17. 和他（她）谈恋爱，我是有个人目的的。

18. 反正闲着没事，谈谈恋爱也能充实一下生活。

19. 我不相信恋人天各一方还能温暖人心。

20. 其实谈恋爱和打网球、玩游戏是一码事。

21. 有了男（女）朋友，也可以和别的异性幽会。

评分规则：

选择“是”记2分，选择“不确定”记1分，选择“否”记0分。将各题得分相加，统计总分，分数解释如下：

1. 总分0—4分：说明你有较正确的爱情观，只要努力，一定可以获得真正的爱情。

2. 总分15—28分：你有许多想法和做法是要不得的，继续下去，最后只能陷入自己编织的痛苦中。

3. 总分29—42分：你将会或已经在失恋中了。

【训练与体验】

体验一　爱情价值观拍卖活动

目的：帮助个体认识和明确自己的爱情价值观。

形式：班级为单位进行拍卖活动。

过程：

1. 以组为单位，每一组讨论自己理想中另一半的标准，然后依次写在黑板上，来一场爱情拍卖。

2. 进行拍卖活动：以下面的特征为例，假定所有在场的人都有100万，在这场竞拍中你最多能花100万，每一种特征起价10万元，最高100万，谁先出到100万，谁就能获得此特征，否则以出价最高者得之。

（1）有理想；（2）能说会道；（3）宽容豁达；（4）心地善良；

（5）聪明；（6）乐观；（7）负责任；（8）独立；（9）帅或靓；（10）有思想；（11）坚强；（12）温柔；（13）独立；（14）勤劳；（15）幽默；（16）谨慎；（17）有很雄厚的经济基础。

3. 小组讨论：你拍到了什么特征？为什么需要另一半具备这些特征？

【阅读与欣赏】

《男人来自火星，女人来自金星》

对男女在沟通、应对压力、解决冲突、体验爱和给予爱等方面的差异有许多新颖的阐述，有助于我们更深入地理解自己情感关系，学会接纳差异，学会如何处理冲突。

【电影赏析】

《罗马假日》

影片简介：安妮公主带着皇室的问候到罗马访问。她厌倦了上流社会的繁琐礼节，偷偷溜出去并邂逅了年轻英俊的报社记者。嬉笑怒骂，状况不断，爱情在两人心中默默滋长。而现实的差距难以逾越，两人只能把这段故事当作一场梦。片末，奥黛丽·赫本饰演的公主召开新闻发布会，格里高利·派克饰演的记者站在台下，俩人无语凝视的情景揪住了所有人的心。在同一时间和空间里，相爱的人无比接近却永远不能相拥，悲剧与喜剧同时上演，在错综复杂的情感中挣扎。

心灵分享：悲喜之间韶华已逝，爱情与身份的两难选择直至今天仍在上演。不是所有的爱情仅凭勇气就能成功，也不是所有经过的爱情都会停留在最美一点。

第九章　走近职场

渔夫与哲学家

一位哲学家搭乘一位渔夫的小船。行船之际，这位哲学家问渔夫：“你懂数学吗？”渔夫回答：“不懂。”又问：“你懂物理吗？”渔夫回答：“不懂。”哲学家再问：“你懂化学吗？”渔夫回答：“不懂。”哲学家叹道：“真遗憾！这样你就等于失去了一半的生命。”这时，水面上刮起了一阵狂风，把小船掀翻了。渔夫和哲学家都掉进了水里。

渔夫向哲学家喊道：“先生，你会游泳吗？”哲学家回答说：“不会。”渔夫非常严肃地说：“那你就将失去整个生命了！”

一个没有学会在人生长河中“游泳”的人，即使其他东西学得再多，他也无法在社会上立足，因为他缺乏基本的适应和生存能力。在职场的适应和生存能力决定每个人的物质和精神的生活质量和成就感，因此，顺利的适应职场是个体生存并且发展的前提。

人生是一个不断适应与发展的过程。其实，每一个人从出生，由家庭步入学校、从学校步入社会，从一种生活环境再进入另一种生活环境都是一种适应。适应是个体心理健康的一项最基本的标志，怎样尽快完成从学校到职场的过渡，尽快适应职场环境，为今后事业的起步腾飞打下良好基础，是每一个身在校园即将迈入职场的大学生需要面临的首要问题。

第一节　职场适应

一、职场适应的含义

适应原为生物学术语，所谓“物竞天择，适者生存”，在自然界中，只有采取与外界环境相适应的行为才能有效生存；一旦失去适应周围环境的能力，则会遭到残酷的淘汰。

适应是个体发展的基础，个体的发展是积极适应的表现。从适应的方向上看，个体在环境中的适应一般可以表现为两种形式：

一是消极适应，是个体与环境之间的消极互动过程。在这一过程中，个体认同、顺应了环境中的消极因素，压抑了自身的积极因素及自身的潜能，没有达到人与环境之间的相互和谐。在这种形式的适应下，环境对个体进行了消极的改造，而个体却未发挥自己对环境的能动作用。这种消极适应是以牺牲个体的积极发展为代价的。

二是积极适应，是指个体积极主动地调整自己与环境的不适应行为，增强个体的主动性、积极性，使自身得到发展。环境中总是挑战与契机并存，既有促进个体成长的积极因素，也有不利于个体成长的消极因素。积极适应的职场新人能够调整自己，最大化地发挥周围环境中的积极因素，充分发展自己的潜能，朝着职场成功的目标迈进。

每位学生从学校走向职场，都要经历“职场适应期”。有的学生在短期内不能适应工作环境，不能很快进行角色转换，在很多时候的表现比较学生气。这时还不能称之为真正的职业人。大学生要提升的自己知识技能，以适应岗位需求，为今后的职业道路打下基础。学生在学校比较注重的是学习理论知识，然而到了职场上，更注重的是动手能力和累积的经验。因此，需要投入到再学习中，通过不断学习和吸收，成长为真正的职业人士。

二、何谓职业人

人的一生有多次角色转换，比如：婴儿—幼儿园小朋友—学生—职业人；儿子（女儿）—父（母）。从学生到职场职业人角色的转换是我们每个人必须经历的过程，也是我们人生中最重要的一次转折。面对与校园生活完全不同的环境与角色定位，初入职场的你，有很多东西需要学习与适应，那么怎样转变为一名优秀的职业人？首先我们来看一下，何谓职业人。

大学生是社会的一个特殊群体，接受过高等教育，是社会新技术、新思想的前沿群体，国家培养的高级专门人才。而职业人就是参与社会分工，自身具备较强的专业知识、技能和素质等，并能够通过为社会创造物质财富和精神财富，而获得其合理报酬，在满足自我精神需求和物质需求的同时，实现自我价值最大化的一类群体。

大学生和职业人的区别

1. 承担的责任不同。大学生是以学习、探索为主要任务。首先，在校园里是不怕犯错误，什么事情你都可以去尝试，哪怕错了，也有改正的空间和时间。所以如果要给大学生一个简单的角色定位，那就是可以做错，做错了不用承担过多的社会责任。其次，大学生最快乐的事情就是有依靠，在学习方面可以依靠导师，有什么问题你都可以向他请教；在生活上有什么困难可以依靠父母。

成为一个职业人以后，大学生应尽快地适应社会。首先必须学会服从，迅速适应上级的管理风格；完成单位交给的一件件具体的实实在在的工作任务；职业人如果在工作中犯了错误，要承担成本和风险的责任，承担相应的社会责任。

2. 面对的环境不同。大学生在校园里是寝室—教室—图书馆—食堂“四点一线”简单而安静的生活方式，处于单纯而简单的校园文化气氛。学习时间可弹性安排，有较长的节假休息日，学习的过程以抽象性与理论性为主要原则等。

但职业人在紧张的职场上，面临的社会环境是快速的生活节奏，紧张的工作和加班；规定上下班时间，不能迟到早退，自由支配的时间少；经常加班加点，工作任务急又重；一切以经济利益为导向；承受不同地域的生活环境和习惯；由于缺乏实际工作经验，开始工作时往往不能得心应手；感觉工作压力显著增加，给心理造成很大的负担。

3. 所需的技能和工作方法不同。大学生主要看学习能力，包括理解、逻辑思维、记忆能力等；而且学习是个人的独立行为，学多学少都由自已做主，为自己的成绩负责。职业人要想完成岗位工作，需要更多的能力，如沟通、协调、学习、操作、洞察、计划、领导、实施力等；工作方法更注重团体合作，协作精神、整体效能。

4. 人际关系复杂程度不同。处理好人际关系是每一个大学毕业生走上社会后必须学会的课题。大学毕业生初出茅庐，人际交往比较单纯，而社会上的人际关系相对于学校中的师生关系、同学关系要复杂得多。上下级之间的领导与被领导关系、同事之间的合作与竞争关系、与客户的业务关系等，都是职场新人要面对的。

三、职场适应，从学生到职业人角色转换的内容

（一）从“要”到“给”的转变，从“索取”到“贡献”的转变

大学生因为父母的付出，可以从家里“要”到宠爱与照顾；因为老师的付

出，从学校里“要”到知识与技能；因为社会、国家的付出，可在社会中“要”到社会的资助与培养。

大学生要转换成职业人，必须先“给”，否则你什么也“要”不到。将“索取”的心态变成“贡献”的心态，是成为职业人的关键。从企业的角度来说，企业对人的判断有两个要求，一个是潜力，看你未来成长的空间，一个是贡献，你的加入对这个团队能够产生什么样的价值。作为职业人，应考虑“我能为单位带来什么，我能为企业创造什么”，而不应首先去想单位、企业或老板应该给我什么样的回报。只有既能为企业带来实际的贡献，又能有可持续的发展，这样的员工才是最受欢迎。

（二）树立“不再可以随便犯错”的理念

大学生考试成绩不好不会给班级和学校造成经济损失，会有补考的机会；如果和同学相处不融洽，仍然可以保持自己的个性，孤芳自赏；如果你不喜欢哪位老师，你可以不去听他的课，可以期盼着下学期换另一个老师；如果迟到、旷课只是耽误你自己的学习，与其他同学没有多大的关系。

大学毕业生从校园走上社会成为职业人，如果工作失误，会造成重大的经济损失，没有挽回的机会；如果与同事关系不好，会被组织认为没有团队合作精神，将成为出局的人；如果迟到、旷工，耽误的是整个团队的业绩，你随时有被开除的可能；作为职业人，在单位里你必须成为社会、企业财富的创造者。

【拓展悦读】

三代职场人不同的职场观念

“90后”媛媛，关键词：拒绝上班。媛媛就是一个拒绝上班的人。不过她并不是不想上班，而是觉得一定要找到自己喜欢的工作。就在记者采访她的几天前，7月份才毕业参加工作的她又刚刚完成了一次“跳槽”：在一家公司实习了不到两个月后，她感觉“工作太乏味，没什么前途”，于是不顾公司“3个月后立即转正”的承诺，毅然“跳槽”。“我一定要找一份自己喜欢的工作，有挑战性，能实现自我价值。”媛媛如此形容她心中的“理想职业”，为此，她从去年11月份实习进入职场后，已先后换过三份工作了。“工作不能凑合”是她每次跳槽时，说服自己最有力的理由。“其实，我也不是太挑剔，比如，工作之初收入低一点、工作辛苦一点，工作环境差一点等等，我都可以接受。但是，工作一定要有意思，有前途，你说这样的要求高吗？”媛媛介绍，她身边的“90后”同学想法大多相似。

“80后”小帅，关键词：拒绝加班。“80后”小伙小帅从名牌大学毕业后，到一家世界500强公司实习。入职最初一个月是培训期，小帅每天上班的内容就是认真听讲，进行产品和业务的相关培训。因为是刚入职，有很多东西需要尽快学习掌握，因此公司专门安排每晚7点到8点半是新员工自习时间，因“复习功课”而耽误吃饭也是常有的事情。

还在实习期间，有一天下班后老板叫大家加班，他直接跟老板说：“我可不可以不加班？”老板问他为什么，他回答说：“我都做完了。”就因为这句话，实习期一结束，他就失去了这份工作。小帅认为，加班不是一种健康的值得提倡的生活方式，以是不是加班来评价员工是不是敬业爱岗，是一种病态的评价方式。

“70后”严先生，关键词：主动加班。如今已是公司资深员工的严先生回忆起自己刚入职的时候颇有感慨：“在工作上，我们刚入职时会很注重老员工的脸色，想融入团队，但‘90后’完全不会注重这些，觉得我做完就可以回去了。他们在跟人接触上比较自我，对团队、组织的关心比较少，更崇尚自己活得自在。我们这代人刚入职场的时候，也有共性，一般嘴巴很甜，贴着老员工走，比较想尽快融入环境。刚入职的时候，严先生的日子基本就是在加班中度过的，“我愿意主动加班，是因为我们这一代有更强的责任心和集体感”。

四、职场适应的途径

许多大学毕业生走上岗位以后，产生对新环境的诸多不适应，主要表现在心理上、生活上、工作上、人际关系上和工作技能上。任何人对环境都有一个适应过程，怎样尽快适应新环境呢？

（一）心理适应

一般新人刚步入职场总是从基层做起。俗话说，“良好的开端是成功的一半”。首先要学会心理适应，学会适应艰苦、紧张而又有节奏的基层生活。职场新人通常缺少基层生活经历，可能不习惯一些制度、做法，这时，千万不要用自己的习惯去改变环境，而是要学会入乡随俗，适应新的环境。在这个阶段，需要培养自己的整体协作意识、独立工作意识和创造意识，同时要克服五种“心理”：对学生角色的依恋心理、观望等待的依赖心理、消极退缩的自卑心理、苦闷压抑的孤独心理和见异思迁的浮躁心理。

一是要有自信。虽然在刚开始的时候可能会做错很多事情，但只要能够汲取教训，在同事前辈们的帮助下，个人的整体协作意识、独立工作意识就会养成。二是做事要有耐性。要充分发挥自己的主观能动性和创造性，凡事要进行具体分析、具体对待，然后脚踏实地地工作。在一个行业准备好从底层做起，不断积累经验，提升能力，就能为今后的职业发展打下一个良好基础，形成一个有延续性的职业发展历程。

（二）生理适应

步入职场，就意味着从一个学生转换成了一个职业人。原来的许多生活习惯都得改变。也许在学校的时候，喜欢睡懒觉，经常上课迟到或者频繁的来些“贵恙”，这也许不会带来什么严重的后果。可是，在工作期间，如果犯些什么懒病、娇病、馋病，每一件都可能带来非常严重的后果。

所以，为了自己的职业前途，职场新人必须从散漫的校园生活向紧张的工作模式转换，调整生活规律。

（三）岗位适应

初出校门的大学生不能适应新环境，大多与其事先对新岗位估计不足、盲目乐观有关。当他们按照这个过高的目标接触现实环境时，许多所谓的“现实所迫”让他们在初入职场时就走了弯路，碰了壁还莫名其妙、不知所措。往往会产生一种失落感，感到处处不如意、事事不顺心。因此，毕业生在踏上工作岗位后，要根据现实环境调整自己的期望值和目标。大学毕业生没有一个清晰的职业角色的意识，并不真正了解自己能做什么，该往哪方面发展，以至于频繁跳槽。而如果新人们可以为自己做一个良好的职业规划，明确自己的职业目标是什么，在职场中该扮演什么角色，该怎样强化自己的职业，并且在这个行业上钻研下去，自然就能得到较好的发展。

（四）知识技能适应

刚出校门的新人可能文凭比单位里一些前辈要过硬，但是经常会出现这样的情况：新工作的学生什么都不会。因为在校时，比较注重理论知识的学习。然而到了职场上，更注重的是动手能力和累积的经验。因此，新人们要投入到再学习中。这个学习是一种见机行事，是适应工作中的知识技能。正所谓，干到老，学到老。竞争在加剧，学习不但是一种心态，更应该是我们的一种生活方式。同事、上级、客户、竞争对手都是老师。谁会学习，谁就会成功。

（五）人际关系适应

很多大学毕业生会有一种孤独感，对企业文化、工作环境没搞懂，没理解透彻，对工作流程、实施细节不够清楚，不够熟悉，会有一种晕头转向找不着北的感觉。实际上影响大学毕业生适应工作的一个很大障碍是人际关系问题，与象牙塔里单纯的人际关系不同，踏入了职场，人际关系也相应复杂了起来。刚走上工作岗位的新人最容易犯的毛病是过于高傲，把姿态放低一点，恰当的礼貌往往会赢得好感。无论对领导还是同事，无论喜欢还是讨厌，都要彬彬有礼。对待年长的同事，如果他没有职务，不妨称呼“××老师”或“××师傅”，因为他们有很多工作经验值得你学习。同时，在单位里，努力工作，适当表现自己，最大限度地得到领导和同事的认可，是必要的。在论功行赏时应展现一个新人的宽广胸怀，赢得职场人缘。任何领导都讨厌自己的下属居功自傲，擅做主张，更没有人能忍受下属对自己指手画脚。进入了社会，不妨把自己的个性磨得圆融一点。

第二节　大学生择业心理误区及对策

大学毕业是大学生人生旅途的一个重要转折点。由于择业问题的复杂性和当前就业竞争的日趋激烈，刚刚走上社会的大学生在面对择业时，不可避免地遇到了各种困难、挫折和冲突，导致了一些心理矛盾和心理问题的产生。全面分析大学生择业过程中出现的心理误区，对其择业心理进行系统分析，引导他们走出择业心理误区，排除心理障碍，培养积极的择业心态，树立正确的择业观，有十分重要的现实意义。

【拓展悦读】

在求职应聘的日子里

小王是某高职院校经济与贸易专业的毕业生，在学校期间曾多次获得奖学金，一直担任校学生会干部，是老师和同学们心目中的佼佼者。大家都认为，对小王来说找个好工作是不成问题的。可是，学校上报就业方案的截止日期一天一天逼近，小王却还在等待。他开始寝食不安，觉得自己在学校没脸见老师、同学，回家无颜见“江东父老”，整天神情恍惚，最后求助于心理医生。在心理医生的耐心开导下，小王道出了心声："其实，说到底是我自己的心理素质有问题，对自己缺乏一个准确的定位，这山望着那山高，箩里挑花，越挑越花。我一直一帆风顺，几乎没怎么遇到过挫折。择业过程中，总是考虑哪一家单位能让我的自身价值得到最充分的肯定和实现，总是担心自己会吃亏，可是时过境迁，我开始怀疑起自己来了。"

从入学开始，小王一直都很优秀，他对自己也充满信心。对于求职择业他从未想过失败。自择业开始，他就为自己未来的工作画了一幅蓝图：北京、上海或深圳，国际、国内有一定影响力的跨国公司，年薪五万元以上，要有个人发展的机会和空间。在学校组织的人才招聘会上就有好几家单位向他抛来了"绣球"，希望能与他进一步接触和交谈。那几天小王可真有些应接不暇，参加过几家单位的面试。第一家单位是北京的某企业，该企业人事处长亲自面试，当场拍板，希望签约并许诺要对小王进行重点培养。但是，小王认为这"馅饼"来得太容易了，何况这是国有企业，不符合自己的要求，第二天就打电话婉言谢绝。第二家单位是深圳的某保险公司，公司待遇不错，但小王认为该公司规模较小，在市场中缺乏竞争力。第三家单位是上海某公司，基本符合小王的条件，可是自己却在第二轮面试时被淘汰。

面对失败，小王有些怅然，等着下次机会的到来，但在等待中他有些按捺不住。论人品、学历、专业、能力，自己都不比别人差，怎么就会找不到理想的工作呢？一下子没有了目标，变得慌乱不已，开始手忙脚乱地乱投简历。之后，他又联系了几家单位，或是嫌公司规模小，或是觉得单位地理位置不理想，或是觉得单位薪水太低，均未能与单位达成协议。

一、大学生择业的心理误区

（一）自负心理

自负就是自以为了不起。持这种心态的毕业生，多为一些自身条件较好、工作能力较强的学生。他们在平时的学习、生活以及工作中得到了多数人的认同，使得他们自我感觉良好，自我估计较高，在求职择业上，好高骛远，期望值过高。主要表现为：职业取向较高，择业挑三拣四，消极等待，自视清高等。究其原因，是他们缺乏客观的自我分析和自我评价。一旦产生这种心理，就很容易脱离实际，使自己的择业目标与现实之间产生极大的反差，从而在择业时缺乏自知之明，而失去良好的就业机会。

（二）自卑心理

自卑的人总觉得自己不如别人，悲观失望、胆小、畏缩、不思进取、没有信心。在择业中，自卑心理的存在使得大学毕业生往往缺乏自信心和勇气，不敢参与竞争。尤其在遭遇挫折打击时，这些大学生很容易产生强烈的己不如人的心理，胆小、畏缩，觉得自己处处不如别人，不敢展示自己的才能。面对择业市场的激烈竞争，对自身能力缺乏了解、缺乏勇气、不敢竞争。他们往往对所选职业拿不定主意，或者在用人单位面前过分谦虚，不敢对能胜任的工作大胆说“行”，总是“试试看”，从而错失择业良机。

（三）从众心理

社会心理学的观点称，个体在社会群体的压力下，会趋向于放弃自己的意见、转变原有的观念，采取与周围多数人一致的行为。这就是我们通常所说的从众心理。

在日常生活中，几乎每个人都有从众心理。比如，我们在早市上买菜，同样都是卖苹果的摊位，一家被围得水泄不通，另一家几乎没有人光顾，我们就偏向于到人多的摊位去买，尽管人满为患也要挤进去。是这家的苹果好吗？并不见得。但为什么有这么多人呢？尽管你理性上分析两家的苹果应该是一样的质量，但是，鉴于大家的选择，你还是会到人多的地方去。试想，如果大家都从众、随大流，还能创业吗？还能成功吗？一个成功的人，绝不是事事从众的人，而是一个“敢为天下先”的人。试想，倘若马克思、恩格斯也从众随大流，他们能够写出伟大的《共产党宣言》吗？如果当年比尔·盖茨也从众随大流，能够把微软推向全球获得今天的成就吗？盲目从众心理使得大学毕业生择业时没有很好地对自己的兴趣、爱好、特长进行分析，没有深入考虑自己是否适合这种工作岗位，是否有利于自己的发展。其结果是盲目从众，随大流找一个单位，到后来要么毁约，要么就业的压力变为从业的压力。

（四）依赖心理

大学生崇尚自我和自我价值的实现，可在择业中又缺乏自主性，存在很强的依赖心理，主要表现在对社会、学校和家庭的依赖。部分大学生的观念仍停留在“统包统分”的就业方式上，不能主动适应市场经济的要求，消极地等待单位选择，等待学校安排，存在等、靠的依赖思想。加上受近年来社会上的不正之风影响，形成了一种奇特的社会景观，相当一部分学生把希望寄托在父母身上，希望通过父母的努力为自己安排一个好单位，仿佛不是毕业生自身求职，而是父母亲属在求职。这种依赖心态所反映的社会问题令人担忧。

（五）急躁心理

大学生择业过程中常常出现忧心忡忡、烦躁不安、恐惧、焦虑、无所适从等心理。在职业未最终确定之前，大学生普遍存在急躁心理，尤其是在看到身边的同学都有了签约单位的时候，更是觉得度日如年，抱怨用人单位优柔寡断。在选择单位上，在对用人单位了解较少的情况下，就匆匆签约，一旦发现未能如愿，又后悔莫及，签约之后选择毁约的大学生也是屡见不鲜。急躁心理的突出表现是那些在规定的期限内仍未落实单位的学生，整日忧心忡忡，一有招聘会的风吹草动，就“趋之若鹜”般地去投放简历。客观地讲，急躁是一种不良的心境，它使人缺乏自我控制的能力，如果以这样心态来对待，往往会导致事与愿违的结果。

（六）求名心理

一些大学毕业生一心留在大城市、沿海发达城市。一味追求“三高”标准，即高起点、高薪水、高职位，为了名和利不惜抛弃自己的专业特长和兴趣。同时从另一方面讲，大城市、沿海发达地区是人才密集、竞争激烈的地方，这难免使得大学毕业生在抛弃自身专业优势和兴趣同时，更容易遭受打击与挫败。

（七）攀比心理

攀比心理通常是以“自我”和“虚荣”为基础的，追求的是“别人有的我要有，别人没有的我也要有”，以显示我和你有“公平”的待遇，甚至我好过你，以此来获得心理满足。有的大学毕业生择业时，缺乏对自我的客观分析，不是从自己的实际情况出发进行择业，而是以周围同学的择业标准来定位自己的就业标准，即使有的单位非常适合自身发展，但因为某个方面比不上同学选择的就业单位，就选择放弃，盲目攀比的结果往往是错过就业的机会。

二、大学生择业心理误区原因分析

（一）职业期望值过高

大学毕业生择业期望值过高，追求自我价值实现的愿望强烈。大学生择业期望值高主要表现在地域的选择上，相当一部分大学生把工作地点选定在大城市，以及东部沿海经济发达地区和中心城市；在行业的选择上，很多学生看中党政机关公务员，收入高且发展前景良好的外资或合资企业；在工作条件选择上，倾向于选择那些条件好、有利于自身发展、能够提供成长需要、工作稳定的行业；工资福利待遇方面，大学毕业生也相当关注，偏向于选择能够提供高工资、高福利待遇的单位，待遇不好的单位则少有问津。

从某种程度上讲，每个人都有追求自我实现的愿望，大学生也不例外，他们希望毕业以后能有一份发展前景好、工资待遇高的工作，也在情理之中。但问题的关键是，他们的选择往往是超越客观现实的，不能给自己一个准确的定位，带有盲目、过高的择业期望。结果在择业中屡战屡败，四处碰壁。

（二）职业选择功利化

在传统的计划经济时代，职业价值观崇尚的是个人为社会、为他人做贡献，把履行社会责任作为评价的尺度。但是实行市场经济以来，随着利益观念影响的日益加强，择业的主导思想及其现实性意义得到不断加强，功利色彩日益浓厚。甚至有些大学生把物质利益作为衡量个人价值的唯一标准。

（三）心理素质较差，抗挫力不足

大学生在大学期间，通过学习科学文化知识，借助各方面的机会锻炼自己的能力，具备了一定的知识素养和实力，在一定程度上能够积极进取，有独立思考的良好习惯，能积极地面对现实。但是，这种学习也只是局限于校园，各种人际间的关系比较单一。同时，局限于大学校园的学习使得大学生缺乏相应的社会阅历，而且他们是初次就业，面对越来越激烈的择业竞争，以及各方面的压力，往往显得应变能力不足，灵活处理问题的能力不足。尤其在择业中遇到困难，遭受挫折的时候，常常会感到忧心忡忡，不知所措，不能静下心来理性地思考，而是显得郁郁寡欢、情绪不够高涨，有时还会表现出自暴自弃行为。

（四）应变能力欠缺

近年来，很多用人单位一致认为大学生社会适应能力较差。在进入工作场所后，工作角色转换慢，动手能力差，协调能力弱，同时还存在“眼高手低”的现象，小事看不上大事干不了。另一方面，社会对他们的看法在一定程度上影响了其就业，造成了一定程度的压力，尤其是一些年龄较小、独立性较差的大学生，心理恐惧迟迟难以消除。

三、大学生择业心理误区的对策

（一）调整心态，积极竞争

【拓展悦读】

两个推销员的故事

两个欧洲人到非洲去推销皮鞋。由于天气炎热，非洲人向来都赤脚，从不穿鞋。第一个推销员去了一看，失望了，说："这些人从来不穿鞋，谁还买我的鞋？"于是，垂头丧气地回去了。另一个推销员去了一看，他高兴了，说："非洲人都赤脚，这个市场可大啦！"于是想方设法搞宣传、做广告，引导人们买鞋，结果成功了，大发其财。

面对同一个问题，有积极心态的人能够看到"不穿鞋子"背后隐藏的商机，拥有消极心态的人只能望洋兴叹。在某种程度上，心态好坏，不仅会造成一个人的成功或者失败，而且会影响到一个人的幸福或苦恼。因此面对竞争激烈的择业环境，调整好心态，积极竞争是调整、完善自我的最佳手段。

（二）认识自我，定位准确

自我的正确探索包括正确认识自己的兴趣、能力、特长、性格等生理、心理因素以及职业岗位与自己的关系，认识到自己具备的优势、劣势和发展潜质，充分做到既不高估自己，也不贬低自己。自我探索包括三个方面：一是认识自己，清楚地了解自己的兴趣、爱好、能力、性格等因素；二是了解职业环境，清楚各种职业所需要的知识，不同职业成功的必要条件，各种职业的利弊、报酬和晋升机会等等；三是职业决策，即根据对自我和职业的权衡做出合理的职业选择。

（三）主动出击，敢于挑战

面对"双向选择，择优录取"的就业原则，大学生作为就业选择的主体，拥有对用人单位、职业岗位的选择权，能够主动根据国家、社会的需要，结合自己的兴趣、爱好以及专业等各方面的因素，做出自己的选择，并可以选择通过适当的方式来展现自己，毛遂自荐。

但与此同时，大学生在面临主动择业的同时，也将面临来自社会各方面日益激烈的就业竞争：大学毕业生之间因倾向于对自身发展有利的工作岗位而展开了激烈的竞争；用人单位之间为招聘到能力强、素质高的人才而相互竞争。

求职就业对每位大学生而言都是一场没有硝烟的战争，每位求职者都不能存有幻想和侥幸心理。对于在校大学生而言，要想在激烈的竞争中取胜，必须在学好专业知识、提升综合能力的同时，强化自己的竞争意识，调整好自己的就业期望值，树立依靠自己的力量战胜困难的信心和决心，通过各种渠道关注就业信息，主动与用人单位联系，勇于毛遂自荐，克服各种不同的不安、焦虑、恐惧心理，抓住机遇，敢于竞争。

（四）正视现实，积极向上

【拓展悦读】

父亲的策略

儿子很不满意自己的工作，他忿忿地对父亲说：“我的上司根本不把我放在眼里，改天我要对他拍桌子，然后辞职不干。”父亲说：“我建议你好好地把你们公司的贸易技巧、商业文书和公司组织完全搞通，甚至连怎样修理影印机的小故障都学会，然后再辞职不干。这样你将公司当作免费学习的地方，什么东西都通了之后，再一走了之，不是既出了气，又有许多收获吗？”

儿子听了父亲的建议。甚至在下班之后，还留在办公室研究商业文书的写作方法。一年之后，父亲问起儿子的工作：“你现在大概多半都学会了，准备拍桌子不干了吧！”

“可我发现这半年来，老板对我刮目相看，最近更是委以重任，如今我已经成为公司的红人了！”儿子自豪地说。

“这是我早就预料到的，”父亲笑着说，“当初，你的老板不重视你，是因为你的能力不足，却又不努力学习，而后来你痛下苦功，当然会对你刮目相看。只知抱怨上司，却不会反省自己，这是人们常犯的错误。”

要进行成功的职业选择，就应该对自身所处的就业环境有一个清楚的认识，并有勇气面对这种现实，采取灵活变通的态度。无论面对怎样的就业形势，都应该有一种乐观自信、积极豁达的心态。在变化莫测的现代社会，既要拥有一颗准备迎接挑战的心，也要坚信“天生我才必有用”的真理，积极豁达地面对各方面的困难。

第三节　做好职业规划

对大学生而言，大学时代是人生的黄金时代，是年轻人形成价值观的重要时期，也是制定有效的职业生涯规划的最佳时期。如果在大学里能够为自己制定一份适当有效的职业生涯规划，就会比别人早走一步，就能距离成功更进一步。所以，进入大学校园后，大学生应对自己的生涯发展做一个有计划的设计。在充分做好大学生活规划的同时，也要为自己做好职业生涯的规划。

一、大学生活规划与职业生涯规划的含义

（一）大学生活规划

大学时代是人生的关键时期，对于每位大学生而言，都有着重大的意义。如何在大学里把自己人生的意义与价值体现出来，为自己的发展做好准备呢？首先要树立自己的理想，确定人生的目标。其次，大学生要有学习的目标。在努力学好专业知识的同时，抓住各方面的机会，锻炼自己的实际操作技能，提升自己各方面的能力。再次，要规划自己的生活，为了自己的理想和学习目标而努力。最后，要对自己的职业生涯进行有效的规划。自己想要什么，怎么样达到理想目标，对以后的职业准备什么，都是需要在大学期间进行规划的。

（二）职业生涯规划

职业生涯规划是指个人结合自身情况、周围的机遇及制约因素，为自己确立职业发展目标、职业发展方向，选择职业发展道路，制订相应的工作、教育、培训、发展计划，为实现自己的职业发展目标而确定行动方案、行动时间和行动路线。

大学生的职业生涯规划是指大学生在大学生活期间通过对自身的了解，结合外部环境的变化，对各方面因素进行客观的分析和评估，对自己进行定位，确定奋斗目标，认准方向，选择自己的发展道路，编制出相应的工作、教育、培训的行动计划，并对每一步的时间、顺序和方向做出合理的安排和计划。

二、大学生职业生涯规划的原则

（一）可行性原则

无论什么样的规划，都应该建立在切实可行的基础之上，离开了客观具体的

规划，如同空中楼阁，只能是幻想和空谈。最终自己不但会受挫，还会耽误了宝贵的时间。

（二）适应性原则

职业生涯规划是对未来职业的设定，在一定程度上是理想目标的设立。因此，在具体执行实施的时候会受到各方面因素的制约和影响所以我们在制定规划时，一定要使规划具有弹性，相对灵活，以增加其适应性。

（三）适时性原则

规划是对将来的预期，因而各项计划的展开都应该有具体的时间顺序，以符合其发展的过程。

（四）持续性原则

生涯规划是一个长期的过程，贯穿于人生发展的每一个阶段，因而在具体设定时，应该确保每个环节能够有效地连接。

三、大学生职业生涯规划的步骤

（一）自我评估

自我的评估就是要充分认识自我、了解自我。只有对自己有了充分的认识和了解，才能够对自己的职业生涯做出正确的规划与选择，从而制定出适合自己的职业生涯发展的蓝图。对自我的评估可以包括很多方面，如对自己的兴趣、爱好、性格、知识水平、能力、道德观念的评估。

1. 兴趣。兴趣是指一个人渴望认识、掌握某种事物、活动，并经常接触、参与此事物与活动的心理倾向。一个人如果对某种职业有兴趣，就会对该种职业活动具有积极的、肯定的态度，表现出对此种职业的偏好。因而，兴趣是影响大学生进行职业生涯规划及择业的重要因素之一。

2. 气质。气质是指一个人心理活动的动力特点，即心理活动的强度、速度、稳定性、灵活性、指向性等特点。

按照古希腊的著名医生希波克利特的分类方法，气质可以分为多血质、胆汁质、黏液质和抑郁质。气质本身没有好坏、善恶之分，每一种气质都有积极和消极两方面的作用。同时人的气质是具有一定的可塑性的，它可以在社会生活和教育条件下发展和改造。气质的各种特性可以起到互相弥补的作用。了解职业对气质的要求，了解自己的气质类型，有利于发挥自己的长处，提高自身适应职业的能力。

3. 性格。性格是一个人对现实的稳定的态度，以及与这种态度相应的，习惯化了的行为方式中表现出来的人格特征。了解自己的性格特征，对大学生选择职业、适应职业具有重要的意义。

大学生在择业时首先要考虑性格的职业品质，尽量选择适合自己的工作。同时，一定的职业又会因为某些原因，使得同一工作环境下的人在性格上又有着某些共同的特性。这种特性是工作本身需要的结果，同时也是工作对个体性格的塑造结果。

（二）环境评估

环境的评估主要是关注各种客观环境因素对自身制定职业生涯规划的影响，包括社会因素、家庭因素、学校因素、职业因素等。我们每个人都生活在环境之中，因此我们在制定职业生涯规划的时候，就要充分考虑到环境因素对个人的影响，分析环境的特点、变化情况，环境与自身的关系等。在现实生活中，要趋利避害，使自己的职业生涯规划更具有实际操作的可能性。

（三）确立理想、目标

人生离开了目标与理想，就像漂浮在大海上的无舵的小船，没有了航向。确立目标，是人生职业生涯规划的关键。一旦理想与目标确立，应该根据社会发展的变化，以一种发展的眼光来指导自己的职业生涯规划，进而指导自己的就业选择。

（四）根据职业生涯目标，选择职业生涯的路线

职业目标的设立，就是从社会的需要出发，在充分考虑自身实际情况的前提下，扬长避短，努力实现人尽其才，才尽其用。

目标不单单是为了设立而设立的，只有找出实现目标的路径，才能把理想的目标转化成现实。大学生在选择职业生涯路线时，要充分考虑到自己的兴趣、爱好，把握自己能力的大小，来满足社会的需要。只有保证做到这几点，才能够追求利益的最大化，更有利于自身的深层次发展。

（五）采取行动，并定期为职业生涯规划进行评估、调整

有了目标与路线，最关键的就是行动。制订出实施的计划，并尽力按照计划行事。但是，当情况出现变化时，要根据变化适时调整自己的计划，因为职业生涯规划需要我们时时刻刻考虑各方面环境的变化，随着变化对自己的职业生涯规

划做出适时评估，并不断调整步伐。

【自我探索】

测试一 社会适应能力量表

指导语：社会适应能力指的是一个人在心理上适应社会生活和社会环境的能力。社会适应能力的高低，从某种意义上说，表明一个人的成熟程度。下面的问题能帮助你进行社会适应能力的自我判别。请认真阅读，并按你的实际情况，从三个备选答案中选出一个来。

表9-1

题号	题目	是	无法确定	不是
1	我每到一个新环境总要经过很长一段时间才能适应。			
2	每到一个新地方，我很容易同别人接近。			
3	在陌生人面前，我常无话可说，甚至感到尴尬。			
4	我最喜欢学习新知识或新学科，它给我一种新鲜感，能调动我的积极性。			
5	每到一个新地方，我第一天总是睡不好，就是在家里，只要换一张床，也会失眠。			
6	不管生活条件有多大变化，我也能很快习惯。			
7	越是人多的地方，我越感到紧张。			
8	我的考试成绩多半不会比平时练习差。			
9	我最怕在班上发言，全班同学都看着我，心都快跳出来了。			
10	即使有的同学对我有看法，我仍能同他（她）交往。			
11	老师在场的时候，我做事情总有些不自在。			
12	和同学、家人相处，我很少固执己见，乐于采纳别人的看法。			
13	同别人争论时，我常常感到语塞，事后才想起该怎样反驳对方，可惜已经太迟了。			
14	我对生活条件要求不高，即使生活条件艰苦，我也能过得很愉快。			

（续表）

题号	题目	是	无法确定	不是
15	有时自己明明把课文背得滚瓜烂熟，可在课堂上背的时候，还是会出差错。			
16	在决定胜负成败的关键时刻，我虽然很紧张，但总能使自己镇定下来。			
17	我不喜欢的东西，不管怎么学也学不会。			
18	在嘈杂混乱的环境里，我仍能集中精力学习，并且效率较高。			
19	我不喜欢陌生人来家里做客，每逢这种情况，我就有意回避。			
20	我很喜欢参加社交活动，我感到这是交朋友的好机会。			

评分方法：

① 凡是奇数号题（1、3、5……），选“是”为-2分，选“无法肯定”为0分，选“不是”为2分。

② 凡是偶数号题（2、4、6……），选“是”为2分，选“无法肯定”为0分，选“不是”为-2分。

将各题得分相加，即为总分。

结果解析：

35—40分：社会适应能力很强。能很快地适应新的学习、生活环境，与人交往轻松、大方，给人的印象极好，无论进入什么样的环境，都能应付自如，左右逢源。

29—34分：社会适应能力良好。

17—28分：社会适应能力一般。当进入一个新环境，经过一段时间的努力，基本上能适应。

6—16分：社会适应能力较差。依赖于较好的学习、生活环境，一旦遇到困难则易怨天尤人，甚至消沉。

5分以下：社会适应能力很差。在各种新环境中，即使经过一段相当长时间的努力，也不一定能够适应，常常困惑，因与周围事物格格不入而十分苦恼。在与他人的交往中，总是显得拘谨、羞怯、手足无措。

如果你在这个测试中得分较高，说明你的社会适应能力较强。但是，如果你得分较低，也不必忧心忡忡，因为一个人的社会适应能力是随着年龄的增长、知识经验的丰富而不断增强的。只要你充满信心，把握心理适应的策略，刻苦学习、虚心求教、加强锻炼，你的社会适应能力会大大增强，一定能走出困境，实现更好的发展。

测试二　职业兴趣自测

指导语：下面每一道题都给出一种活动或一种技能或一种职业，请你根据自己的实际情况从“A很不喜欢”“B不太喜欢”“C不确定”“D比较喜欢”“E很喜欢”五种答案中选择一个最合适的。

表9-2

测试题	A	B	C	D	E
1. 策划企业活动					
2. 参加联谊活动					
3. 领导促销活动					
4. 调解邻里纠纷					
5. 销售经理					
6. 为公益事业做义务宣传					
7. 企业经营顾问					
8. 当教师					
9. 投资商					
10. 做职业咨询顾问					
11. 市场行情策划					
12. 安慰别人					
13. 演奏乐器					

（续表）

测试题	A	B	C	D	E
14. 了解鸟类迁徙规律					
15. 设计服装					
16. 研究天空的星系					
17. 创作诗歌					
18. 植物专家					
19. 作家					
20. 地理专家					
21. 画家					
22. 探讨骨髓的功能					
23. 歌唱与表演					
24. 探讨人类的起源					

分数计算：

表9–3

	经营取向						社交取向					
题目	1	3	5	7	9	11	2	4	6	8	10	12
A	1	1	1	1	1	1	1	1	1	1	1	1
B	2	2	2	2	2	2	2	2	2	2	2	2
C	3	3	3	3	3	3	3	3	3	3	3	3
D	4	4	4	4	4	4	4	4	4	4	4	4
E	5	5	5	5	5	5	5	5	5	5	5	5
累计得分												

表9–4

	艺术取向						研究取向					
题目	13	15	17	19	21	23	14	16	18	20	22	24
A	1	1	1	1	1	1	1	1	1	1	1	1
B	2	2	2	2	2	2	2	2	2	2	2	2
C	3	3	3	3	3	3	3	3	3	3	3	3
D	4	4	4	4	4	4	4	4	4	4	4	4
E	5	5	5	5	5	5	5	5	5	5	5	5
累计得分												

解析：以上问题测试了经营取向、社交取向、艺术取向和研究取向4种类型的职业兴趣。分数越高，表明你越喜欢该类型的工作。

经营取向型：6—12分为低分，13—24分为中等，25—30分为高分。喜欢诸如推销、服务管理类型的工作。

社会取向型：6—12分为低分，13—24分为中等，25—30分为高分。喜欢社会交往性工作，如教师、咨询顾问、护士等。

艺术取向型：6—12分为低分，13—24分为中等，25—30分为高分。

研究取向型：6—12分为低分，13—24分为中等，25—30分为高分。

【训练与体验】

训练一 规划我的大学生活

目的：通过活动找到生活和学习目标，制订合理的学习生活计划。

过程：

1. 写出你的一天生活时间安排，自我分析自己的时间利用情况。

2. 结合职业和专业制定四年的总目标（即毕业时所要达到的目标）。

3. 根据总体目标，制定分目标（即大学四年每个时期应达到的目标），然后做出具体的行动计划。

4. 在确定目标的基础上，把握以下原则制定时间分配计划。

① 把握重要性和紧急性的关系，把时间用在重要的事情上。紧急又重要的

事情抓紧做，如学期考试、英语计算机过级考试、职业资格证书等；虽然紧急但并不重要的事情少做，如老乡聚会等；既不紧急，也不重要的事情坚决不做，如看电视、网络游戏等；虽然不紧急，但很重要的事情坚持做，如体育锻炼、知识的积累、外语水平和社交能力的提升等。

② 坚持统筹原则。一是统筹学习和社会活动（实践）的时间；二是统筹各门课程所占用的时间。难学的课程多用时间，保证“过关”。要为外语列出常规、雷打不动的时间，比如每天1小时的朗读或阅读；三是集中自己零散的时间，做一些生活中的必须之事。合理利用时间还包括路线设计的合理，不走冤枉路等。

③ 理出两个清单。一是把每天要做的事情以及所要花费的时间列出清单，事情分类，时间准确，形成规律；二是把物品存放列出清单，便于寻找。这样既能充分利用有效时间，又能减少非学习所占用的时间。

训练二　行业专家访谈

目的：深入了解特定职业的从业需求、特征等信息，从感性角度加强对不同职业的认识。

形式：按序号分组，每组5—10人。

过程：

1. 教师提前一个星期告知学生活动规则，要求学生在课后自行分组，完成采访任务。

2. 选定你们小组成员共同感兴趣的职业，预约一位在这个领域工作至少5年的人，收集你感兴趣的信息，整理好之后，每一个小组派一名代表向全班同学介绍自己所在小组的访谈过程和收获，与大家分享。

【阅读与欣赏】

欲生存，先了解

著名美籍华裔作家王鼎钧先生，在非常年轻时就进入了职场。不过，由于当时年纪小，涉世未深，他对所经历的一切都懵懂无知。直到有一天，上司给他上了一课，才在刹那间开启了他的心智，让他迅速成长起来。

“上课”的经历是这样的：上司派王鼎钧跟一位来访的客人交谈。客人走后，王鼎钧就去汇报谈话的大意。

上司漫不经心地听着汇报，突然向王鼎钧提了一连串问题，把王鼎钧搞得措手不及。

上司问："依你的判断，这位客人的知识水准如何？"王鼎钧哑然，他完全没有想过这个问题。上司又问："他的人格修养呢？"王鼎钧摇头。"他的经济状况呢？"王鼎钧继续摇头。"他是一个有自信心的人吗？"王鼎钧还是摇头。

从来没有想过与客人交谈还要考虑这些问题，王鼎钧甚至感到有些委屈。

不过，上司没有罢休，连珠炮似的问题从他嘴里又蹦了出来："他为什么要来见我？他的目的何在？我是说，除了他已经说明的来意之外，还有没有保留？他临走时有没有露出失望的神色？"同样的，这些问题，王鼎钧自然也不知道。

看到王鼎钧非常窘迫的样子，上司把语速放慢，和颜悦色地对他说："这些问题，你都必须知道。你要赶快从无知变为有知。因为你在社会上和各种各样的人产生联系，你必须设法了解你的同类，才能了解怎样生活。"

觉察出王鼎钧露出为难的神色，上司严肃地对他说："难道你将来想做隐士吗？那你得了解山中的草木鸟兽。与了解同类相比，了解异类更难。"

王鼎钧没有说话，但内心已悄悄认同了所说的话。

经过职场第一课后，王鼎钧开始有意识地跟上司学习，看他如何观察别人，如何与别人交谈和交往。不久，他就有了很大的进步，成为公司办事高效的人，得到了大家的一致认可。而且，上司教给他的对人和物的观察能力，还为他以后的写作打下了坚实的基础。

【电影赏析】

《穿普拉达的女王》

影片简介：安迪亚是个大学刚毕业、缺乏时尚触觉的朴素丫头，她设计了自己的职业规划：在《T型台》积累工作经验，借此获得去任何一家报社或杂志社的通行证。初出茅庐的安迪亚幸运地得到了一份"成千上万女孩为之疯狂的职位"的面试通告，衣着朴素地奔赴《天桥》时尚杂志的总部。杂志主编米兰达，一个让人时刻不能松懈的女人，不仅能够控制这个世界上流行的时尚，也能让整个《天桥》杂志上上下下高度紧张，钦点了安迪亚作为自己的第二女助理，安迪亚面试成功，从此开始了让她抓狂的"保姆"生涯。

按照工作需要，安迪亚需要负责米兰达的部分日程安排、衣物的搜集、咖啡、牛排还有她的两个双胞胎女儿的衣食住行。在经历了慌乱、压抑、抱怨、反省和改正这几个阶段以后，安迪亚成功地被米兰达定为第一女助理，并带她参加了巴黎最时尚前沿的年度盛会。

安迪亚得到了非比寻常的赏识，却发现自己越来越远离最初的生活和自己心中最真实的愿望——到报社工作，去报道新闻，去揭示事实的真相。当她和米兰达交流工作、生活的时候，她才真正意识到自己究竟想要什么。于是，她毅然离开了已经打开一片天地的《天桥》杂志社，离开了五光十色的时尚圈，去一家报社寻找自己喜欢的梦想。让人欣慰的是，米兰达亲自致电那家报社为安迪亚作了“新职业推荐”，于是，安迪亚如愿以偿，重新做回了自我，有了属于自己一片天空。

心灵分享：安迪亚，那个对一切都毫无知觉的女孩子，就是你——刚刚从大学中毕业，怀着校园的那种激情，来到一个完全陌生的世界，我们要做的，就是迅速把原来的自己转换到现在的角色当中去。

到了新的工作环境，我们应该知道谁是老板，谁能够决定自己的去留，自己直接对谁负责，要做的就是首先完成谁的各种要求。

我们总是抱怨领导对自己不重视的时候，应该知道，那是因为自己还不够优秀，没有达到足够吸引他注意力的程度。

如果你投入工作太深，有可能因此影响你的家庭、感情，所以如果家人、爱人能够理解你，你应该心怀感恩，如果他们不能理解你，请你不要怨恨他们。

如果你抓住了一份好的工作，那么不要轻易放弃，对你自己负责，也对工作负责。

第十章　乐活人生

为生命画一片树叶

美国作家欧·亨利在他的小说《最后一片叶子》里讲了一个故事：病房里，一个生命垂危的病人从房间里看见窗外的一棵树，树叶在秋风中一片片地掉落下来。病人望着眼前的萧萧落叶，身体也随之每况愈下，一天不如一天。她说：“当树叶全部掉光时，我也就要死了。”一位老画家得知后，用彩笔画了一片翠绿的树叶挂在树枝上。

最后一片叶子始终没掉下来。只因为生命中的这片绿叶，病人竟奇迹般地活了下来。

这则故事告诉我们，人生可以没有很多东西，却唯独不能没有希望。希望是人类生活的一项重要价值。只要心存希望，总有奇迹发生，希望虽然渺茫，但它永存人世。有希望之处，生命就生生不息！

人生是个有始有终的过程。每个人无法决定生命的长度，但我们可以掌握自己生命的宽度，即实现生命的意义，活出精彩，体现价值。生命总会面临无尽的挑战，唯有探索生命的意义，培养尊重生命的态度，热爱生活，积极乐观，你才能拥有有意义的人生。

第一节　追寻生命的意义

“生命”是个很直观而又很神圣的字眼。生命从何而来？生命的意义何在？这是千百年来人类苦苦探寻和孜孜以求的问题。每个人都有自己的看法和独特的见解，那么，你是如何看待生命意义的？你想活出一个什么样的人生呢？

一、生命的存在形态

人的生命存在形态有生物性、精神性和社会性三种。

（一）生物性的存在

人是生物性的存在，生物性是人的生命的最基本特征，是人的生命的社会性、精神性存在的基础和前提。人的生命作为一个自然生理属性的肉体而存在，生长和发展必然要服从生物界的法则和规律。所以，衣食住行、吃喝拉撒、生老病死是每一个人都必须具有的和经历的，也是每一个人都无法逃避的。

（二）精神性的存在

人之所以为人，就在于人不仅为了满足自己的自然生命而活着，还要追求超越生物性的精神性存在。人要规划自己的人生，创造自己的价值，指导和提升生物性的存在。正是有了生命的精神性的存在，才使人的生命有了人文意义和价值，有了理性的意蕴和道德的升华。

（三）社会性的存在

每个人想要生存下去，就必须参与和融入社会活动中，在与人的沟通、交往和互动中保存自己的生命，追求自己生命的意义，实现自己生命的价值。正是这种社会性存在，使人面对千差万别、千变万化的社会生活，能够有一种生命的智慧和坚定的信念；使人面对有生有死、有爱有恨、有聚有散、有得有失的有限人生和无奈命运时，能够有一种豁达的胸怀和安然的态度。

二、生命的特征

（一）生命的有限性

人的生命有限性表现在三个方面。第一，生命存在时间的有限，人的自然寿命一般七八十岁，最多百十来岁；第二，生命的无常性，表现在生老病死、旦夕祸福等不可预测，任何人都逃脱不了，任何人必然走向死亡；第三，个体生命的存在不能离群索居，不食人间烟火，每个人都需要别人的帮助、支持和关怀。正是生命的有限性才促使人去努力思考、发奋创造、积极生活去实现自己生命的意义。

（二）生命的双重性

在人的生命体中存在着两种生命，一是人作为肉体的存在物，是自然界的一部分，受自然规律决定和制约，具有自然性；二是人作为精神的存在要受到道德规律的决定和支配。每个时代、每个人都必须面对这种矛盾，人的这种双重、矛盾性及其之间的作用是人的生命存在的最根本动力。人就是在生命的双重性中寻求生命的意义，实现生命的价值。

（三）生命的创造性

人的生命本身就是一个不断成长、发展、生生不息的过程。生命就是运动，不间断的运动。但生命比单纯的持续运动更为丰富。生命乃是在此基础上不断产生新内容的创造性运动，生命的基本特点就是创造性。人通过创造去把握生活的变化，发现生命的意义，实现对自己生命的认识、把握和超越。每个人的生命过程都是不同的，独特的。

（四）生命的完整性

马克思说过，人以一种全面的方式，也就是说，作为完整的人，把自己的全面本质据为己有。德国哲学家亚斯贝尔斯也非常强调人的生命的完整性，他认为人的生命虽然有年龄、自我实现、生命可能性等不同形式，但是，人的生命的完整性确是一个毋庸置疑的事实。将人的存在形态分为三种，是为了更深入地认识、了解、领悟和研究生命。

三、生命意义

关于生命意义，阿德勒认为，人的生命意义在于对世界（强调于“我”之外）的协作与贡献，且在此意义的驱动作用下，一般的人会通过发挥合作能力、独立自主地去克服困境，同时也在此期间不断发展自己，最终实现该意义；一般的人，是有社会化感受的人，他们会通过自我调节/自我训练去强化这种社会化感受，进而发展自我，完成对社会的奉献。

爱因斯坦在回答“人类生命的意义是什么，或者，对于任何生物来说，生命的意义是什么”时写道：“把自己的生命和其他生物视为无意义的人，不仅不快乐，而且不适合生命。”

对于一个做了母亲的女人说，生命的意义是看到自己的孩子健康快乐地成长，然后事业有成。患了重病的病人说，生命的意义在于自己还活着，活着便是一种幸福。助人为乐的人说，能帮助更多的有困难的人才能感受到生命是有意义的。

【拓展悦读】

《活出生命的意义》核心理念

人们寻找生命的意义，这也是人们一生中被赋予的最艰巨的使命。一些不可控的力量可能会拿走你很多东西，但它唯一无法剥夺的是你选择如何应对不同处境的自由。你无法控制生命中会发生什么，但你可以控制面对这些事情时自己的情绪与行动。人的内在力量是可以改变其外在命运的。

（一）生命意义的作用

1. 体会生活的意义。一个人如果能够理解并承担生活中的责任，才会感到满足和充实，真正体会到生活的乐趣和意义。

2. 确立生活的目标。对生命意义的探求使人在不同的人生阶段确立自己的生活目标，并在实现目标的过程中感受到活得充实，活得丰富，活得精彩。

3. 加强自我坚韧性，即加强对压力的承受力和对挫折的耐受力。其关键在于当个人追求生活目标遇到障碍时，应该坚定沉着，不轻言放弃，要不断尝试着去解决问题，只有这样才不会在压力和挫折面前产生无力感。弗兰克曾经谈道：“今天，如此多的人对生活抱怨，因为他们不知道，也感受不到生命的意义究竟是什么，他们缺乏对活着的价值理解。他们被自己的内在空虚感所缠绕，或者说被自己的生存空虚感所缠绕。”

（二）生命意义对心理健康的影响

生命意义和心理健康的关系是交互作用的。心理健康一定程度上依赖于人们怎样看待生命；相反，对于生命意义的认识也受心理健康的影响。

1. 生命意义的心理学研究。关于生命意义的研究，最有影响力的是弗兰克提出的理论，他认为在生活的压力之下，人们之所以会产生各种心理问题，是因为他们没有找到生命的意义。心理学研究证明：

（1）生命意义对心理健康有积极影响；

（2）缺乏对生命意义的理解与心理问题呈正相关；

（3）对生命意义的探索和情绪健康有正相关；

（4）对生命意义的认识能够减缓消极生活事件对抑郁的影响。

2. 缺乏生命意义的后果。近年来，西方一些学者提出，个人对生命意义和生活目标的认识对心理健康的影响非常大。一个人在生活中如果没有找到自己生命的意义，会产生如下严重的后果：

（1）当人们在探索生命意义的过程中遭受挫折时，就可能被生存的空虚感所笼罩，转而会寻求享乐和金钱作为补偿；

（2）生存意义的挫折感和价值观的矛盾会导致心理疾病；

（3）缺乏对生命意义的认识是人选择自杀的主要原因。

研究发现，自杀的人缺乏对生命的重要信仰和价值的认识，当遇到较大的压力时，往往会放弃解决问题的努力和尝试，而选择轻生。弗兰克曾提出过“星期天精神病”的概念，他说很多人在忙碌了一周以后突然间变得无所事事，于是感到内心的惆怅和空虚。许多人自杀是因为生存的空虚感造成的，许多人的抑郁情绪、攻击性和沉溺于药物等也是由于在他们心灵深处的空虚感造成的。很显然，人们需要意义和精神，绝不仅仅在严重压力之下，也在他们的日常生活中。

四、正确看待死亡

孔子说：“不知生，焉知死？”但现在有许多人提出“不知死，焉知生”的质疑，因为人都是向死而生的。死亡是自然界的普遍规律，是任何人都无法避免的。从生物学上讲，死亡是生命的终结，从精神生命上来讲却是一种延续。

死亡不是个人的事，因为死亡不等于结束，死亡会造成很大的社会影响，如在亲友中唤起最强烈的情感，在世界留下很多未完成的事等等。所以，人既要有生的价值，也要对死负责，不能任性妄为，否则就会给生者留下无限痛苦。司马迁说过：“人固有一死，或重于泰山，或轻于鸿毛。”

五、大学生对生命过程和死亡的体验

国内学者林锦绣（2011）研究发现，大学生对生命过程的体验可以分为三大类。一是积极的体验，这类体验自觉生命中更多地充满了喜悦、欢笑、幸福、亲情与温暖；二是消极的体验，这类体验更多看到生命充满了悲伤、迷茫、失落和无奈，认为生命是一种负担；三是理性的思考，既看到生命中积极的一面，又看到了生命中消极的一面。

人对死亡的体验可分成四大类：一是恐惧。二是悲伤。三是接受，接受又分为两种：趋近接受和逃避接受。趋近接受把死亡体验视为一种新生活的开始，死亡可以使自己进入到另一个完美的世界；逃避接受是把死亡体验成一种解脱，是离开这个世界不再受苦。四是理性，是由死亡引发了对生命的思索，不仅体验到死亡的恐惧与悲伤，更认识到生命的脆弱与宝贵。

大学生对死亡是低恐惧的，大学生觉得自己还很年轻，死亡是他人的事，自已离得还很远。大学生能理性地思考与感悟死亡问题，既认可生命的宝贵，又忧其脆弱。但他们对死亡的体验是比较悲伤的，不愿意接受死亡。男女生在死亡的体验上有所区别，男大学生对死亡的趋近接受程度显著高于女大学生，这也许是在现实社会中男大学生要比女大学生承受更大的生存压力，他们生活的幸福感受低于女大学生的原因。

第二节　大学生心理危机及干预

心理危机是指由于突然遭受严重灾难、重大生活事件或精神压力，使生活状况发生明显的变化，尤其是出现了用现有的生活条件和经验难以克服的困难，以致当事者陷于痛苦、不安的状态，常伴有绝望、麻木不仁、焦虑、以及自主神经系统症状和行为障碍。

一、心理危机的分类

（一）根据危机刺激源分类

1. 发展性危机。发展性危机，又称为内源性危机、内部危机、常规性危机，指正常成长和发展过程中的急剧变化或转变所导致的异常反应。心理学家埃利克森认为，人生是由一系列连续的发展阶段组成的，每个阶段都有其特定的身心发展课题。当一个人从某一发展阶段转入下一个发展阶段时，他原有的行为和能力不足以完成新课题，新的行为和能力尚未建立起来，发展阶段的转变常常会使他处于行为和情绪的混乱无序状态。例如，儿童与父母的分离焦虑；身心发育急剧变化的青少年的情感困惑；青年期的职业选择和经济拮据，对婚姻生活缺乏足够心理准备和处理夫妻角色能力的新婚夫妇，缺乏足够育儿本领的父母面对第一个孩子的诞生；中年职业压力、下岗失业、婚姻危机、子女离家、父母死亡；习惯于忙碌的退休老人衰老、配偶离去、疾病缠身等。如果没有及时为承担新角色培养新的能力和应对方式，每个人都有可能产生发展性危机。如果一个人没有及时、建设性地解决某一阶段的发展性危机，他未来的成长和发展就会受阻碍，他就会固守在那一阶段。

发展性危机被认为是常规发生的、可以预期的，又是独特的，在生命发展的各个时期都可能存在。如果个体有足够的时间和机会对发展性转变做出适应性的调整，如获得有关信息、学习新技能、承担新角色，就会减轻危机对个体心理上的冲击和损害。但是，如果个体缺乏处理危机的经验、对挫折的耐受能力差、缺乏自信、不会与人相处等，发展性危机对他的冲击就会很严重。

2. 境遇性危机。境遇性危机，也称为外源性危机、环境性危机或适应性危机，是指由外部事件引起的心理危机，当出现罕见或超常事件，且个体无法预测和控制时出现的危机。例如，地震、火灾、洪水、海啸、龙卷风、疾病流行、空难、战争、恐怖事件等。境遇性危机具有随机性、突然性、意外性、震撼性、强烈性和灾难性，往往对个体或群体的心理造成巨大影响，如2008年5月发生在我国四川的“5・12”汶川大地震给民众造成的心理危机就是境遇性危机，这种危机发生突然，影响面广、程度深、时间长，需要及时进行有效干预。

境遇性危机，具有以下共同的特点：当事者有异乎寻常的内心体验（情绪），伴有行为和生活习惯的改变，但无明确的精神症状，不构成精神疾病；有确切的生活事件作为诱因；面对新的难题和困境，当事者过去的举措无效；持续时间短，几天或几个月，一般是4—6周。

3. 存在性危机。指伴随重要的人生问题，如关于人生目的、责任、独立性、自由和承诺等出现的内部冲突和焦虑。存在性危机可以是基于现实的，也可以是基于想象的，还可以是一种压倒性的持续的空虚感、生活无意义感。例如，一个40岁的人从未做过有意义的事，没有任何成就，没有产生过任何影响；一个50岁的人，一直独身并与父母生活在一起，从未有过独立的生活；一个60岁的退休者觉得自己的生活毫无意义，这种空虚的感觉永远无法以有意义的东西来弥补。

（二）根据危机发生的早晚分类

1. 急性危机。由突发事件引起，当事者产生明显的生理、心理和行为的紊乱，若不及时干预会影响当事者或他人的身心健康，甚至会出现伤害他人或自伤行为，需要进行直接和及时的干预。

2. 慢性危机。由长期、慢性的生活事件导致，如有这样一个抑郁症患者，4岁时哥哥自杀死亡，家庭气氛异常的紧张、严肃。“家”失去了往日的欢乐和对患者的关爱。患者自己讲，当时家里没有一句多余的话，如果谁在无意中提到这件事或这个人，都要遭到严厉呵斥。原来慈爱的父亲变得性格暴躁，原本性格内向的母亲变得更加不爱讲话，家里气氛非常沉闷。患者非常聪明、敏感，回忆当时的情况时，感到异常的痛苦，20多年过去了，当年的情景和内心的体验仍非常深刻，记忆犹新。父母沉浸在失去儿子的痛苦之中，完全没有意识到自己还有更重要的责任——抚养其他未成年的孩子并减少对他们的负性影响。慢性危机需要比较长时间的咨询，并需要找出适当的应对机制，一般需要转诊给专业的心理咨询工作者。

3. 混合性危机。混合性危机是由多种因素混合导致的多种危机共存。例如，一位创伤幸存者存在酒精依赖问题，失业人员的抑郁情绪问题，婚外恋的经济、家庭暴力问题等。因此处理危机时一定要分清主次。

大学生由于处于特殊阶段，常见的心理危机包括：成长性危机、人际关系危机、学业压力危机、恋爱情感危机、就业危机等。

二、心理危机的特征

现实生活中的危机涉及面很广泛，既有不同群体的多种危机，也有同一群体不同时期的不同危机。不同的心理学家对危机具有什么特征持不同的观点，归纳起来，主要有以下特征。

（一）普遍性

心理危机的产生、发展及激化有着复杂而微妙的心理过程。几乎每个人都不同程度地经历过心理危机，没有人能够幸免，但心理危机并非必然导致极端行为。只要我们把握机会、设定目标、形成计划、妥善处理，是可以顺利渡过危机的。

（二）机遇性

危机既意味着风险，又蕴藏着机遇。一方面危机是危险的，因为它可能导致个体严重的病态，包括对他人和自我的攻击；另一方面危机也是一种机会，因为它带来的痛苦会驱动当事者寻求帮助，解决问题，从而使自己得到成长。在危机状态下，如果个体成功地把握了危机或及时得到了适当、有效的心理危机干预或帮助，就学会了新的应对技能，不但重新得到了心理平衡，还获得了心理上的进一步成熟和发展。危机的成功解决能使个体从危机中得到对现状的真实把握、对过去冲突的重新认识，以及学到更好地处理危机的应对策略和手段，这就是机会。没有危机，就没有成长，如果当事者能够有效地利用这一机会，就会在危机中逐步成长并达到自我完善。

（三）复杂性

心理危机是复杂的，可以是生物性、环境性和社会性危机，也可以是情境性、过渡性和社会文化结构性危机。而造成危机的原因可能是生理的，也可能是心理的和社会性的。另外，由于个性不同，个体面临危机也会采取不同的反应形式。例如，有的当事者能够自己有效地应对危机，并从中获得经验，使自己变得成熟；有的当事者虽然能够渡过危机，但并没有真正地解决问题，在以后的生活中，危机的不良后果还会不时地表现出来；而有的当事者在危机开始时心理就崩溃了，如果不提供及时、有效的帮助，就可能产生有害的、难以预料的后果。

（四）动力性

伴随着危机，焦虑和冲突总是存在的，这种情绪导致的紧张为变化提供了动力。也有人把危机看作成长的机会和催化剂，它可以打破个体原有的思维定势或习惯，唤起新的反应，寻求新的解决问题的方法，增强挫折的耐受性，提高适应环境的能力。个体在成长的同时，也意味着带动一个可能受挫的机制，如能及时调整，适应变化，则能形成动力，促进心理健康的发展。

（五）困难性

当个体处于危机中时，可供利用的心理能量降到最低点，有些深陷危机的个体拒绝成长，危机干预者需要帮助个体重建新的平衡。另外，还有些危机愈后容易反复，治疗起来有一定困难。

三、心理危机应对方式

当发生危机事件时，个体的应对方式有以下三种。

（一）有效应对，获得成长

当发生危机事件时，有些个体能够迅速做出恰当的反应，为保证自己的生活而有效地应对出现的危机，获得经验，使自我得到成长。

（二）渡过危机，压抑感受

这类人也能渡过危机，但处理的方法是试图通过不闻不问的方式掩盖危机事件的存在，把危机事件有意无意地压抑到无意识中。

（三）无能为力，被危机击垮

在面对危机事件时，当事人无能为力，被危机击垮，此时需要有效的心理援助，否则会给当事人留下心理阴影。

四、心理危机的发展过程

（一）心理危机发展过程

心理学研究发现，人们对危机的心理反应通常经历四个不同的阶段，个别当事者会出现后危机期。

1. 冲击期。在危机事件发生后不久或当时，感到震惊、恐慌、不知所措。

2. 防御期。表现为想恢复心理上的平衡，控制焦虑和情绪紊乱，恢复受到损害的认识功能，但不知如何做，会出现否认、合理化等。

3. 解决期。积极采取各种方法接受现实，寻求各种资源努力设法解决问题。焦虑减轻，自信增加，社会功能恢复。

4. 成长期。经历了心理危机变得更成熟，获得应对危机的技巧。

5. 后危机期。有的当事者因消极应对而出现种种心理不健康的行为，未能有效地解决问题，很容易产生“习得性无助”，失去信心和希望，甚至对自己整个生命的意义产生怀疑。很多人正是在这个阶段应用了不恰当的心理防御机制，使得问题长期存在、悬而未决，当事者可能会出现明显的人格障碍、行为退缩、精神疾病等。有的甚至企图自杀，希望以死摆脱困境和痛苦。强大的心理压力有可能触发未完全解决的、曾被各种方式掩盖的内心深层冲突，有的当事者会出现精神崩溃和人格解体。在这个阶段中，当事者特别需要通过外援性的帮助渡过危机。

五、大学生心理危机的成因

（一）学习与就业压力

大学生学习压力主要是由于专业选择并非是自己感兴趣的学科，这往往使他们陷入长期的痛苦与矛盾中。有的是来自就业压力，所学专业就业难，必须进一步考研、考各种职业证书等，造成学习压力大，精神紧张。有的所学专业本身课程紧张，或学习方法有问题。有的学生因参加社会活动过多，影响了正常学习。

（二）交往压力

受应试教育的影响，现在的大学生在高中时精力全部用于学习，无暇顾及与周围人进行交流；或者家庭教育不当，使学生养成任性自私、以自我为中心、缺乏合作精神等，进入大学后便表现出交际困难，不知道如何与周围的人相处，不会独立生活等。

（三）情感困惑

不少大学生不能正确认识和处理感情问题，以致影响心理健康，造成心理危机。例如，有的大学生在恋爱中单恋、多恋、三角恋造成心理矛盾；有的大学生失恋后造成心理扭曲，甚至走向极端；也有的大学生受种种性心理困惑，如性冲动、性幻想等。

（四）人格缺陷

有些大学生由于人格缺陷，如任性、自私、以自我为中心、缺乏对他人的关爱、不善交际、缺乏团队意识及合作精神，经常被孤立，对各种失败尤其是重大挫折缺乏耐受力，容易出现心理危机。

六、大学生心理危机的干预策略

（一）预防教育

做好大学生心理危机干预工作应立足教育，重在预防。

1. 对学生进行生命教育，引导他们热爱生活，热爱生命，善待人生。

2. 对学生进行自我意识教育，引导他们正确认识自我，愉快接纳自我，积极发展自我，树立自信，消除自卑。

3. 对学生进行危机应对教育，让他们了解什么是危机，什么情况下会出现危机，同学们的哪些言行是自杀的前兆，对出现自杀预兆的同学如何进行帮助和干预。

（二）早期预警

目前，高校已基本建立了学生心理健康普查和排查、学生心理健康汇报、心理咨询教师学生心理危机报告、学生心理危机预警对象库录入、学生心理健康信息反馈等制度。这些制度能对学生的心理状况变化做到早发现、早通报、早评估、早治疗，将学生心理危机的发生消除在萌芽状态。

（三）危机干预

通过建立良好的支持系统，使处于心理危机的学生及时走出心理困境；建立治疗系统，使心理危机学生能进行及时进行心理治疗；通过建立阻控系统，消除对危机个体的持续不良刺激；通过建立监护系统，对处于心理危机的学生在校期间进行监护。

（四）后期跟踪

因心理危机而休学的学生复学后，心理咨询师应根据实际情况对其进行定期跟踪及风险评估。

七、大学生心理危机自助方法

在遇到心理危机时，当事者如果不想求助，或者不方便求助，首先要努力镇定下来，思考下列问题：

1. 到底发生了什么事？回想事情的起始，把每个细节都想到，然后坦然接受现实，因为抱怨和愤恨无济于事。

2. 现在的感受是什么？它们对我有用吗？心理危机产生时，人会感到软弱、慌乱、悲哀，这是正常的应激反应，控制的方法是告诉自己：我现在需要理性思考，我肯定能找到战胜困境的对策，办法总比困难多！理性思考有助于减轻消极情绪，客观地分析问题、积极地解决问题。

3. 哪些情况对我不利？找到问题的症结，确定冲出困境的突破口。有时候要克服的障碍是外界的、他人的，有时候要克服的可能是自己的非理性思维。

4. 事情会有几种结果？分析问题要用全面、发展的眼光，对一件事尽可能地多想几条出路，让自己能有所选择，才不会陷入绝境。

5. 可以从哪些方面得到帮助？针对问题寻求帮助，从同学、老师、亲朋好友到相关的社会机构，想想谁最有可能帮到自己。确定后马上行动，越早与外界沟通并得到支持，越有利于缓解危机。切不可不堪重负时，还隐藏于内心。

6. 怎样争取到最有利的结果？对自己最有利的结果，应该是战胜困境，并能使自己快乐及有所成长。

我们应该一分为二地看待心理危机，它既隐藏着危险，也暗含着机遇。它能使人增长智慧，积累应对危机的成功经验，使自己得到成长。因为每个人的真正“救世主”是我们自己！

第三节　自杀与防控

2003年9月10日，是世界卫生组织确定的第一个“世界预防自杀日”。2004年第二个世界预防自杀日的主题是“救援生命，重建希望”。2005年第三个世界预防自杀日的主题是“预防自杀，人人有责”。

世界卫生组织关于自杀的估计数字：

1. 每年大约78.6万人自杀；每10万人中有10.7人自杀；每隔40秒就有人自杀。

2. 中国每年自杀死亡的人数已达28.7万人；中国每年平均自杀率是十万分之二十三；中国每2分钟有1人死于自杀，8人自杀未遂。

3. 自杀在中国人的死亡原因中居第5位。

4. 自杀是15岁至34岁年龄段青壮年死因的首位。

自杀的原因虽然复杂而不相同，但是人到了自杀的时候，总以为从此“一了百了”“从此解脱”。可事实上，自杀只不过把责任转嫁给别人，将问题转嫁给社会，给家人、亲友留下一副沉重、痛苦的担子。生命宝贵，生命更需要珍惜！

一、自杀分析

（一）自杀者的心理过程

自杀不是突然发生的，它有一个发展的过程。对于不同年龄、不同个性、不同情境下的人，自杀过程有长有短。我国学者一般把自杀过程分为三个阶段：

第一，自杀动机或自杀意念形成阶段。当事者表现为遇到难以解决的问题，想逃避现实，为解脱自己而准备把自杀当作解决问题的手段。

第二，矛盾冲突阶段。当事者产生了自杀意念后，由于求生的本能又会使他陷入生与死的矛盾冲突之中，从而表现出谈论自杀、暗示自杀等直接或间接的信号。

第三，自杀行为选择阶段。从矛盾冲突中解脱出来，决死的意志坚定，情绪逐渐恢复，表现出异常平静，考虑自杀方式，做自杀准备，如买绳子、买安眠药等。等待时机一到，即采取结束生命的行为。

（二）自杀者的性格特征

日本心理学家松原达哉认为，大多数自杀者的性格特征主要表现为：过于内向、孤独，容易陷入焦虑与绝望中，偏执，过分认真，责任感过强，缺乏兴趣爱好，情绪不稳定，心情多变等。而这些性格特征常常与偏颇的父母教养态度、复杂的家庭关系有关。日本心理学家太原认为，自杀者的心理特征常常表现出自罚倾向、逃避现实和自我评价低。自罚倾向是指对依赖对象的敌意强烈的压抑，攻击目标转向自己，是一种自责的态度；逃避现实是指在幻想中寻求欲望的满足，是一种追求在现实中得不到满足的代偿态度；自我评价低包括自我水平低下，自我范围狭窄。具体表现为：退化——对任何事情都没有兴趣，生活中处处被动，只关心自己。发展的停滞——发展的动力消失，主动性减低，人格成长停止；拘泥于身边琐事，思考来回绕圈子。自我扩张力的丧失——原有的外向的热情动力消失，出现消沉、自卑、无力、焦虑感的症状。

国内有研究报道，自杀者中性格内向与较内向的占95.2%，孤僻的占52.4%，虚荣心强的占71.4%。方明昭对1987年8月至1988年10月100例自杀急诊病人的分析发现，性格内向、孤僻、敏感多疑者占三分之二。内向性格的人容易出现焦虑感、绝望感；而认真、固执、责任感强又没爱好的人，一旦遇到困难则产生强烈自责，易产生自杀想法。另外有四分之一的人属外向性格，可能与一时冲动有关。外向性格的人如果同时伴有自我中心、情感变化大、易激惹、对人情感肤浅的性格特点，则可能出现自杀行为。对自杀者及自杀未遂者进行详细的性格倾向分析，可以为自杀预防提供参考。

（三）自杀者的心理状态

想自杀的人共同的心理特征是孤独，认为谁也理解不了自己，谁也帮不了自己，在这个世界上唯有自己是最不幸、最痛苦的，因此绝望，想以死来解脱困境。但实际上，想自杀的人心情很矛盾，在想死的同时又渴望获得帮助。具体地讲，自杀者的心理状态表现如下：

1. 矛盾心态。死亡对于自杀者来说是既可怕又有吸引力的事。现实生活中许多有形无形的困难可以在死亡的幻想中得以解决和满足。但死亡毕竟是可怕的，自杀者一方面想求得解脱；另一方面又想向他人求助。

2. 偏差认知。企图自杀者的知觉常因情绪影响而变得歪曲，表现为“绝对化”“概括化”或两者交替。“绝对化”是指对任何事物都怀有其必定如此的信念，比如“我做任何事都注定失败”“周围的人肯定不喜欢我”等。“概括化”是指以偏概全的不合理思维方式，常常使人过分专注于某项困难而忽略的其他解决方法，比如“我考试作弊，我爸爸一定不会饶恕我，永远不再爱我”“我有缺陷，别人都瞧不起我”等，从而自暴自弃，自责自怨，自伤自毁。

3. 冲动行为。青少年的自杀意念常常在很短的时间内形成，因情绪激动而导致冲动行为，一想到死马上就采取行动。他们对自己面临的危机状态缺乏冷静的分析和理智的思考，往往认定没办法了，只有死路一条，思维变得极其狭隘。

4. 关系失调。自杀者大多性格内向、孤僻，以自我为中心，难以与他人建立正常的人际关系。当缺乏家庭的温暖和爱护，缺乏朋友的支持与鼓励时，当事人常常感到彷徨无助，最后变得越来越孤独，进入自我封闭的小圈子，失去自我价值感。

5. 死亡概念模糊。企图自杀的青少年对死亡的概念比较模糊，部分人甚至认为死是可逆的、暂时的，因此对自杀的后果没有充分估计。

二、自杀原因分析

自杀原因一直是学者们探讨的重点问题。因为没人会无缘无故地去自杀，所以寻找自杀的背景，努力消除引起自杀的原因，可减少自杀事件的发生。一般认为自杀是由于主观上或客观上无法克服的动机冲突或挫折情境造成的。

（一）自杀的客观原因

包括人际关系紧张、社会竞争激烈、不可预测的天灾人祸、家庭纠纷、成长环境不良、压力过大等。调查发现，当战争、社会动乱、经济危机等社会状态不稳定时，自杀率会有所变化。社会变化剧烈时，自杀率有明显的增高趋势；苏联解体后，俄罗斯的自杀率明显上升；家庭关系是影响自杀的另一重要社会原因。家庭关系失调、家庭功能丧失，父母离异或夫妻冲突，爱情纠纷，亲子不和等，缺乏正常的家庭温暖的人容易自杀；经济困难、严重疾病也常常是自杀的诱因；工作、学习负担过重，紧张疲劳也是自杀的原因之一。

（二）自杀的主观原因

包括面临变化的不适应、内心的烦恼、心理压力等。从个人角度看，因搬迁、调动等改变而引发的情绪问题，以及由于个人体力或智力条件的限制不能达到目的，或者个人健康状况不佳、生理上的缺陷不能胜任工作，能力不够、经验不足容易在工作和生活中遭到失败，这些都可能产生心理压力。从心理因素分析，青年期是人一生中心理变化最激烈的时期，也最容易产生各种烦恼。研究发现，当个人内在的不快乐因素或外界环境，尤其是人际关系上的冲突达到令人无法忍受的地步时就会引发自杀行为。根据WHO的资料显示，维也纳自杀防治中心对1040位企图自杀者的自杀原因加以分类时发现，寂寞、失去所爱的人等个人不快乐的原因、与人争吵等人际冲突原因的分布与性别、年龄有关，44%的男性和30%的女性是为了不快乐的原因而自杀的；56%的男性与70%的女性是为了人际冲突的原因而自杀的；30岁以下的人因人际关系冲突而自杀者占多数。

（三）精神病理学原因

据临床观察，有20%左右的企图自杀者有精神症状的存在。研究表明，抑郁症患者的自杀率高达15%，比一般人群高20倍。精神分裂症患者人格失衡，行为异常，常出现妄想、幻听幻觉症状，幻听症状尤为频繁，其内容多半是“有人在说我的坏话，说要杀死我”，从而出现自杀的危险。

三、自杀的预防措施

预测人的行为是一件比较困难的事，预测自杀行为就更加困难，因为自杀的原因非常复杂。即使与自杀者接触极其密切的人都难以觉察其细小的变化，而且自杀行为常常带有突发性，令周围人措手不及。即使通过种种征兆发现了自杀的迹象，进行危机干预也并非易事。直接对当事者说，会使当事者感到自己的隐私被侵犯，反而增加危险性。

但是，由于自杀行为又有一定规律可循。因此，只要抓住机会，因势利导，及时提供心理支持和帮助，预防自杀行为的可能性也是有的。

一般而言，自杀者在自杀前处于想死同时又渴望被救助的矛盾心态时，从其行为与态度变化中可以看出蛛丝马迹，大约三分之二的人都有可观察到的征兆。据南京危机中心调查，在61例自杀的大学生中，有22人曾明显地流露出各种消极言行以引起周围人的注意。

日本心理学家长冈利贞认为自杀者在自杀前会流露出种种征兆，可以从言语、身体、行为三方面观察。

1. 言语。有自杀意念的人会间接地、委婉地说出来，或者谨慎地暗示周围的人，如“想逃学”“想出走”“活着没有意思”等。

2. 身体。有自杀意念的人会有一些身体症状反应，比如感到疲劳、体重减轻、食欲不好、头晕等，这往往是抑郁情绪所致，不能简单地认为是身体有病，应引起注意。

3. 行为。当一个人自杀意念增强时，在日常生活中会表现出不同于平常的行为，如无故缺课、频繁洗澡、看有关死亡的书籍，甚至出走、自伤手腕等。

根据临床经验，有以下表现者一般具有自杀的危险性，应给予更多的关注：

1. 有过自杀未遂；

2. 说过要自杀；

3. 将自己珍贵的东西送人；

4. 收集与自杀方式有关的资料并与人探讨；

5. 流露出绝望、无助以及对自己或这个世界感到气愤；

6. 将死亡或抑郁作为谈话、写作、阅读内容或艺术作品的主题；

7. 讨论自己现有的自杀工具；

8. 有条理地安排后事；

9. 直接说出“我希望我已经死了”“我不想再活了”；

10. 间接说类似“现在没人能帮得了我”“我再也受不了了”的话语等。

四、改变对自杀的错误观念

社会上对自杀这种行为所持的态度和认识差别很大，其中有一些错误的观念，若不加以纠正，对自杀预防是不利的。

（一）自杀无规律可循

自杀事件常常带有突发性，一旦发生，周围的人常感意外和诧异。其实大部分自杀者都曾发出过明显的直接或间接的求助信息，他们在决定自杀前会因为内心的痛苦和犹豫而发出种种信号。

（二）宣称自杀的人不会自杀

当有些人向他人透露自己会自杀，尤其当用语带有恐吓成分时，他人以为他不过是说说而已，认为真正想死的人是不会把自己的打算告诉别人的。其实研究表明，80%的自杀企图者在自杀前曾向他人谈论过自杀，这种人很可能有自杀的举动，必须引起高度重视。

（三）一般人不会有自杀念头

很多人以为一般人不会存有自杀念头。可是国内外研究结果显示，30%—50%的成年人都曾有过一次或多次自杀念头。对于性格健康、家庭关系好的人，自杀意念可能只是一闪而过，很少发展为真正的自杀行动；而性格或精神卫生状况存在问题的人在缺乏社会支持时，自杀念头就有可能转变为自杀的行为。

（四）所有自杀的人都是精神异常者

有人认为只有精神病患者才会自杀。但事实证明，大多数自杀者是正常人，他们只是有暂时性的情绪障碍。

（五）自杀危机改善后就不会再有问题

有自杀企图的人经过危机干预状态改善后，情绪会有所好转，周围的人常常会误以为自杀危险性降低了，从而放松了警惕。然而，研究结果表明，企图自杀者在这次自杀危机改善后，至少在3个月内还有再度自杀的可能，尤其是抑郁病人在症状好转时最有危险性。

（六）对有自杀危险的人不能提及自杀

很多人担心，对那些有情绪困扰的人、有自杀意念的人，主动谈及自杀会加强他们自杀的意念。事实恰好相反。那些有严重情绪困扰的人往往愿意别人与他倾谈，听他诉说对自杀的感受。如果故意避开不谈，他们反而会因被困扰的情绪无从分解而加重情绪问题。

五、自杀危机的有效帮助

（一）如何帮助有自杀征兆的人

1. 保持冷静和耐心倾听。

2. 让他/她倾诉自己的感受。

3. 认可他表露出的自己的情感，不试图说服他们改变自己。

4. 询问他们是否想自杀，如“你是否觉得那样痛苦、绝望，以至于想结束自己的生命”。

5. 相信他说的话，当他说要自杀时，应认真对待。

6. 如他要你对其想自杀的事情予以保密，不要答应。

7. 让他相信别人的帮助能缓解面临的困境，并鼓励他们寻求帮助。

8. 说服其相关人员共同承担帮助他的责任。

9. 如果你认为他当时自杀的危险性很高，不要让其独处，要立即陪他去心理卫生服务机构接受评估和治疗。

10. 对刚刚出现自杀行为（服毒、割腕等）的人，要立即送到最近的急诊室进行抢救。

（二）如何劝解自杀者

1. 遇到有人跳楼、跳桥、跳河等突然情况，目击者要以关心、尊重的口气劝说当事者先从高处下来，对于其提出的合理要求可以暂时答应下来。

2. 劝说时，尽量让当事者开口将自己的困难讲出来，并尽量要把对话进行下去，此时可以找些能触动当事者的话题，比如“你现在最割舍不下的是什么”“父母多大年纪了”等，注意不要说教，不要评价他的行为，要着重强调当事者自身存在的价值。

3. 目击者应该迅速拨打110、120等紧急电话，并在当事者可能跳下来的地方做好铺网、铺垫等工作，以防万一。

4. 进行劝解时要让当事者有这样一个牢固的观念：自杀获救还可以抚平对亲友的伤害，弥补过错，如果真的自杀身亡，那才真的是不可原谅。

5. 不要给出诸如“一些都会好转的”“不要胡思乱想”等没有实质性内容的建议，不要与当事者争辩。

6. 切忌聚众起哄看热闹，更不能用“你倒是跳啊”之类的言语刺激当事者。

一般对于自杀未遂、重返学校的学生应给予特别注意，不刻意营造快乐的气氛，不与自杀未遂者争辩自杀的害处，不要企图揭穿他为什么自杀，而要主动与他交往、做朋友等。

第四节　乐活人生

“人生天地间，忽如远行客。”生命是短暂而又脆弱的，鲜活的生命非常容易在顷刻间画上句号。现实中的人总会面对各种压力，碰到各种失意和挫折。一个人如果能够把种种不如意看作生命必须经历的一部分，那么，负面的东西就可能转变成积极的因素；但许多人缺少的就是耐挫力，经常抱怨“累”“没意思”，存在消极、懈怠心理。所以，通过生命教育，可以帮助人找到生存的理由，认识生命的珍贵，怀有自爱之心，尊重生命，敬畏生命。

一、重视大学生生命教育

生命教育是指通过有目的、有计划、有组织地进行生存意识熏陶、生存能力培养、生命价值提升，最终使其生命质量充分展现的活动过程，宗旨是珍惜生命、注重生命质量、凸现生命价值。

生命教育的目的是帮助大学生更好地理解生命的意义，确立生命尊严的意识，高扬生命的价值，引导他们建立正确的价值观和生活态度，使其能拥有一个美好的幸福的人生。

（一）生命教育帮助大学生成为自己

从生命的视野看，个体生命是独一无二的。个体生命的独特性是个体存在的理由和根据。任何生命都有自己存在的价值和意义，每个人都有权利和义务去发展、探索属于自己的生命，使自己接近真实的自我，形成、实现和发扬生命的独特价值。

（二）生命教育有助于大学生认识生命的意义

只有正确地认识了自己生命的意义，才能更好地认识生命，进而珍爱生命。心理学家弗兰克认为："生命一旦有了意义，就能健康地生活下去。生命的目的不只是要去追寻一个意义，而是有了意义之后，才能活得更好。"一般来说，有崇高生活理想的人，当他面对激烈的竞争、巨大的压力以及种种失落与痛苦时，能正确而客观地迎接挑战，获得更大的发展；反之，则容易造成个人的挫败感。

生命教育有助于培养大学生积极的生命情感。生命情感，即个体对自我生命的认识、肯定、接纳、珍爱，对他人生命乃至整个生命世界的同情、关怀与钟爱。积极的生命情感，引人振奋、乐观、朝气蓬勃、充满勇气、富于爱心，成为人生的动力和光明之旅。生命情感的美满丰盈，是奠定丰富人生的基础。但消极的生命情感却意味着对生命的否定，对生命意义的无望，对他人生命的漠视。它使人抑郁、悲观、孤傲、仇视，与周围的世界格格不入。

【拓展悦读】

三根树枝

一个年轻男人承受了极大的痛苦，想要自杀。入夜后，他极度哀伤地带了根绳子走到屋后的树林里，爬上树，想上吊。当他把绳子绑在树枝上后，树枝说话了。

"亲爱的年轻人啊！别在我的身上上吊。有一对小鸟正在我身上筑巢呢！我很高兴能保护它们。如果你在我身上上吊，我就会被折断，鸟巢也就保不住了。请你谅解我吧，并且也可怜那对小鸟吧！"

年轻人听了，体谅了它的爱心，就放弃了这根树枝，爬到另一根更高的树枝上。可是当他把绳子绑上去时，这根树枝也说话了。

"年轻人，请你也谅解我吧！春天就要到了，不久之后我就要开花，成群的蜜蜂会飞来嬉戏、采蜜，这将带给我极大的快乐。如果你在我身上上吊，我就会被你折弯到地上，花朵就会被摧残而死，那么蜜蜂们将会非常失望。”

年轻人听了，只好默默地攀上了第三根树枝。

“原谅我吧！”他还没绑绳子呢！树枝就开口了，“年轻的朋友啊！我把自己远远地伸到路上，目的就是要使疲惫的旅行者在我身下得到一块阴凉，这带给我很大的快乐。如果你吊在我身上，会使我折断，以后我就再也不可能享有这快乐了。”

这时，年轻的厌世者沉思了一会儿，“我为什么要自杀？只因为我承受痛苦吗？难道我不能学学这些树枝，用我的生命去帮助别人，为别人服务吗？”一念之间，他把焦点从自己转向了无数个他所熟识的需要他帮助的人。他从这三根对他说话的树枝上各折下了一小段细枝，爬下了树，快快乐乐地离开了。

他一直保存着这三根小树枝，也终身履行这三根树枝的精神，再也没有产生过自杀的念头。

二、学会感恩

积极心理学倡导感恩，把它当作24种积极人格特质之一。感恩可以使我们经常感受到幸福，尽量享受生活中的乐趣；感恩还可以使我们释怀人生的烦恼，从更客观的角度来看待人生。科学研究表明，感恩是最强的幸福“促进剂”。因为感恩不仅是一种美德，而且也孕育了其他的美德。

心怀感恩，人会变得心平气和；开心一笑，人会变得阳光灿烂。更重要的是，感恩带来的幸福感会有传染性。哈佛大学心理学家尼古拉斯，花了20年时间跟踪调查了5000多名被试者，调查结果表明幸福就像传染病，可以在人与人之间传递，当人们彼此贴近时，会因为彼此的幸福而变得更幸福。

【拓展悦读】

霍金是一位可以与爱因斯坦齐名的杰出的英国科学家，对现代物理学有突出的贡献。但是，他在21岁时就诊断出患有肌萎缩性侧索硬化症（卢伽雷病），到后来全身只有几个手指能够活动。有一次，在霍金学术报告结束之际，一位年轻的女记者跃上讲坛，面对这位已在轮椅里生活了三十余年的科学巨匠，深深景仰之余，又不无悲悯地问：霍金先生，卢伽雷病已将你永远固定在轮椅上，你不认为命运让你失去太多了吗？这个问题显然有些突兀和尖锐，报告厅内顿时鸦雀无声，一片静谧。霍金的脸庞却依然充满恬静的微笑，他用还能活动的手指，艰难地叩击键盘，于是，随着合成器发出的标准的伦敦音，宽大的投影屏上缓慢而醒目地显示出如下一段文字：

我的手指还能活动；

我的大脑还能思维；

我有终生追求的理想；

有我爱和爱我的亲人和朋友；

对了，我还有一颗感恩的心……

报告厅内掌声雷动……

（一）感恩的含义

《现代汉语词典》对“感恩”的解释是：“对别人所给的帮助表示感激。”“感恩”一词在西方与基督教的感恩节密切相关，《牛津字典》给出的定义是：“乐于把得到好处的感激呈现出来且回馈他人。”

感恩是对外界施予自己的恩惠和自己给予自己的恩惠表示物质上或是精神上的感谢。感恩是一种责任意识，自立意识，自尊意识和健全人格的具体表现。感恩说明个体对自己与他人、社会的关系有着正确的认识，如果没有感恩之心，一个社会很难健康地发展下去。

韦福特（Wefter）在对25000名大学生进行研究时发现，大学生缺乏对生命意义的理解主要有三个原因：追求金钱、追求享乐生活、缺乏感恩。感恩很重要，因为它可以让人们了解个人的所作所为与他人、团体以及社会的关联。学会感恩，懂得感恩，有助于认识自我、珍惜生命、尊重他人。

（二）培养感恩的习惯

感恩是需要培养、需要学习的。人不是生来就会感恩，而是先学会了抱怨。感恩，是人生一个漫长的学习过程。下面的方法有助于我们培养感恩习惯。

1. 每天临睡前写下五件值得感激的事情。坚持8周以后，这个练习会改变我们对世界固有的思维方式，更乐于帮助他人。

2. 帮助养成感恩习惯的几个方法。

记住：生活的每一天都是一份贵重的礼物，我们有潜力将每一天变成一项杰作。

抓住：及时捕捉到你抱怨的情绪和行为，思考当下或生活中仍然值得感激之处。

写下：每天写下所有令你感激的事，即使是最轻微的感激的想法和经历。

表达：向你的家人、朋友、同事表达你的感激，确切地告诉他们——他们为你做了什么，你的感受如何。

（三）感恩小贴士

1. 感恩磨难。辨证看待以往遭遇过的挫折、失败，乃至不公正的待遇。正是由于这些生活经历，人才变得更加顽强。很多人回首往事，习惯于把自己放在"受害者"的位置上，因而怨天尤人。若把自己放在"幸存者"的位置时，就会有很多的感悟，就会看到自身的力量和成就。

2. 感恩亲友。健康心理学的研究证明，亲友是化解压力最有效的因素。当我们在经历困难时，我们的社会支持系统越发达，问题解决就越快。而不断地感恩会强化这样的社会连接，使我们的亲朋好友会随时随刻出现在身旁，分享我们的烦恼与喜悦。

3. 感恩社会。积极心理学的研究还表明，助人为乐、回报社会能大大增强个人的幸福感。当我们更多参与社会公益活动时，就会感受到世间的更多美好与需求；如果很少参与，就会发现世间的更多丑陋与不足。学会回报社会，会令你自己和他人都活得更加开心。

4. 感恩自己。人生在世，最大的对手莫过于自己。有时候，我们需要对自己高标准，严要求，以达成某些十分重要的人生目标；有时候，我们需要给自己的心情放个假，以无为而有为。无论怎样进退，我们都需要不断地接纳自我，完善自我。我们需要感恩自己不断地成长，不断地成熟。

三、培养乐观特质

伴随17世纪现代哲学的开端，乐观和悲观首先引起哲学家的注意。20世纪后期以来，心理学家、健康专家越来越认识到积极思考的益处，乐观作为显著的积极主观体验，在个性、社会和临床心理学中正日益受到关注。

（一）什么是乐观

【拓展悦读】

半杯水的故事

在很早以前，一个村子里有两个人，都想要通过茫茫的戈壁到沙漠的另一边的绿洲去开拓新的生活。而且他们都知道在沙漠的中间有一座暹（xiān）罗人留下的古堡遗址，传说神秘的暹罗人的后代，经常在那里出没，并且经常在古堡旁边的两条小路上，分别放着两杯清水，专给穿越沙漠的人救命用。

有一年的夏天，他们两个决定去沙漠的另一边，于是他们分别出发，开始了穿越茫茫沙漠、开拓新生活的壮举。

当第一个人走到古堡的时候，自己带的水已经喝完了。他轻而易举地找到了那个水杯，但是，当他发现只有半杯水的时候，就开始了抱怨、诅咒、谩骂，抱怨前边走过的人怎么喝了杯子里的半杯水，也骂暹罗人的吝啬。突然，一阵强风，飞起的沙粒落在了水杯里，当他还在那抱怨水里有了沙子怎么喝的时候，一阵狂风把他手中的水杯刮走了，水洒落在沙粒中，就连这半杯水，他都没有喝上。不久，他就死在了沙漠里。

当第二个人走到古堡的时候，自己带的水也已经喝完了，而且精疲力竭。他挣扎着找到了那个水杯，当他看到杯子里还有半杯水的时候，立即端起水杯一饮而尽。然后他跪在地上感谢上天，感谢暹罗人的救命之恩。少顷，狂风大作，沙尘肆虐。他躲藏在古堡的残垣断壁下，等待着。风停了，他走出了沙漠，看到了绿洲，从此过上了幸福的新生活。

同样面对半杯水，乐观者会说，还有半杯水；悲观者则说，只剩下半杯水。其实，这半杯水折射出的就是一个朴素的哲理：任何事物都有两面性，关键是自己看到哪一面。

《辞海》中把乐观定义为“遍观世上人、事、物，皆觉快然而自足的持久性心境”。在心理学中，有两种方式来定义乐观。《大众乐观测量》的作者，Scheier和Carver，主张生活取向测验，将乐观定义为相信一个人会有好的经历的整体趋向。在日常语言中，乐观意味着看到生活光明的一面，悲观就是相信“如果一件事情存在危险，它就一定会发生”。另一种定义乐观方式的是马丁·塞里格曼，他认为乐观主义者把不幸和灾祸看成是暂时的，只发生在生活的特定领域；而悲观主义者则将问题看成是永久的、弥散的。

现在普遍认为，乐观是一种人格特质，是个人对未来事件的积极期望、积极解读和积极推测，相信事件朝着积极方向发展，表现为一种积极的解释风格。乐观是抵御恐惧和焦虑的心理防线，是调节身心健康的一种重要的内部资源。

（二）乐观的特点

1. 前瞻性。乐观不针对现在或过去，它一般是建立在假设基础上的推测而产生的。比如，对未来某项任务或计划充满信心，通常可以说对此非常乐观或持乐观态度。可见，乐观是一种认知判断的预期，更确切地说是一种主观愿望的结果。这种建立在愿望基础之上的结果却会通过心境实实在在地影响着我们现在和今后一段时间内的情绪和行为。也就是说，尽管乐观是指向未来的，它却会对现在或今后一段时间的思想和行为产生一定的影响。

2. 主观性。乐观不是客观的，而是人的一种主观心境或态度，这种心境和态度在一定程度上由人的主观期望决定。面对同样的一件客观事实，不同的人有不同的解读，而产生出不同的主观心境或态度，因为期望不同而对其就会产生不同的认知和评价，这种不同的认知和评价就会引发与之对应的态度或心境。比如，如果认为评价对自己有利就会产生乐观，如果认为评价对自己不利就会产生悲观。

3. 进化性。进化心理学认为，乐观是人类在进化过程中形成的一种生存和繁衍发展的机制，这种机制随着人类认知能力的提高和社会文化的进步而不断发展，并反过来推动了人类自身的进化。人为了保证自己和种族的生存与繁衍发展，就不得不去思考未来、预想未来、主动追求未来。人类在考虑将来时不可避免地会想到一些可怕的事，例如灾难、疾病、死亡等，面对这些可怕的事而引发的恐惧和不安，人类不得不发展一些心理机制来缓解和对抗它，这种心理机制就是乐观。只有乐观，才能使人类坚定未来的信心；只有乐观，才能使人类有勇气克服眼前的困难；只有乐观，才能使人类从原始文明步入现代文明；只有乐观，每个人才能满怀激情迎接美好的明天。

4. 习得性。尽管乐观是人类进化过程中的一种必然选择，但是后天学习是造成乐观与悲观个体差异的根本原因。因为，一个人天生的遗传基因为其提供了一个乐观基准线，不同的人在这方面会有或多或少的差异。更为重要的是，一个人后天的经验和学习进一步加深了其乐观或悲观的程度。按照积极心理学家Alan Carr的说法，一个人之所以乐观，主要是因为这个人学会了把消极事件、消极体验及个体所面临的挫折或失败归因于外在的、暂时的、特定的因素；反之，一个人之所以悲观则是因为这个人学会了把消极事件、消极体验及个体所面临的挫折或失败归因于内在的、稳定的、普遍的因素。乐观的人会把积极结果看作是内在的、稳定的和普遍的（和自我有关），而悲观的人则把积极结果看作是外在的、不稳定的和特定的（和自我无关）。

Scheier 和Carver（1992）提出，乐观能够对人们的情感和行为后果（如生活满意度、抑郁等）产生影响，它是通过应对方式起作用的。面对同样可控制的压力事件时，乐观者通常采取问题—中心的应对方式，积极地寻求解决问题的信息和可能性，最终解决问题；悲观者则通常压抑关于事件的想法，想从认知上避免或者从事件中逃避，放弃努力。面对同样不可控制的压力事件时，乐观者通常对事件进行积极的重新建构，努力从事件中寻求收获和成长，使用幽默感等策略来接纳现实；而悲观者可能只是一味地沉溺于消极情绪中不能自拔，想放弃或者彻底地否定自我。因此，设法改变悲观者的认知，重新设定目标，将大目标分解成一系列较小的容易达成的目标，通过适当降低目标来增加成功体验和正面情感体验，可以提高乐观水平。

（三）培养乐观心态六要素

马克·吐温曾说过：一个乐观主义者，即使处于一无所有的境地，也能找到通向幸福之路。研究表明：长期来看，乐观者能更好地应对压力，他们生病的次数也更少，寿命也更长，而且他们要比那些消极的人更幸福、更成功。通过哪些途径和方法能够培养我们的乐观心态呢？

1. 在困境中发现潜藏的机遇。乐观主义者不会全然地忽视问题所在，而是坦然接受挫败是不可避免的这一事实，他们相信自己有能力向各种挑战发起进攻。他们所处的境况也许是异常艰难的，但对未来抱有美好的憧憬是非常重要的。他们会抓住一切潜在的机遇，充满希望地、自信地去努力拼搏。他们相信，最漂亮的彩虹往往是在最猛烈的狂风暴雨后诞生。

2. 与积极乐观的人交朋友。你所结交的朋友既能间接地反映出你自己，也能够影响你自己。如果你周围都是悲观的人，那你就有很大可能不会笑颜常开。当你有了烦恼时，要尽量回避消极的事物，多与阳光热情的人打交道。

3. 给予爱、接受爱、培养爱。爱是宇宙中最伟大的一种力量，爱是一座永不枯竭的宝藏。无论何时，它都可以在家人、朋友和陌生人之间传递，它让我们产生积极的情绪并采取积极的行动，就像是一个抵御消极情绪的防护罩；爱是宽恕、治愈、鼓舞和激励他人的一种力量。

4. 实事求是地面对人生的起起伏伏。保持现实主义能让你看得更长远，也能预防生活陷于失衡的状态。要做到100%的积极乐观，就如幻想只有潮起而没有潮落的海洋一样是不现实的。但是，一旦我们意识到了潮起与潮落都是大海的组成部分之后，我们就能够心平气和地面对外界。

5. 以微笑或积极的语言来鼓舞自己。如果你总想着坏事情会发生，那它们就真有可能会发生。如果你选择微笑的话，一切可能会变得好起来。因为，带上一抹微笑，会让你的心情变得更好。此外，你还可以用积极的话语来激励自己，把鼓舞人心的格言和警句写出来，贴在容易看得见的地方。

6. 回味生命中欢乐。生命存在着太多美好的经历，当我们心情不好的时候，可以静下心来，细细地体会、回忆过去幸福的瞬间，感激所拥有的一切，心情自然会“阴转晴”。

四、实现人生价值

每个人来到世上都面临着“人的一生该如何度过”这个问题，不同的人会有不同的人生选择，不一样的人生道路，但实现自我、体现人生价值是我们毕生的追求。

（一）统一个人价值和社会价值

人生价值是个人价值和社会价值的统一。当个体眼光长远，心怀他人和社会时，目标和作为就围绕着为社会带来贡献这个初衷进行，从而体现出他存在的社会价值；并且个体在为社会和他人付出心血和汗水的同时，个体的能力、品质和成就获得了社会和他人的认可与尊重，个体的潜能得到了发挥，成为自己想要并且应该成为的人，个人价值就得到了体现，最终达到自我价值和社会价值的完美统一。

（二）追求务实，不急功近利

北宋程颐曾说：“君子未尝不欲利，但专以利为心，则有害。唯仁义，则不求利而未尝不利也。”因此，对于功利不必过于执著。

（三）己欲立而立人，己欲达而达人

每个人都渴望自我实现，享有成功的人生，但不能局限于自我价值的实现，而不顾及他人。近代思想家严复曾说过：“两利为利，独利必不利。”梁启超进一步指出：“善能利己者，必先利其群，而后己之利亦从焉。”

（四）追求品质生活，不沉溺于奢侈享乐

在这个追求时尚，彰显个性的时代，我们都期待高品质的生活。衣食住行讲品味、求格调，休闲娱乐讲档次、求新颖。这种人生追求本来无可指责，但是不顾实际经济状况，纯粹为了攀比摆阔、纵欲求乐而进行奢侈消费，只会让父母不堪重负，也腐蚀了自己人生奋斗的意志。有节制的物质追求、无止境的精神修养才能铸就高品质的人生。

（五）多元价值，择优而从

当今社会让我们见证了人生的种种可能性，草根阶层一夜成名，选秀活动疯狂打造着一批又一批的新星。自助偶像、口水泛滥、媒体造势、反讽恶搞充斥生活。尽管多元价值充斥社会，我们仍然推崇将个人价值的实现融入社会中，承担起应负的社会责任，而不是盲目、疯狂地追求一夜成名。

（六）明确目标，适宜发展

确立人生目标，首先应该对自己的能力、性格、兴趣、优点和不足有正确的认识。好高骛远容易导致受挫和失败，妄自菲薄、目标定得太低影响奋斗的动力和激情，因此要制订一个经过自己努力可以达到的目标。目标要避免空洞和模糊，将远大目标分解为具体的小目标，便于操作和执行。对要做的事情进行合理安排，对时间进行管理规划。

（七）坚定意志，积极行动

在实现人生价值和目标的过程中，面对挫折和失败，不要沉溺于沮丧、绝望和无所作为中，要有一颗永不言弃的坚定的心，切忌半途而废。只有积极行动起来才能实现人生价值。如果你还只是停留在对美好未来的憧憬中，对远大理想的空谈中，那么就在此时此刻行动起来吧。

（八）终身学习，与时俱进

当今社会，知识更新正在无限的加速，过时的知识储备、陈旧而缺乏创造力的思维方式会让人落后于时代的发展步伐，最终被社会淘汰。因此，实现人生价值应当“活到老，学到老”，让学习成为一项终生的事业。

What we can control

我们不能左右天气，但是我们可以改变心情。

我们不能改变长相，但是我们可以展现笑容。

我们不能选择环境，但是我们可以改变心灵。

我们不能大富大贵，但是我们可以修身养性。

我们不能改变他人，但是我们可以掌控自己。

我们不能事事如意，但是我们可以尽心尽力。

我们不能决定生命的长度，但是我们可以拓展生命的宽度。

【自我探索】

生活态度测验

面对生活你是什么样的态度？请仔细阅读每一道题，选择符合你的答案。

1. 我对未来充满希望和热情。符合 不符合

2. 当事情变糟时，我知道不会一直这样，心情就会好转。符合 不符合

3. 我不能想象今后的十年中，我的生活会是什么样子。符合 不符合

4. 我预料我最关心的事情能够成功。符合 不符合

5. 我运气不佳，也不相信会有好运。符合 不符合

6. 我过去的经历已为我的将来打下良好的基础。符合 不符合

7. 当我展望未来时，我预想会比现在幸福。符合 不符合

8. 我从未得到我想要得到的东西。符合 不符合

9. 将来我不可能获得真正满意的生活。符合 不符合

10. 对我来说，前途渺茫，捉摸不定。符合 不符合

11. 我想将来好的时候会多于坏的时候。符合 不符合

12. 追求自己想要的东西是徒劳的，因为很少有可能得到它。符合 不符合

评分与评价：

3、5、8、9、10、12题选“符合”得1分，选“不符合”得0分；1、2、4、6、7、11题选“符合”得0分，选“不符合”得1分。

得分小于等于6分时，表明你对生活充满希望和信心；

得分大于7分且小于或等于11分时，表明你对生活有轻度无望感；

得分大于12分时，表明你对生活有中度的无望感，甚至有自杀意愿，建议立即寻求心理援助。

【训练与体验】

训练一　价值拍卖

目的：

1. 激发学生思考自己的价值观念，学会抓住机会，不轻易放弃。

2. 帮助学生体验、澄清自己的人生态度。

材料：足够的道具钱、不同颜色的硬纸板、拍卖槌。

过程：

1. 事前准备。将拍卖的东西写在硬纸板上（最好是不同的颜色），以增加拍卖的趣味性，方便拍卖进行。

2. 宣布游戏规则。每个学员手中有5000元（道具钱），它代表了一个人一生的时间和精力。每个人可以根据自己对人生的理解随意竞买下表中的东西。每样东西都有底价，每次出价都以500元为单位，价高者得到东西，有出价5000元的，立即成交。

拍卖的例子：1.爱情；2.友情；3.健康；4.美貌；5.礼貌；6.名望；7.自由；8.爱心；9.权利；10.拥有自己的图书馆；11.聪明；12.金钱；13.欢乐；14.长命百岁；15.豪宅名车；16.每天都能吃美食；17.良心；18.孝心；19.诚信；20.冒险精神等等。

3. 举行拍卖会。

（1）由辅导教师主持拍卖。

（2）按游戏方式进行，直到所有的东西都拍卖完为止。学生购买所付出的钱不能超过5000元。

分享：

1. 你是否后悔买到的东西？为什么？

2. 在拍卖的过程中，你的心情如何？

3. 有没有人什么都没有买？为什么不买？

4. 你是否后悔自己刚才争取的东西太少？争取过来的东西是否是你最想要的？

5. 钱是否一定会带来快乐？有没有一种东西比金钱更重要，或比金钱带来更大的满足感呢？

6. 你是否甘愿为了金钱、名望而放弃一切呢？有没有除了比上面所说的更值得追寻的东西呢？

训练二　我的五样

目的：澄清个人价值观，懂得珍惜自己生活中最有价值的东西。

材料：A4纸和笔。

过程：

1. 请大家放松，写出个人生命中最重要的五样东西。可以是人、事、物，也可以是精神的追求，比如理想和信念；也可以是爱好和习惯，比如旅游、音乐。可以是过去的，也可以是未来的；可以很具体，也可以很抽象。你尽可以天马行空地想象，只要把内心最珍贵的五样东西写下来就行，不必考虑顺序。写的时候不要和其他人讨论，也不要给别人看，因为这是你的选择，是属于你的小秘密。

请大家看着纸上的五样，想一想选择它们的理由是什么？

2. 不幸的是，你的生活发生了意外，你要在重要的五样东西中舍去一样，请把其中的一样划掉。

3. 请你再放弃一项，思考后作出选择。

4. 请你再划掉一项，只剩两项。

5. 迫不得已，你还得作最后的选择，只能剩下最后一项。

6. 交流与讨论，你为什么留下这一项？

你划掉了四样，它们同样是你看重的东西，但被划掉的顺序说明在你心目中它们的重要性还是略有不同。当你明晰了重要事项的次序，剩下的就是按图索骥，以实际行动来实现自己的人生愿望。

【阅读与欣赏】

张海迪珍惜生命的故事

张海迪，女，1955年9月生于济南，汉族，哲学硕士，中共党员，山东省作家协会一级作家，九届、十届全国政协委员，中国残疾人联合会副主席、中国作家协会全国委员会委员，山东省作家协会副主席。

张海迪五岁时因患脊髓血管瘤，高位截瘫。她因此没进过学校，童年起就开始以顽强的毅力自学，她先后自学了小学、中学和大学的专业课程。张海迪十五岁时随父母下放聊城莘县一个贫穷的小村子，但她没有惧怕艰苦的生活，而是以乐观向上的精神奉献着自己的青春。在那里她给村里小学的孩子们教书，并且克服种种困难学习医学知识，热心地为乡亲们针灸治病。在莘县期间她无偿地为人们治病达一万多人次，受到人们的热情赞誉。

1983年，张海迪开始走上文学创作的道路，她以顽强的毅力克服病痛和困难，精益求精地进行创作，执着地为文学而战，至今已出版的作品有：长篇小说《轮椅上的梦》《绝顶》，散文集《鸿雁快快飞》《向天空敞开的窗口》《生命的追问》，翻译作品《海边诊所》《丽贝卡在新学校》《小米勒旅行记》《莫多克——一头大象的真实故事》等。她的作品在社会上、在青少年中引起强烈地反响，长篇小说《轮椅上的梦》已在日本，韩国出版。

获奖情况：

1992年度中国作协庄重文文学奖；

1994年全国首届奋发文明进步奖长篇小说一等奖；

1997年全国“五个一工程”图书奖；

1998年获山东省“精品工程奖”和“山东省十佳文艺工作者”称号；

1998年全国第二届奋发文明进步奖图书奖和个人特别奖；

1999年全国第三届优秀妇女读物奖；

1999年全国第四届外国文学作品优秀图书奖；

2002年10月，长篇小说《绝顶》被中宣部和国家新闻出版署列为向“十六大”献礼重点图书；另外，《绝顶》先后获全国第三届奋发文明进步奖图书奖、获首届中国出版集团图书奖、获第八届中国青年优秀读物奖、获第二届中国女性文学奖、获中宣部“五个一工程”入选作品奖。

1991年张海迪在做过癌症手术后，继续以不屈的精神与命运抗争，她开始发奋学习哲学专业研究生课程。经过不懈的努力她写出了论文《文化哲学视野里的残疾人问题》。1993年，她在吉林大学哲学系通过了研究生课程考试，并通过了论文答辩，被授予了哲学硕士学位。张海迪以自身的勇气证实着生命的力量，正像她所说的：“像所有矢志奋斗的人一样，我把艰苦的探寻本身当作真正的幸福。”她以克服自身障碍的精神为残疾人进入知识的海洋开拓着一条道路。

张海迪多年来还做了大量的社会工作，她以自己的演讲和歌声鼓舞着无数青少年奋发向上。她也经常去福利院，特教学校，残疾人家庭，看望孤寡老人和残疾儿童，给他们送去礼物和温暖。近年来，她为下乡的村里建了一所小学，帮助贫困和残疾儿童治病读书，还为灾区的孩子捐款，捐献自己的稿酬六万余元。她还积极参加残疾人事业的各项工作和活动，呼吁全社会都来支持残疾人事业，关心帮助残疾人，激励他们自强自立，为残疾人事业的发展做出了突出的贡献。

张海迪曾三次应邀出访过日本，韩国，举办演讲音乐会，她的自强不息的奋斗历程也鼓舞着不同民族的人民。1995年，她曾作为中国政府代表团成员参加了第四次世界妇女大会。1997年她被日本NHK电视台评为世界五大杰出残疾人。

张海迪先后被授予各种荣誉称号：其中，2000年被国务院授予“全国劳动模范”称号；2001年被新华社《环球》杂志评选为“环球二十位最具影响世纪女性”。

1983年5月，中共中央发出《向张海迪同志学习的决定》，党和国家领导人邓小平、叶剑英、李先念等八位老一辈无产阶级革命家先后为张海迪题词，表彰她积极进取，无私奉献的精神。

张海迪在本职岗位和社会工作中自强不息，以满腔的热忱和高尚的品格服务社会，奉献人民，在广大人民群众中有很高的声誉和威望，是一个经得起时间考验的好典型。她是中国一代青年的骄傲，也是中国残疾人的杰出代表。

今天，当我们读着张海迪写出的那一本本散发着墨香的书时，就能看到一颗健康的灵魂，感受到深藏在其中的，是长达44年的爱。与那些不珍惜生命的正常人相比，张海迪更加热爱生命，热爱生活，也更加顽强，更加勤奋。对张海迪来说，知识是一种财富，但自强却是更珍贵的财富，有了它，就能够战胜一切困难，把爱心洒遍人间。

参考文献

1. 张玲. 心理健康研究与指导［M］. 北京：教育科学出版社，2001.

2. 樊富珉. 团体心理咨询［M］. 北京：高等教育出版社，2005.

3. 樊富珉，林永和. 心理素质：成功人生的基础［M］. 北京：北京出版社，2005.

4. ［美］泰勒·本·沙哈尔. 幸福的方法［M］. 汪冰，刘骏杰译. 北京：当代中国出版社，2007.

5. 张大均，吴明霞. 大学生心理健康［M］. 北京：清华大学出版社，2007.

6. 颜农秋. 朋辈心理辅导理论与技巧［M］. 湖北：华中师范大学出版社，2007.

7. 张海燕. 未雨绸缪时——大学生心理危机自救［M］. 北京：高等教育出版社，2008.

8. 李桦. 假如太阳愿意——学子、学习与生命［M］. 北京：高等教育出版社，2008.

9. 袁辛. 我是我自己——自我再认识［M］. 北京：高等教育出版社，2008.

10. 吴少怡. 青苹果红苹果——大学生性问题［M］. 北京：高等教育出版社，2008.

11. 桑志芹. 爱情进行时——爱情心理发展［M］. 北京：高等教育出版社，2008.

12. 马喜亭. 阳光伴我行——情绪管理［M］. 北京：高等教育出版社，2008.

13. 黄希庭，郑涌. 大学生心理健康教育［M］. 上海：华东师范大学出版社，2009.

14. 郑洪利. 大学生心理素质教育与训练［M］. 上海：上海大学出版社，2010.

15. 陈朝霞，李贞涛. 两个人的自己：我的大学心理自助手册［M］. 济南：山东人民出版社，2010.

16. 赵川林，吴兆方. 大学生心理健康［M］. 北京：科学经济出版社，2010.

17. 岳晓东. 通向心灵旺盛的十堂课［M］. 北京：世界图书出版公司，2010.

18. 戴晓阳. 常用心理评估量表手册［M］. 北京：人民军医出版社，2010.

19. ［美］马丁・塞利格曼. 真实的幸福［M］. 洪兰译. 沈阳：万卷出版公司，2010.

20. 方平，蔡晓军，张立春. 自主与成长：大学生心理健康教育［M］. 北京：教育科学出版社，2010.

21. 白波，吉峰. 大学生心理健康教育［M］. 济南：山东人民出版社，2011

22. 王文鹏，王冰蔚. 高校学生心理健康教育与指导［M］. 北京：清华大学出版社，2011.

23. 王丽萍，黄车白. 大学生心理健康［M］. 北京：北京师范大出版社，2011.

24. 许德宽，朱俊梅. 大学生心理健康［M］. 北京：清华大学出版社，2012.

25. 刘昌明. 新世纪大学生学习能力现状调查与分析［J］. 教学研究，2003（1）.

26. 黄希庭，郑涌，李宏翰. 学生健全人格养成教育的心理学观点［J］. 广西师范大学学报（哲学社会科学版），2006，42（3）.

27. 宫梅玲，丛中. 阅读治疗抑郁障碍典型案例剖析［J］. 精神医学，2009（5）.

28. 赖文龙. 大学生自我意识［J］. 心理科学，2009（2）.

29. 陶峰勇，叶宏玉. 大学生生命教育与心理健康的相关性分析［J］. 科技信息，2009（19）.

30. 宫梅玲. 阅读疗法在高校中的实践探索［J］. 图书馆杂志，2010（10）.

31. 朱理哲，刘韧，朱雄. 当代大学生恋爱心理问题及调适［J］. 当代教育理论与实践，2010（1）.

32. 陈晓蕾，单常艳，田云平. 当代大学生身心发展特点和规律［J］. 科教导刊，2011（2）.